人を育て、成果を最大にするマネジメント

HIGH《ハイ》 OUTPUT《アウトプット》 MANAGEMENT《マネジメント》

アンドリュー・S・グローブ 著
小林 薫 訳
ベン・ホロウィッツ 序文

日経BP社

序文

ベン・ホロウィッツ

　私がこの本を最初に読んだのは１９９５年だった。当時はまだブログもＴＥＤ講演もないころで、起業家という生き方を私に教えてくれる人は誰もいなかった。本や記事さえもなかった。そもそもどうやって会社をつくり、経営すればいいのか、ヒントになるような本も記事もまったくといっていいほど書かれていなかったのだ。

　こうした背景を考えないと、本書『ＨＩＧＨ《ハイ》　ＯＵＴＰＵＴ《アウトプット》　ＭＡＮＡＧＥＭＥＮＴ《マネジメント》』が伝説的な輝きを放つ本だったと理解できないだろう。優れた経営者はみな本書を読んでいたし、有名なベンチャーキャピタリストは本をコピーして起業家たちに配った。シリコンバレーのビジネスリーダーは争ってこの本の核心をつかもうとしていた。われわれに会社の経営を教えるために、インテル社のＣＥＯ（最高経営責任者）のような激務にある人間が、わざわざ本を書く時間を割いたことを奇跡だと思った。

　インテルは当時、テクノロジービジネスの世界で最も優れた会社とみなされていたから、そのＣＥＯが本を書いたのは大事件だったのだ。インテルは創業わずか10年でメモリーチップのメーカーからマイクロプロセッサーのメーカーへと決死的大転換を遂げたところだった。それに加えて、インテルは伝説的なほどの厳密さで経営されている会社だという評価があった。インテルには確信を持って新事業に100億ドル級の投資をする能力があった。最優秀の幹部をリクルートしたいなら、インテルに行けば見つけられるはずだった。しかし、見つけた相手がシリコンバレーで最優秀の経営が行われている会社を離れる気になるかどうかといえば、心細い話だった。

さらに、インテルCEOで著者のアンディ（アンドリュー・グローブ）自身が伝説的人物だった。アンディはナチスの占領下にユダヤ人としてハンガリーで育った。ナチス・ドイツの敗戦後、ハンガリーはソ連によって共産圏に組み入れられた。ハンガリーを脱出してニューヨークに着いた青年はほぼ無一文だったばかりか、英語をひと言も話せなかった。後にニューヨーク市立大学で学び、英語に堪能になった。さらにカリフォルニア大学バークレー校に進んで博士号を取得した。英語の非ネイティブスピーカーだったが、アンディはフェアチャイルドセミコンダクターに勤務するかたわら、半導体に関する重要な教科書を書いた。その結果、アンディは1968年にインテルの創立を助ける前から、半導体のパイオニアのひとりとみなされていた。その後アンディはインテルを絶大な影響力のあるテクノロジー企業に育てた。1997年にタイム誌はアンディの信じがたい業績を讃えて、その年の「今年の人」に選定した。

この受賞には、『HIGH　OUTPUT　MANAGEMENT』があまりにも優れた本だったことが影響しているだろう。アンディ・グローブ——無一物のハンガリー難民がインテルの経営者になっただけでなく、立ち止まってその経営の秘密を後進のために明かしたのだ。

著名人に往々にしてあるように、ゴーストライターを使ったのでもない。この本はアンディ自身が一字一句書いたのだ。なんとも驚くべき贈り物である。

私がこの本を手に取ったとき、ペーパーバック版だったが、その表紙に驚いた。1995年版の表紙には大きなインテルのロゴに手をかけたアンディ・グローブが立っている写真が使われていた。私が見てきた他のCEOの写真とは違って、アンディはデザイナーズブランドの高級スーツを着ていなかった。髪もきれいに整えられていなかったし、攻撃的に腕を組むという、CEOによくあるポーズもしていなかった。腰のベルトからセキュリティカードをぶらさげているくらい普段働くとき、そのままのかっこうだった。あっけにとられて私は思わずつぶやいた。「セキュリティカードだって？　本の表紙を撮影するというのに、ベルトからカードさえはずさなかったのか？」

後になって考えると、このカバー写真は完璧だった。本を一読すれば気づくとおり、アンディ・グローブはすべてが実質の人間だ。アンディには自分を売り出すつもりもなければ、それにふさわしい印象的な写真を撮る時間などなかった。彼は経営者のために本を書いた。著者の写真映りの良さに引かれて本書を読むような人間がいたら、本人の損だ。アンディは見栄えのいい写真を写すために時間をかける代わりに、良い本を書くために時間をかけた。彼は経営のための教訓をわれわれに与えてくれただけでなく、それを論理的かつ心情的にも納得しやすい形ではっきりと示してみせた。われわれはアンディが書いたことを理解するだけではなく、彼が言わんとしたことを心の底で感じることができた。

私は本書を読み始めるやいなや、第1部のタイトルに衝撃を受けた。「朝食工場——生産の基本原理」。おお、これは面白そうだ。『ＨＩＧＨ　ＯＵＴＰＵＴ　ＭＡＮＡＧＥＭＥＮＴ』は、人間を相手にする場合でさえ、というよりも人間を相手にする場合にこそ、システム・デザインが重要になることを教えてくれるところから始まる。

アンディが次に教えてくれたのは、組織デザインの基本原理が社会を動かす原理としても適用できるということだった。われわれが子どもたちを刑務所ではなく学校に行かせることを望んでいるとしても、刑務所よりも学校をたくさん建てるよう要求したところで実現しない。それどころか、逆効果にすらなるだろう。システムの複雑な問題を単に認識するのと、その問題のただ中で生きるのはまったく別のことだ。アンディは問題の中で生きるすべを与えるツールをわれわれに与えようとしていた。

最初に読んで以来、私は長年、本書は真の傑作だと考えてきた。この本には天才性を示す本質的な側面が少なくとも3つある。第一に、平凡な著者なら解説にまるまる1冊かけるようなコンセプトをアンディはわずか1行で明快に説明した。第二に、一貫してまったく新しい経営手法が解き明かされ、旧来の原則に新たな洞察が加えられた。最後に、普通の経営書が普通に成功した経営者をつくろうとするのに対して、本書は「いかにして偉大な経営者になるか」を教えることを目的としていた。

アンディは経営をまず、クラッシックな等式で紹介する。

マネジャーのアウトプット
＝自分の組織のアウトプット＋自分の影響力が及ぶ隣接諸組織のアウトプット

一見したところで単純そうだ。しかしアンディは、マネジャーと社員個人がいかに違う存在であるかを明らかにする。マネジャーの能力や知識は、部下や関係者の能力を結集できる場合にのみ価値がある。だからあなたがマネジャーなら、その製品についてどんな情報が口コミで流れているのか社内の誰よりもよく知っているかもしれない。しかし組織の他の部署と効果的に共有できなければ、何を知っていてもまったくの無価値だ。それが一部員ではなくマネジャーであることの本質だ。これはいかに頭が良いか、いかにそのビジネスを熟知しているかとは関係がない。マネジャーはチームのパフォーマンスとアウトプットのみによって評価されるというのはこの点に関連している。

部下の力を最大限に生かすためにマネジャーは次の点を理解しなければならないとアンディは書いている。「人が仕事をしていないとき、その理由は2つしかない。単にそれができないのか、やろうとしないかのいずれかである。つまり、能力がないか、意欲がないかのいずれかである」。この洞察はマネジャーの努力の方向を180度変える力がある。つまりマネジャーのやるべきことは部下の教育とモチベーションの向上だ。他にマネジャーがなすべきことはない。

アンディは彼一流の雄弁な一節で計画のプロセスについて本質的なポイントを説明している。「私の経験によると、現在の状態に欠陥を見出すとそれを埋めるため、今後どう決定するのが最善かを必死に考えようとする人間が多すぎる。しかし今日の欠陥は過去の計画の誤りの結果にすぎないのだ」。願わくば、若い読者諸氏はこの短い一節に込められた深い洞察を見失わないように。簡単にいえばこういうことだ。物事をなし遂げるにあたって、その出発点で注ぎ込んだエネルギーは、終点には10倍の利益となって返ってくる。しかし終点に行き着いてからいくら10倍のエネルギーをつぎ込んでもまったくの無駄だ。それどころか逆効果に終わる。

本書は、往々にして無視されるが実際にはきわめて重要な点、つまり非常に重要な経営ツールであるミーティングにまるまる1章を割いている。アンディは最古の経営原則を新しい光に照らしてみせる。彼はミーティングを経営の「第一原理」から説明する。最初に説明しているのはワン・オン・ワン（一対一）の場合だ。インテルのCEOである重要人物が平凡きわまる一対一の話合いのやり方を説明するなど信じがたいことだ。

ではなぜアンディはそうしたのだろう？　実はワン・オン・ワンのミーティングはマネジャーと社員のコミュニケーションの基本であるだけでなく、マネジャーが入手しうる組織の知識のソースとしておそらく最良のものだ。私の経験では、ワン・オン・ワンの話し合いを軽視するマネジャーは自分が所属する組織の情報が驚くほど貧弱だった。

アンディはまず非常に簡単な例の説明から始めて、非常に深い洞察へと導く。たとえば、現在アメリカのテクノロジー企業を訪れた人々は、職場がきわめてカジュアルに運営されていることに驚く。しかし、どうしてそのようなカジュアルさが普及したのかについての説明はほとんどない。実はテクノロジー企業のCEOの多くも理由を理解せず、単に流行に従っているだけだ。しかしアンディの説明は完璧だ。

わが社のマネジメント・スタイルに戸惑ったあるジャーナリストが、かつて私にこう尋ねたことがある。「グローブさん、たとえば、御社では服装が自由だとか、個室の代わりに大部屋を間切りして使うとか、指定駐車場などの優遇措置がないということですが、こういうことは、平等主義をいわば目に見える形で強調しているというよりも、うわべだけのことじゃないですか」と。それに対して私は、これは見せかけの形式の問題ではなくて、組織存続のための問題なのですと答えた。われわれのビジネスでは、毎日、知識パワーを持つ人々と地位パワーを持つ人々を結びつけなければならない。彼らが一緒になって向こう何年もの将来にわたってわれわれに影響する意思決定をする。

アンディはこの調子で困難な問題の核心を突く。たとえば経営上の課題の中でも最も複雑で論じるのがむずかしいものがある。アンディは、「マネジャーは部下と個人的な友人になるべきか？」と問う。

人は誰でも、それぞれの場で自分にとっては何が専門の仕事で、何が適切かを自分で決めなければならない。このようなときは、友人に対してきびしい考課を自分が実施しているところを想像すればよい。こうした考えには到底ついていけないと思うだろうか。そうだったら、職場に友人をつくってはならない。それでも胃がなんともないような人であれば、たぶん、個人的関係が仕事関係を強化するようなタイプになれよう。

また、複雑なプロセスを単純な要素に分解することで対処しやすいものにする。結局本書の力は、単に有能だというレベルの管理者を育成することにあるのではなく、エキスパートをつくり出すところにある。

これを示す典型的な例が、社員に課せられた仕事とそれに対する熟練度の関連を論じた個所だ。この問題は経営者として私自身が非常に悩んだ部分だった。部下と話し合うときにこの問題に対するアンディの回答は非常に役立った。それはつまり「マネジャーは部下を手とり足とり指導すべきか、それともやり方は任せて結果だけを見るべきか」というものだ。

一見すると些細な問題に思えるかもしれない。しかしこれは自分の職の本質について深く考えたことのない95パーセントのマネジャーとそれ以外の5パーセントを区別するふるいの役割を果たす。アンディの答えは「場合による」だ。正確には「対象となる部下の資質による」。もし部下がその業務に経験が浅く、未熟であるなら、いちいち細かいところまで指示し、教育することは必須だ。しかし逆に部下が経験を積み、成熟しているなら権限を移譲することが理にかなっている。アンディは次のように明快に説明する。

その部下は仕事がうまくできなかった。それに対する同僚の考え方はこうだった。「彼は自ら間違いを経験しなければならない。そうして次第次第に覚えてゆくものなのだ」と。この場合の問題は、部下の授業料を顧客に払わせていることにある。これは絶対に正しくない。

アンディ・グローブの素晴らしさを最もよく証明するのは、本書の最後の章「なぜ教育訓練が上司の仕事なのか」だろう。いわゆる「知識産業」に携わるマネジャーは「部下はきわめて優秀なのでそもそも訓練など必要ない」と思い込みがちだ。アンディはこの誤謬《ごびゅう》を明快に訂正する。レストランの予約といった単純な作業でさえ、担当者が訓練不足のためにミスを犯すとわれわれはあきれる。それなら社員への訓練が不足でもっと重大な問題でミスが起きたとき、顧客がいかに怒るか想像せよとアンディは要求する。最後にアンディはまとめとして、マネジャーが部下の生産性を向上できる方法は、2つしかないと述べる。それはモチベーションと訓練だ。マネジャーが訓練を軽視するなら、自分の仕事の半分を怠けていることになるのだ。

この章を通じて、読者は訓練や教育へのアンディの強烈な意思を感じる。なぜなら、他のすべてに増して、アンディは教師だからだ。ことばの最良の意味において、アンディは偉大な教師だった。

この本を最初に読んでからずいぶん後に、私はアンディに会う機会を得た。私は感激のあまり、どれほどこの本を素晴らしいと感じたかを語り始めた。するとアンディ・グローブは、いかにもアンディらしかったが、ただちに「なぜだ？」と問い返してきた。私はそういう反応を予想していなかった。本を称賛された著者は「ありがとう」とか「それはうれしいね」など、なんらかの謝意を表するのが普通だ。しかし「なぜだ？」とは。でも、これがアンディだった。彼は骨の髄まで教師であり、あらゆる機会をとらえて生徒の力を伸ばそうと試みるのだ。

私は虚を突かれた。なんとか知恵を絞って、回答を探し、やっとの思いでこう答えることができた。「ほかの経営書はわかりきったことを説明しています。しかしあなたの本は本当の問題を取り上げているからです」。これを聞いて偉大な教師は態度を和らげ、次のような貴重な話を聞かせてくれた。

きみが一般の経営書についてそう評するのは面白い。最近、自宅の本棚がいっぱいになってしまった。そこで本を少しばかり捨てるか、もっと大きい家を買うか選ばなくてはならなくなった。大きな家を買うのははばかげている。しかしどの本を捨てるべきだろう？　捨てるなら経営書だなと思った。ただし問題があった。本棚に並んでいる経営書のほとんどは献本で、著者のサインと丁重な献辞が書かれていた。これを捨ててしまうのは心ない技に思えた。そこで本を1冊ずつ調べて、献辞が書かれているページを切り取ってから本を捨てた。そして今では、私を褒めてくれている相当量の献辞の束と充分な本棚の空きの両方を手に入れることができたのだ。

こんな話ができるのは世界でもアンディ・グローブくらいだろう。アンディは思考に関しては最高の基準と最高の明晰さを求めたが、同時にその思考をする人間やその信念とのバランスが重要だと信じていた。アンディ・グローブの本棚で生き残るような本を書くのはとてつもなくむずかしいだろう。一方でそういう偉大な著者でありながら、受け取った本の献辞をいちいち読んで、それを切り取ってとっておいてくれるような人間が世界にどれだけいるだろうか？

その後、2001年に私はもう一度アンディに会った。当時、多くのCEOが投資家に対して「事業はきわめて好調だ」と約束しながら、実際には目標の数字を達成できない事態が相次いでいた。1年前に弾けたバブルの影響の第一波がインターネット企業の多くを直撃している時期だった。私は多くの企業がバブルが弾けることをまったく予想できなかったことに当惑しており、アンディにその理由を尋ねてみた。その答えは意外なものだった。

「CEOは先行きが楽観的だという見通しのニュースに従って意思決定する。一方で悪いニュースの場合は、それが実際に起きてからでないと意思決定に取り入れない」とアンディは言った。

「なぜですか?」と私は尋ねた。その答えは、いわば本書の知恵を凝縮したようなものだった。「なんであれ偉大なものをつくるなら、きみはオプティミスト《楽天家》でなければならない。定義からしてオプティミストは普通の人間が不可能だと思うようなことをやろうとする。だからオプティミストは先行きが悪くなるというニュースに従って行動はしないのだ」

そういう洞察は私が読んだどの本にも書いてなかった。私はアンディにこのテーマで何か書いてみてはと勧めた。アンディは「そんな本を書かねばならない理由がない。人間にその本性に逆らうように行動しろと勧めるなんて時間の無駄だ。「ピーターの法則」(1)を無効化しようとするのと同じだ。結局CEOというのはオプティミストでなければ務まらない。それにトータルで考えればそのほうがいいのだ」。これがアンディ・グローブだった。彼はおそろしく聡明であり、人間の欠点を見抜くのも人一倍早かった。しかしそうであるにもかかわらず、アンディは誰よりも人間の持つ可能性を信じていた。それがアンディが優れた教師であり、常にわれわれの能力を改善すべく、あれほどの労力を払った理由でもあるのだろう。

長年にわたって私はアンディ・グローブから学んできたし、そのことを誇りにしている。今回『HIGH OUTPUT MANAGEMENT』を初めて読む読者も、おそらく私と同様の体験をするはずだ。読者は本書を読むことで多くのものを得られるだろう。この驚くべき本の著者は、私が知るかぎり世界最高の教師だ。

（序文の訳：滑川海彦）

（1）「ピーターの法則」は組織論における経験則。管理職の地位に誰を昇進させるかは、昇進後の地位に必要な能力にはよらず、現在の地位に対する能力によって判断される。そのため「管理職は必ず無能となる地位まで昇進する」とされる。

目次

イントロダクション

ー　1983年以降に何が起こったか

この本を初めて書いたのは1983年のこと。20年間にわたって経営管理をめぐる仕事にかかわったひとつのまとめとして、その間に学んだ事柄をより効果的に起こさせる様々な方法について認《したた》めたものである。私がそこで学んだのは、経営管理という仕事の基本についてであるが、とりわけ大きな部分を占めていたのは、中間管理者にかかわる諸点についてであった。それから10年以上の歳月が経ったが、本書を初めて執筆したときに有用だった事柄の大半は、今なお依然として役に立つことがわかった。経営管理の基本は、そのほとんどが歳月の経過には影響されないままでいるのだ。

しかしながら1980年代において、われわれ経営管理者が仕事をする際の環境を変える、きわめて重要な2つの出来事が起こった。それゆえにこそ、この本のイントロダクションを新しく書き換える必要があると私は考えたのである。その二大事件とは、日本企業によるメモリー（記憶関連装置）への猛攻撃と、電子メールの発展である。

この2つの出来事の持つ意義を説明しよう。

80年代中ごろまでに、ダイナミック・ランダム・アクセス・メモリー（DRAMと略称される、あらゆる種類のコンピュータに用いられる最も人気の高いコンピュータ・メモリー・デバイス）をつくる日本のメーカーは、その技術能力を完成させ、製造面での優れた腕前の磨きをかけ、アメリカのメーカーと対決するほどになった（もともとアメリカのメーカーがその市場を開拓し、それ以来最初の15年間は完全に市場を支配してきたところへである）。1980年代の中ごろというのは、パソコン革命が起きた時期でもある。そしてパソコンは非常に多くのメモリーを必要とするので、DRAMを扱う日本の巨大企業にとって、アメリカを中心とする当該製品の市場が、いわば濡れ手に粟《あわ》の市場として、手つかずのまま浮かび上がってきたのである。したがって、すべてが日本勢の攻撃を呼び込む形となった。

私が働いているインテル社も、この猛襲に巻き込まれた会社のひとつだった。事実、インテルは早くからDRAMをつくり始めていたメーカーのひとつである。いや、それどころか、初期の数年間、われわれは実質上DRAMの全市場を独占していたほどだった。だがしかし、80年代の中ごろになると、アメリカ国内業者との競争のみならず、次第に日本企業との競争が激化し、この市場でのわれわれのシェアは削りとられ始めた。凶暴なまでの低価格で、しかも高品質だった日本製DRAMによる猛追に直面し、われわれは退却を余儀なくされ、また値引きせざるをえなくなった。そしてついには、DRAM事業にかかわることは、われわれにとって大赤字となるところにまで追い詰められてしまった。

とどのつまり、こうした損失のために、われわれは、ちょっとやそっとの努力では解決できない非常に困難な事態に取り組まなければならなくなった。ということは、インテル創業の基盤をつくった事業から脱却し、当時、われわれが最高の線を行っていると考えていた別の事業、すなわちマイクロ・プロセッサ事業に業務を絞り込まざるをえなくなったのである。

たしかに理論的には、こうした方向転換による新事態への適応は筋も通っており、なんらむずかしいこともなく簡単な考え方のように思えたが、実際にそれを実施するにあたっては、数多くの従業員の異動・再配置や、その一部の解雇や、いくつかの工場を閉鎖するなどの手を打たざるをえなかった。しかし、これらのことをわれわれはすべてなし遂げた。それは、このような強襲を受けている状況においては、われわれの持つ強みを生かして企業を導かねばならないことを学び取ったからである。困難な環境の中にあるときには、セカンド・ベストに甘んじているだけでは到底充分だとはいえないのだ。

最終的に、われわれインテルや米国の半導体産業は、日本のメーカーの猛攻撃に打ち勝つことができた。今やインテルは世界最大の半導体メーカーに成長し、米国の製造業各社も最近では日本の競争相手すべてを凌駕《りょうが》するようにすらなった。にもかかわらず、今、振り返ってみると、この日本勢の猛襲は、「グローバル化《グローバリゼーション》」という、より大きな潮流のひとつの波でしかなかったことが明らかである。

グローバリゼーションというのは、ビジネスにとって、もはや各国間の国境が存在しないことを意味する。資本も仕事も――みなさんの仕事も、みなさんの競争相手の仕事も――この地球上のどこにでも移動することができ、そこで仕事を行なえるということなのである。

幸いなことに、われわれは世界最高の生活水準を享受しているアメリカ合衆国という国の住民である。アメリカ市場は商品面でもサービス面でも、世界最大のマーケットである。そして最近までは、この市場に商品やサービスを供給するには、外国からよりもアメリカ国内からのほうがはるかに容易だった。

だが今日、アメリカ国外の多くの市場は、アメリカ市場よりも、より早く成長している。しかもアメリカ市場に対する供給は、世界いずれの地域からも可能となった。たとえば最近私は、パタゴニア（これは南米の地域名ではなくて衣料メーカーのことだが）のゴアテックスのジャケットを買ったが、これは中国製だった。すなわち、アメリカのブランド名で、アメリカの技術で（アメリカで発明され製造されたハイテク繊維で）もって、しかも再販売業者として（パタゴニア社の仕様でもって）外国で仕上がった商品なのである。

こうした一連のことがもたらす結果は、きわめて単純なものである。もし世界がひとつの巨大な市場として運営されるのならば、いかなる従業員でも同じ仕事を遂行することができ、世界のあらゆる場所にいる、いかなる人とも競争しなければならないということである。こうした人たちは数多く存在し、しかもその多くがかなりの飢餓状態にあるのだ。

さらに、もうひとつの結果が、そこから導き出されてくる。製品やサービスの大半がお互いにほとんど区別できないようになると、そこでの競争上の優位性は唯一、時間だけになる。そして、そこに80年代に導入された第二のきわめて重要な新展開、すなわち電子メールが登場してくるのである。

日本のDRAM市場への攻撃がより大きな潮流の第一波だとすれば、電子メールも「情報がいかに流れ、いかに管理されるかをめぐる革命」の最初の兆候であるといえよう。

電子メール、すなわちコンピュータとコンピュータをつなぐ電子メッセージの動きのことであるが、これを充分な知識をもって上手に使いこなすことは、結果として2つの基本的には単純な、しかし、それでいて驚くべき意義をもたらす。それは何日もかかったものを何分という時間に縮め、しかもメッセージの最初の発信者は、ひとりの人間に到達するのと同じだけの労力で、自分の同僚や何十人、あるいはそれ以上の協働者に対してメッセージを送ることができるのである。その結果、電子メールを組織全体で用いれば、これまでよりも相当多くの人々が、事業活動の中で何が起こりつつあるかを知ることができる。しかも、これまでよりもずっと速く知ることができるのだ。

ここで、やや脇道にそれるが、ひとつの皮肉な現象をお話ししておきたい。かつて80年代において日本勢が向かうところ敵なしと思えたときに、日本がなぜ決断力をもって決定的に早く行動できるかに関して出された意見として、日本のオフィスのつくられ方とレイアウトが、そうした能力の説明理由とされたことがある。日本のオフィスではマネジャーもその部下も、全員がいわばひとつの大きなテーブルを囲んで座っているようなものだ。人々はそれぞれ与えられた各自の任務をこなすわけだが、情報交換の必要があるときは、自分の協働者は全員がいわば同じテーブルの周囲にいるので、座ったままで話ができる。したがって、情報は数分間で交換ができ、同じ努力でもってすべての人間に情報を到達させることもできる。その結果、日本のオフィス・ワーカーはお互いのコミュニケーションが容易なので、実際問題として、電子メールの導入が遅れたという話である。

しかし今や振り子は、もうひとつの別の方向に振れ始めている。事業活動が地球全体の上により広く展開されるにしたがい、また時間が枢要な競争上の武器となるにしたがい、アメリカの企業組織のほうが日本の競争相手よりも、しばしばより有利な立場に立つようになった。それはなぜか？　日本のオフィスの中ではごく自然な形で発展してきたコミュニケーション上の容易さが、今や電子的手段によって世界中に効果的に広がってきたからである。

しかし、この電子メールも、ほんの第一の波にしかすぎない。今日、音声も写真も映画も書籍も金融サービスも、あらゆるものがデジタル方式に切り替わりつつある。したがってデジタル的なもののすべては、自分の職場の入口に持ち運んでいくのと同じくらいの速さで世界全体に発送できるのである。

こうした能力のもたらす結果を示す面白い話がひとつある。郵便局ではすべての手紙の90パーセントを自動的に仕分けしているといわれている。自動機械が読み取れない残りの10パーセントは、読み手である人間がその宛て先を機械にタイプで打ち込む。最近、この作業のコスト低減のために、郵便局では新しいシステムを試みた。それは、機械が判読できない封筒をすべてデジタル写真で別な機械に撮影させ、そのデジタル画像をただちに労務費の安い地域に送信し、そこで人間がデジタル・イメージを読み取ってそのアドレスを機械に打ち込み、電子化してもともとの郵便センターに送り返すという方式である。それはこれからの25年間にわたり、すべての分野を包含する新しいトレンドの始まりである。

これを端的にいうならば、情報革命は仕事の流れの中にある、いかなる〝隠れ場所〟をも取り去るということである。したがってこれからの課題は、事業として行なうべきものは果たして何なのか、そしてマネジャー自身が行なうべきものは何なのか、という点に帰着する。

II 新しい環境下での業務運営

ここでしばし、前へ立ちもどって、本書がいかなる読者を対象としているかを考えてみることにしよう。実は、著者である私としては、いかなる組織の中においても通常は忘れ去られた人間存在とされるミドル・マネジャーに語りかけたいと、とくに強く願っているのである。

現場の最先端にいる第一線監督者や、あるいは会社の最高経営責任者（CEO）については、充分その存在が認められている。職長（フォアマン）を対象として、その仕事の基本を教えることを目途としたコースはたくさんあるし、また、たいていの代表的ビジネススクールではトップ経営者を生み出すことを狙って教習課程が組まれている。しかしながら、それらの二者の間には、大集団である中間管理者が存在し、現場のフォアマンを監督したり、あるいはエンジニアとして、会計要員として、またセールスパーソンとして働いているのだ。こうしたミドル・マネジャーこそ、いかに組織が緩やかなものとなり、ヒエラルキー（階層秩序構造）が

〝フラット化〟したとしても、一定の規模を持ついかなる組織においても、その肉であり血である存在なのだ。にもかかわらず、われわれの社会や経済にとってきわめて重要なこのミドルは、ほとんど無視されているのである。

ミドル・マネジャーというのは、なにも大企業にかぎられたものではない。実際のところ、どの企業運営の中においても見出されるものなのである。法律事務所で小さな税務担当部門を運営している人もミドル・マネジャーである。同じようなことは、学校の校長に関しても、流通業のオーナーや、小さな町の販売代理者や保険代理業者についてもあてはまるのだ。

こうした企業の中にいる人々に、本書の草稿を読んでもらったところ、著者がたぶんそうではないかと思ったことが裏づけられた。インテル社が、大変小さな組織から、きわめて大きな組織に成長していく過程において形成されてきた経営管理上の考え方は、広範囲にわたって適用しうるのである。

さて、このミドル・マネジャーの中に、もうひとつのグループに属する人々を加えるべきである。それは、直接自らの指揮監督下にはなくても、また厳密な意味では組織上の命令権限を持っていなくても、他の人々の仕事に対して影響力を及ぼす人たちのことである。

これらの、いわば「ノウハウ・マネジャー」と称すべき存在は、組織の中で自分の周辺にいる人々に対して、知識と技能と理解の源泉となっている人々である。彼らはスペシャリストであり、組織の中の他の成員に対してコンサルタントとして行動する一種のエキスパートである。しかも緩やかな形で定められている情報ネットワークの中においては、事実上、中心的な結節点となる人々である。

教師も、市場調査員も、コンピュータの専門家も、交通工学の技術者も、管理監督者としての権限を行使している従来の伝統的マネジャーと同じく、あるいはそれ以上に、他の人々の仕事を形づくっているのだ。それだからこそ、ノウハウ・マネジャーもミドル・マネジャーと呼んでもまったく差し支えないといえる。事実、われわれの世界がますます情報化され、サービス志向の度を強めるにつれて、こうしたノウハウ・マネジャーは、ミドル・マネジメントの一環として、よりいっそう、その重要性を増していくのである。だから、ここで言いたいのは、ノウハウ・マネジャーも、ぜひこの本を読み続けてほしいということである。

読者がノウハウ・マネジャーであれ、伝統的な概念でいうマネジャーであれ、会社としてはグローバル化と情報革命をめぐる諸勢力によって形成される環境の中で経営をせざるをえないのであり、他に選択の余地はない。

今日の会社には、基本的には適応するか、死ぬかの2つの選択肢しかない。われわれの眼前で死んでしまった会社もある。他方、適応すべく苦闘しているところもある。こうした苦闘を重ねるにつれて、何十年にもわたって非常にうまく役立ってきた事業運営の方法も、今や過去の遺物になりつつある。何世代もの間、レイオフ（事業都合による解雇）は一切行なわないことを方針としてきた会社も、今や一どきに何千人という社員を外に放り出している。不幸なことではあるが、これもすべて適応過程の一部なのである。

こうした会社の中のすべてのマネジャーは、新しい環境に自らを適応させていかなければならない。このような新環境におけるルールとは何か。第一にそれは、すべてがより急速に起きるということである。第二は、なしうることはすべてなされうるということであり、たとえ自分がやらなくても、必ず誰かよその人間がやってしまうということである。ここで誤解のないように明言しておきたいが、これらの変化は職場に対して、より冷酷に、よりきびしく、より予測しがたい形で迫ってくるのだ。

したがって、こうした職場でのマネジャーであるみなさんは、「無秩序《カオス》に対する、より高度の受容力と許容性」を身につけなければならない。むろん、無秩序をそのまま受け入れてはならない。だから、実際上、周囲の事柄を「秩序立てる」ように推し進めるべく、最善を尽くさねばならない。この本で後述する「朝食工場」のたとえは、充分に油をさしてあるのでスムーズに動く工場のように経営管理プロセスを動かせという考え方であるが、著者がかつて本書を執筆したときにもそうであったように、今でも、それはすべての面で理想なのである。しかし、マネジャーとしては自分の属する業界において、このアメリカにおいて、あるいは地球の裏側において必ずや生じてくる大型合併によってカオスは生じてくる。

大激動によって翻弄されることに対して、精神面でも感情面でも充分な備えができていなければならないのだ。これまでは耳にしたこともないような人によって初めて打ち出されてくるショック・ウエーブに対しても、備えができていなければならないのだ。

不可能と思われることを行ない、予測不能とされることも予期するよう努力しなければならない。そして、予期しなかったことが発生したら、それが自分の人生との中でつくり出される無秩序からもなんとか秩序がつくれるように、その努力を倍加させなければならない。これに関して筆者が唱えているモットーは、「混沌《カオス》をして君臨せしめよ、されど混沌の中で手綱をさばけ」である。

むろん、時として、この本の中に書かれていることを読んで、これは自分の場合にはあてはまらない例外事項だとする時もあるだろう。「インテル社の場合ならいいだろうが、自分が働いているDDQ社じゃ、こんな言い方では到底説得できない」と言いたくなるときもあろう。「オヤジ自身が命じるのではないかぎり、何も動かん。宮廷革命でも起きないかぎり、この本が勧めていることは、どれひとつをとっても使えやしない」と言うかもしれない。しかし、私の言っていることの大半は必ず利用できることを保証したい。

なんらかの形でミドル・マネジャーは、自分の担当する組織において、事実上の最高経営責任者（CEO）なのである。自分にとって訴えるところのある原則や方法に関して、上から押しつけられるまで手をこまねいて待っていてはいけない。「小CEO」としては、会社の他の部署が真似をして同じようにやろうがやるまいが、自分自身と自分自身が率いるグループの、業績と生産性を高めることができるのだ。

この本には3つの基本的なアイデアを盛り込んである。第一のアイデアは、マネジメントに対する成果（アウトプット）志向性である。ということは、たいていの、努力を外に向けるアウトプット志向的活動——製造業者がそうだが——におけるいくつかの原則を、われわれビジネス活動の他の形態にも適用するのだが、とくに力を入れたいのはマネジャーの仕事についてである。インテルの場合を考えてみよう。この会社はまぎれもなく製造・生産会社であるが、かなり複雑なシリコンのチップと、そこから築き上げるコンピュータのような製品をつくっている。わが社には現在3万人以上の従業員がいる。そのうち、約25パーセントが製品を実際につくる仕事に従事している。さらに別の25パーセントがその担当部署の監督や、機械の保全やエンジニアとしての仕事や製造プロセスの改善など、現場の製造要員の支援を行なっている。さらに別の25パーセントの人間は事務管理（アドミニストレーション）部門で働いており、生産のスケジューリング、人事記録の整備、顧客への請求書の作成、仕入れ先への支払いなどの業務に従事している。最後の25パーセントが新製品の設計や、それを市場へ送り出すことや、販売や、アフターサービスを行なっている。

私はインテルという会社をつくり、組織化し、管理してきたが、「全従業員」がなんらかの意味で〝生産活動を行なっている〟ことがわかった。チップをつくるのも、請求書を用意するのも、ソフトウェアや広告コピーをつくり出すのも、みなそうである。

また、インテルで行なわれるどの仕事にしても、こうした基礎的な理解を心に留めてアプローチするならば、生産原則と規律は、それを管理するための系統的な方法をわれわれに与えてくれることもわかってきた。これはちょうど、財務をめぐる用語や概念が、いかなる種類の投資であれ、その管理と評価への共通のアプローチをつくり出してきたのとまったく同じ事なのである。

第二のアイデアは、それが企業の仕事であれ、政府・官僚機構の仕事であれ、人間活動のたいていの形態は、個人の手によって追求されるというよりも、チームによって追求されるということである。この考え方は、本書の中で私自身が最も重要だとみなす次の一文の中に要約されている。すなわち、「マネジャーのアウトプットとは、その直後の監督下にあったり、または影響下にある組織体のアウトプットである」。

そこで、自らのチームのアウトプットを増加させるために、マネジャーとしてはいったい何ができるかという問いが出てくる。これを換言するならば、マネジャーの注意を引くような、実質上際限がないほどの多くの数のタスク（課業）を果たさなければならない1日の中で、マネジャーとしては具体的に何をすべきかという問題となる。この問いへの答えを導き出すひとつの道筋として、「マネジリアル・レバレッジ（経営管理上のテコ作用）」という概念を導入するわけだが、その狙いは、それぞれが率いるチームのアウトプットを増大させるにあたって、マネジャーがどのような影響力《インパクト》を与えているかを測定することにある。私の主張としては、経営管理上の生産性の高さは、このテコ作用の高いタスクを選び取って遂行することに大きくかかっている。

チームは、そのメンバーである各個人の中から最高の業績遂行活動が導き出されたときに、最もよく機能して、その業績を高める。実はこれが、この本での第三のアイデアなのである。企業においても、スポーツ選手をして「その個人としてのベスト」を絶えず発揮させるように動機づける方法を、そのまま援用できるのだろうか。私の意見では、それはビジネスでも可能だし、だからこそ後で詳述するように「スポーツ・アナロジー（スポーツでのたとえ）」を検討してビジネス・チームのメンバーから高水準の業績を生み出させ、かつ持続させるための課題関連フィードバックと呼ばれるものの役割を吟味する所以《ゆえん》もそこにあるのである。

いかなる公式の計画策定を重ねても、前述したようなグローバル化とか情報革命などという変化を予測することはできないことを、しっかり認識しておくべきである。しかし、だからといって、計画などは立てなくてもいいという意味になるのだろうか。そうではない。ちょうど消防署が計画するようなやり方で計画を練るべきなのである。次の火事がどこで起きるかなどは予測できない。したがって、通常起こりうる出来事に対するだけではなくて、予測しにくい事柄に対しても対応できるだけの、エネルギッシュで能率の良いチームを形成しておかなければならない。

第二の点として言えることは、即応力のある会社にするためには、経営管理者の階層数をなるべく少なくしておくべきだという点である。この考え方は、今日では電子メールによって組織の中の誰にでも情報を伝達できるので、以前よりも適用しやすくなった。したがって、過去においてはマネジメントの基本的な役割のひとつとされていた情報の発信散布は、もはや経営管理上の機能としてはそれほど大事ではなくなってきている。

今日の組織においては経営管理階層がより少なくなっているので、各マネジャーは10年前の場合に比べて、直属する従業員の数がより多くなってきている。インテル社における経営哲学上の根本綱領のひとつは、監督者とその部下との間で一対一の話合いの場を持つようにするということである。その主な目的は、相互教育と情報交換である。具体的な問題や状況について話合いをすることにより、上司はその部下に技術と知識を教え、また事柄に対するアプローチの仕方を提案したりすることができる。と同時に、部下もその上司に対して自分が行なっていることや心配していることに関する詳しい情報を提示することができる。明らかに一対一の「さし」でのミーティングは、その準備にしても、またその実行にしても、いずれも時間のかかるものであり、より多忙さをます今日のマネジャーにとっては、こうした時間をつくり出すのはむずかしいといえよう。

それでも、一対一のこうしたミーティングは果たして必要なのだろうか。絶対に必要なのだ。それでは10人の部下がいる場合でも、5人の部下の場合と同じだけの頻度で、こうした会合を持つ必要があるのだろうか。その必要はない。なんでもかんでもミーティングを持つ必要があるのだろうか。そんな必要はない。というのは、今日の従業員は10年前に同じ立場にいた従業員よりは、コンピュータ・ネットワークを通じて、自分たちの企業の中で一体何が起きているかをたいていの場合ずっとよく承知しているからである。しかも彼らは、上司を頼りにして企業情報を最新のものにしようなどとはもはや考えてはいない。また、上司としても、部下がすでに研究室で、工場で、あるいは担当販売地域で知っているような事柄を、一対一のミーティングの場で今さらあらためて知らせる必要などない。こうした新しい情報は、部下のほうから上司に知らせようと思った数分後に、自らのコンピュータ・スクリーンの上で読み取ることができるからである。

日本のオフィスでは上司と部下がテーブルを囲んでいつも話し合うということが伝説のよう

に喧伝《けんでん》されているが、このことをしばし考えてみよう。情報を最新のものにするために上司と一緒になる必要などない。それでいて、依然として各自の席を離れて上司と膝を突き合わせて、各人の抱えている関心事項や憂慮すべき点を話し合ったり、どうも気になる事柄を持ち出したりすることが必要なのは、こうした一対一の話合いの目的が、時々刻々そこで発生する問題を処理することに主眼を置くからである。これは、上司であるあなたとその部下が、テーブルではなくて電子機器をいわば囲んでともに仕事をするときでも少しも変わらないのである。だからこそ私は、一対一の会合はぜひ必要であると主張したい。しかし私がこの本を初めて書いたときに心に描いたほどの回数は必要はない。今や、より多くの従業員を相手として、しかもより少ない回数で、またより短い時間で対応できるようになってきているのである。

III　自分自身のキャリアの管理

しかし、結局のところマネジャーといえども、ひとりの従業員であることには変わりはない。では、そうした人々はどうすべきなのであろうか。

ある記事によると、中年の男性が職務を失う可能性は、1980年に比べて、1990年代では約2倍になっていると書いてあった。しかも、この傾向は今後ますます強まっていくのである。

一般原則としては、たとえどこで働いているにせよ、自分は単に雇われた一従業員ではなくて、ひとりの事業経営者として働いているという考え方をよく納得して身につけなければならない。あなたは、いわば似たようなビジネスを営んでいる何百万人の人々と競争状態にあるのだ。世界中のいたる所に何百万人も競合するビジネスをやっている人間がおり、しかもその数は時々刻々急ピッチで増えており、さらに自分が行なっているのと同じような仕事がこなせるだけではなくて、もっと多くの、またより熱心に遂行しようとしている人間が増えてきているのだ。などと言うと、読者のみなさんは、自分の職場を見回してそこにいる仲間が自分のライバルだと言うかもしれないが、それは間違いである。職場の同僚などとは数においてはるかに上回る1000倍もの、1万倍もの、100万倍もの人々が、みなさんの会社と競合している組織で働いているのだ。だから、仕事をしたいならば、あるいは働き続けたいならば、「個人としての競争優位性」を保つために、絶えず熱心に自分を磨かなければならないのである。

成長が鈍かったり、あるいは成長していなかったりするような環境の下では、対応しなければならないもうひとつの要因が存在する。それはみなさんと同じ組織の中で、上のほうへ行こうと願っている野心満々の若い後輩従業員たちである。今すぐにでもみなさんの地位にとって代わるだけの力はあるかもしれないが、そこにあなたがたが立ちはだかって邪魔しているのである。遅かれ早かれ、みなさんの上司は嫌でも応でもひとつの選択をすることを余儀なくされる。それは、良い仕事をしていてはくれるが、他の人間の邪魔になっているみなさんをそのまま置いておくか否かという選択である。こうした状況を回避する責任は、みなさん自身にあるのだ。

60年代、70年代、そして80年代の大半を働いてきたマネジャーの世代にとって、成功への処方箋《せん》は、安定しているが先見の明のある会社に入ってその会社を伸ばすことにあった。そうすれば、こうした会社はその見返りとして、上へ伸びていくキャリアをもって報いてくれた。しかし明らかに、今日はそんな状況にはない。

ここで大事な点は、何度もお題目のように繰り返してきたグローバル化と情報革命が本当の意味をもって、いやそれどころか命取りになりかねないほどの恐ろしい可能性を秘めたものとして、みなさんのキャリアに影響を与えるということである。しかも残念なことに、誰もみなさんのキャリアの世話などはしてくれないし、世話にもなっていないということである。自分の進路や職歴に関しては、自分だけが唯一の所有権者なのである。毎日何百万人という人々と競争し、毎日自らの価値を高め、自分の競争優位性に磨きをかけ、学習し、適応し、人の前には立ちはだからず、ひとつの仕事から別の仕事へと移り、場合によって必要とあらば別の業界にも変わり、さらに再出発が必要だと考えるなら、思い切って今の仕事を減らすことまでしなければならないのだ。一番大事な課題は、こうした環境変化の犠牲者にならないためには、自らのキャリアを管理しなければならないということである。

この点に関して私は成功疑いなしの方程式を示すことができる。しかしその前に、ここで真剣に考えてもらわなければならないいくつかの問題がある。

1 あなたは本当の価値を付加しているのか、それとも単に情報をあちこちへ流しているだけなのか。付加価値をどうやって高めようとしているのか……という問いである。

それは自分の部署において、事態を真により良く改善する方法を絶えず探すことによって可能なのである。あなたはマネジャーなのだ。この本での中心課題は、マネジャーのアウトプットが、即、担当組織のアウトプットだということである。原則としてみなさんの1日の中の1時間1時間は、自分が責任を負っている部下のアウトプットや、そのアウトプットの価値を高めることに費やさなければならない。

2 第二の問いは、自分の周囲で何が起こっているかに関して、いつもアンテナを張り、回路を接続して、情報収集を怠らないでいるか。

その中には、会社内のことだけではなく、業界全体の動きについての目配りをすることも含まれる。それとも、起こっている事柄の解釈に関しては上役などがしてくれるのを待ちの姿勢でいるだけなのか。お互いに接続しているネットワークの中で自分は中心にいるのか、それともひとりだけ浮き上がっているのではないか……。

3 新しいアイデアや、新しい手法や、新しい技術をいつも試みているか。

ここで言いたいのは、単に新しいものについて読むだけではなくて、自分自らが実際に手を下して試みるということである。それとも他の人間があなたの職場をリエンジニアして組み替えしてくれるのを待っていて、ついには自らの職場から追い出されてしまう人間ではないのか。

私自身、専攻は技術であり、職としては先端技術会社のマネジャーである。マネジャーとしてはさらに、個人の集団の一員であり、生産性向上へのカギを持っている、アメリカだけでも何百万人といる個人からなる集団の一員である。さらに人々のニーズに合致するより多くの、そしてより良い商品とサービスを生み出す役も果たしている。先行き楽観主義者の私は、アメリカの持つ富を増大させる潜在力は、まだほとんど手がつけられていないとすら思っている。

さらに私は、人々は実際に対処しなければならない変化に面と向かって必ずしも直面し対応していないので、時折は現実主義者としても行動しなければならないことも感じている。変化という厳しい試練を乗り越えて生き残らないかぎり、未来に関して楽観的にはなりえない。生き残りへのカギは、より多くの付加価値をどうやってつけるかを学ぶことにあり、それこそこの本の最終的な狙いでもある。

インテル社での私自身の体験からして、本書で説く「生産」方式を適用し、「マネジメントのテコ作用」を活用し、スポーツ選手が願うところの「ピーク・パフォーマンス」を導き出すことは、法律専門家、教員、エンジニア、監督者、さらには書籍の編集者にいたるまでの、ほぼすべての人々に役立つと固く信じている。ということは、あらゆる種類のミドル・マネジャーが、より生産的に働くことのお手伝いをすることができるということである。さて、それでは、さっそく、ある工場の現場に実際に赴くことから始めよう。

アンドリュー・S・グローブ
1995年4月

第1部
朝食工場《ブレックファスト・ファクトリー》
——生産の基本原理

THE BREAKFAST FACTORY

1章　生産の基本

大卒者の採用業務も、コンパイラの開発も、犯罪者の逮捕から収監までも、アウトプットのプロセスは同じ……。

3分間ゆで卵の生産原理は

生産の原理を理解するために、仮に読者がレストランのウェイターであると想定してみよう。かくいう私も学生時代にウェイターをやったことがあるが、ウェイターの仕事は、3分間の半熟卵とバター・トーストとコーヒーの3品を同時に準備して、できたての熱いうちに客のテーブルまで運ぶことである、としよう。

この仕事には、実は生産に関する基本的要件が含まれている。その要件とは、顧客の要求に応じて、あらかじめ決められた〝一定の〟時間に、客に、納得してもらえる品質水準の製品を、できるだけ〝安い〟コストで、つくり上げて提供するということである。生産の基本原理や約束事とは、顧客が要求するものならなんでも、要求するときはいつでも、すぐに提供するということではない。そんなことをしようとすれば、無限ともいえるほどの生産能力、ないしはそれに相当するものとしていつでも提供できるきわめて膨大な量の在庫を持っておかねばならない。この例でいえば、客は、席につくと瞬時も待たずに、完全に3分間の半熟卵に熱いバター・トーストと湯気の立つホット・コーヒーを欲しいというかもしれない。が、このような客の期待に応じるには、客がいつ来てもすぐに給仕できるように、キッチンを遊ばせて待機させておくとか、完全な半熟卵と熱いバター・トーストとコーヒーをいつでも提供されるように支度をして準備しておかねばならない。そのいずれにしても現実的ではない。

その代わり、生産者は製品を一定の時間内に、この例の場合では、客がレストランに入ってきてから5分～10分間というように常識的に決まっている時間内に提供する責任がある。しかも、他の店と競争できるような価格で売っても、なおそれなりの利益が上がるようなコストで、その朝食をつくらねばならない。これを最も賢明な方法でやるには一体どうしたらよいだろうか。そのために、ここで生産の流れを見ることから研究を始めよう。

まずやらなければならないことは、取りかかる作業の全体的な形を決める中心的なステップをはっきり突き止めることである。それを〝制約的ステップ《リミッティング》〟と呼ぼう。この一事例の場合、問題は単純である。朝食の構成要素のうち、準備に最も時間のかかるのはどれかである。コーヒーはキッチンですでに湯気を立てており、トーストは1分ぐらいしかかからないから、答えは明らかに卵である。そこで、卵をゆでるのに必要な時間を中心に全体の仕事を計画しなければならない。卵は準備に最も時間がかかるだけでなく、たいていの客にとっては、朝食で最も重要な目玉品なのである。

図1－1は、取り行なわなければならないはずの事柄を示したものである。朝食を運ぶ時点

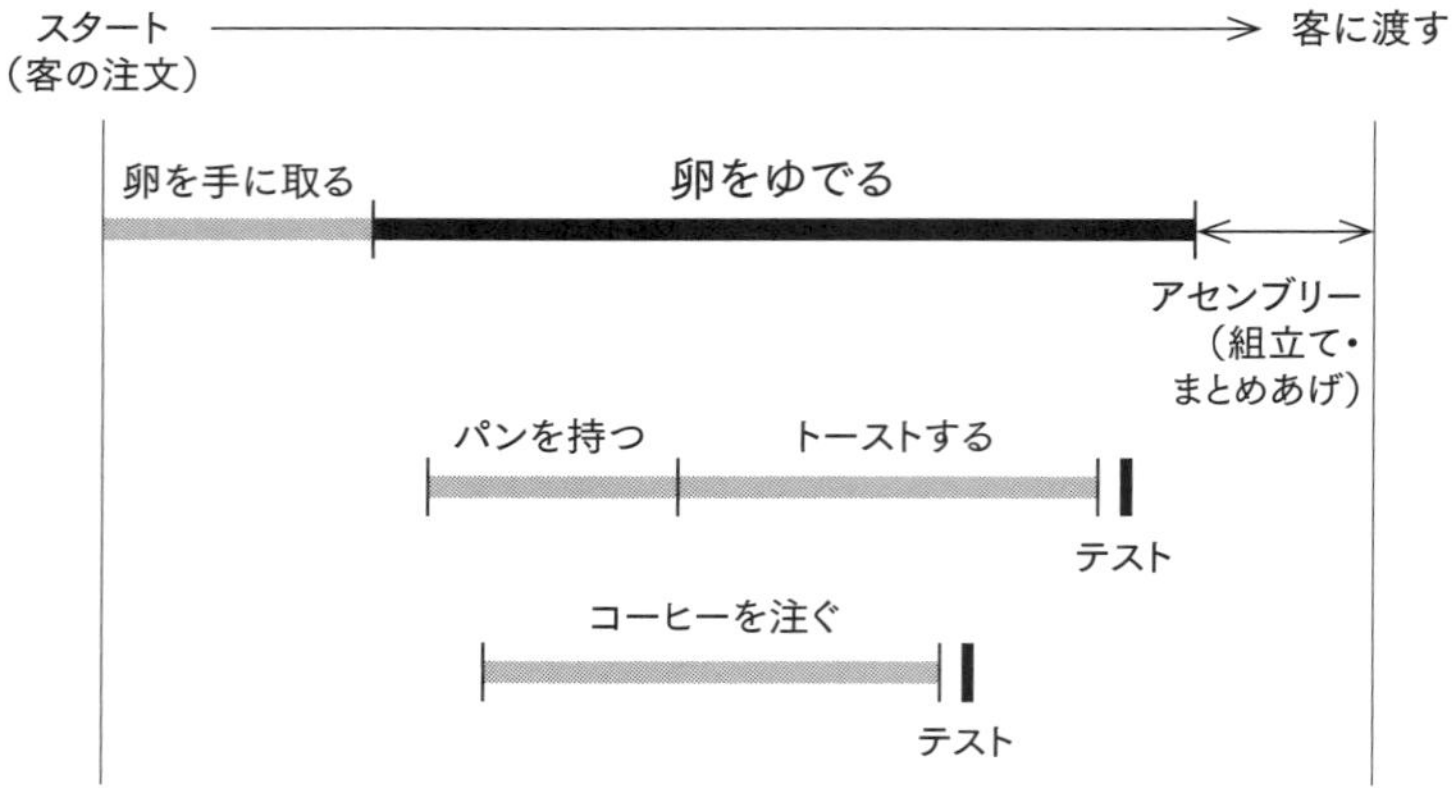

図1－1　卵を調理することがリミッティング・ステップとなる。

から逆に考えると、３つの部分が確実に同時にでき上がるように準備する時間を計算する必要がある。最初に商品をトレイの上に集める時間が必要である。次に、トーストをトースターから手に取り、コーヒーをポットのところから取り、卵を熱湯から取り出さなければならない。これに必要な時間を卵の調理に必要な時間に加えたものが、プロセス全体の所要時間を決めることになる。これを生産の専門用語で総処理《スループット》時間という。

　次はトーストについて考える番である。卵の時間を基準にして、パンの薄切りを手に取り、トーストにするまでの時間が必要である。最後に、そのトースト時間を基準にして、コーヒーをいつ注いだらよいかが判断できる。

　ここでカギとなる大切な考え方は、最も長い（あるいは最も困難な、最も要注意の、または最も費用のかかる）ステップから生産の流れを組み立てて、逆に考えてゆくという点である。3つのステップのすべてについて、いつ始まりいつ終わったかに注目すること。最も重要不可欠なステップ（卵をゆでるのに必要な時間）を中心に流れを計画し、他のステップはそれぞれの処理時間に応じてずらす。これを、生産関係の専門用語では〝相殺《オフセット》（相互埋合わせ・調整）〟したという。

　リミッティング・ステップという考え方はいろいろな場合に広く応用できる。たとえば、インテル社が学卒者を採用する場合を考えてみよう。当社のマネジャー数名が各大学に赴き、何名かの最上級生を面接し、有望そうな志望者に会社訪問を勧める。志望者の訪問にはかなりの経費がかかるが、会社が負担する。訪問中に他のマネジャーや技術関係者が綿密に面接する。さまざまな点を充分に考慮した後、技能《スキル》や能力が当社の要求に最もかなった学生で、当社に来て働く意志のある者数名に採用の内示をする。

　このケースに生産の基本原理を適用すると、最も金のかかる点、つまり、学生の工場訪問――その来社費用とインテルのマネジャーの志望者への面接時間コストが一番なので――を中心に一連の進行状況を考える必要がある。学卒採用者ひとりあたりのこのステップ利用部分を最も上手に切り詰めるには、勧誘した学生が入社する比率を、たとえば、来社招待状を出す前に電話インタビューで人選するなどして、高くしなければならないのは明らかである。この方法を取れば経費の節約になり、工場訪問者ひとりあたりの内定率を上げると同時に、高価につく採用者ひとりあたりのリミッティング・ステップ使用の必要性を下げることになる。

　時間のオフセットの原理がここでも当然働いている。学生が卒業する時期から逆に考えて、卒業前の数カ月にやらなければならないすべての事柄――校内面接、電話による選考、工場訪問など――について、採用担当者がそれぞれのステップの発生時期をずらし、適切な時期に行なうことがそれである。

製造作業の実際

朝食の準備にはほかにも生産原理が基盤としてひそんでいる。朝食をつくる過程を見ると、次のような3つの基本作業があることがわかる。〝プロセス（加工・処理）〟製造過程《マニュファクチャリング》――ゆでることによって卵が変化するように、原材料を物理的または化学的に変化させる活動。〝アセンブリー（組立て・まとめあげ）〟――ゆで卵、トースト、コーヒーが一緒になって朝食となるように、部分部分を集めてひとつの新しいまとまりのある物にすること。〝テスト（試験・検査）〟――部分または全体をそれぞれの特性について試験してみること。たとえば、朝食をつくる過程のところどころで肉眼によるテストが行なわれる。たとえば、コーヒーに湯気が立っているかどうかとか、トーストがこんがり焼けているかどうかとか……。

プロセス、アセンブリー、テストの作業は他の様々な生産的活動にそのまま応用ができる。たとえば、ある販売員グループに新製品を売らせるための訓練という仕事を考えてみよう。この場合、3種類の生産活動が何であるかはすぐにわかる。製品についての大量の生《なま》のデータを意味のある売込み戦略に転換し、かつその戦略が販売員によく理解でき、しかも活用できるものにすることがプロセス・ステップである。いろいろな販売戦略をひとつにまとめて筋の通った一貫性のあるプログラムにするのが、アセンブリー・ステップであると考えられる。ここでは適切な製品販売戦略とそれに関連する市場データ（競争力のある価格政策や出回り具合など）が、パンフレットや宣伝ビラやチャートなどと一緒に、ひとつの販売説明《プレゼンテーション》にまとめられていく。テスト部分は、プレゼンテーションの「予行演習《ドライラン》」という形となり、選抜された第一線の販売員グループと第一線のセールス・マネジャーがこれを実施する。このドライランがテストに通らないときは、そのセールス用の材料はテストの対象となった人々の関心や反論に合致するように、もう一度「再加工《リワーク》」（これも広く知られたもうひとつの生産概念）されなければならない。

コンピュータ・ソフトウェアの主要な部分である「コンパイラ（訳注：高級言語で書かれたプログラムを機械語で書かれたプログラムに変換するプログラム）」の開発にもプロセス、アセンブリー、テストが明らかにある。コンピュータは自分自身の言語で書かれた指示を受け取った場合にだけ、人間の命令を理解し実行するものである。コンパイラというのは、英語に似た用語や句で書かれた電算機言語にコンピュータが翻訳できるようにさせる通訳のことだ。このコンパイラを使えば、プログラマーはある程度普通の人間のように物を考えることができ、人間がコンピュータの情報を処理するやり方に順応する必要はあまりない。こんなふうに機械に通訳・翻訳させるのは明らかに大変むずかしい仕事である。したがって、コンパイラの開発には腕の良い有能なソフトウェア・エンジニアの粘り強い努力が必要である。しかし、成功すればコンピュータの使い方を簡素化できるので、やり甲斐もあるしペイする。

それはともかく、コンパイラを構成する個々の部分《ピース》の開発は一連の処理ステップから成り立っている。ソフトウェアの実際に働く部分は仕様書や基本設計のノウハウから生み出される。各部分は次に「ユニット・テスト」と呼ばれる個別検査を受ける。このテストに通らないときには、ソフトウェアのその欠陥部分は「再加工《リワーク》」のためプロセス段階にもどされる。部分部分のすべてがそれぞれのユニット・テストに合格すると、アセンブリーによってコンパイラとなる。次に、当然のことながら、完成品に対する「システム・テスト」が行なわれてから、顧客のところに出荷される。こういう作業にかかる所要時間のオフセット化は広範囲にわたって行なわれる。技術的な処理をする段階のそれぞれの総処理時間はきちんと決まっているので、ソフトウェアの各主要部分をひとつの段階から次の段階へと進めてゆくタイミングは、前もって計算し、計画しておくことができる。

朝食の準備、学卒者の採用、販売員訓練、コンパイラの設計はお互いに全然似たところはないが、生産活動の流れとしては基本的には類似しており、その手順を踏んで所期の生産物がつくられるのである。

状況が複雑になると

実生活にはご存じのように、そこでつまずいたり足を止めたりするような茂みや藪がいっぱ

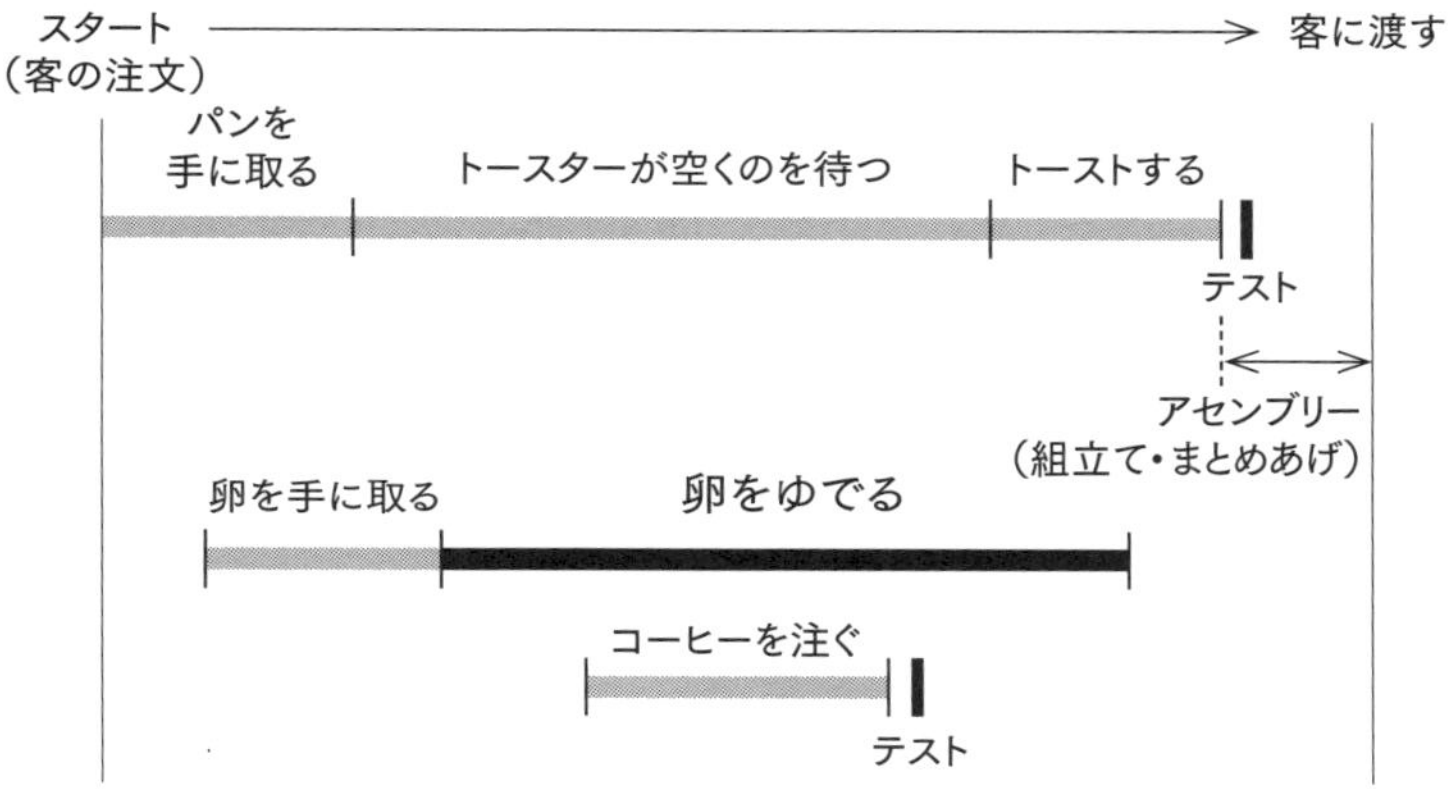

図1－2　トースター能力に限度があるので、
トーストすることをリミッティング・ステップとする。

いある。図1－1の作業のフロー・チャートでは、朝食準備の能力が無限であると仮定して、トースターにしても卵をゆでるポットにしても、いつでも待たずに誰しもが使用できるものと考えた。だがそういった理想の状態は存在しない。もし、ウェイターが列をつくって自分がトースターを使える順番を待っているとしたら、どうなるだろうか。並んでいる時間のことを考えて生産の流れを調整しなければ、3分間ゆでの卵はすぐに6分間ゆでになってしまう。したがって、トースター能力が有限だということは、この新しいリミッティング・ステップを中心に流れを考え直さなければならないという意味になる。卵が朝食の質全体を決めるのは同じだが、時間の相互のやりとりをするオフセットの仕方を変えなければならない。

朝食工場の事例で、生産の流れの変化はどう表わされるだろうか。朝食を手渡す時期から逆に考えて、図1－2に示すように、生産がどう影響を受けるか見てみよう。卵のサイクルはコーヒー同様に変わりはない。だが、トースター能力に限度があるので、万事がすっかり変わってくる。今度はトーストを渡す時間とトースターの空きを待つ時間を考えなければならない。ということは、生産プロセス全体を考え直さなければならないということになる。だから、トースター能力が例のリミッティング・ステップになり、作業はそれを中心につくり直されなければならない。

さて、状況をもう少し複雑にしてみよう。もしウェイターがトースターの空きを待つ列で立ち往生している間に卵をゆで始める時間になってしまったとすると、どうなるだろうか。一見、待つか、ゆでるかのいずれかをする以外にどうしようもない矛盾のように思えるかもしれないが、実際はそうではない。レストランの経営者としては、卵をゆでる人を1名、トーストをつくる人を1名、コーヒーを注ぐ人を1名、仕事の総体を監督する人を1名、雇うことにより、作業員を〝スペシャリスト〟に変えてしまうことができる。だがもちろん、これには〝間接費〟が膨大になり、経費がかかりすぎて考慮の対象にはならない。

ウェイターとしては、隣りに並んでいるウェイターに頼み、自分が駆けていって卵をゆで始める間にトースターにパンを入れてもらうことができる。だが人頼みとなると、当人にとっては結果の予想がつきにくくなる。マネジャーとしては、トースターをもう1台備えることもできるが、これは高価な〝資本設備〟の追加になる。トースターを休みなく使って熱いトーストの〝在庫〟を持つようにすることもできる。使えないトーストは捨てるようにすれば、いつもすぐに製品を手にすることができる。が、これは無駄というものであって、高価につきすぎて営業はできなくなる。だが、少なくとも、代案が必ずあることがわかる。機械の性能、マンパワー、在庫を互いにトレードオフ（損得の比較考量）し、引き渡し時間との兼ね合いをはかることができるのである。

どの案を取るにしても金がかかるので、われわれの仕事は、経営資源を利用するのに〝費用対効果上の最も良い方法〟、つまり、あらゆる種類の生産作業を最適化するカギを発見することとなる。こういった状況には必ず正しい答え、つまり、可能なかぎり最低の費用で最善の引き渡し時間と製品の質が得られる答えがあることを忘れてはならない。その正しい答えを求めるには、マンパワー、処理能力、手持ち在庫といったいろいろな要因の間のトレードオフの関係をはっきり理解し、そこでよく理解したことを一定の計量化が可能なまとまった関係にまで絞り込んでいかなければならない。誰でもおそらく、ストップウォッチを使ってまでトースターのそばにいる人の時間動作の研究をしようなどとは考えないだろう。また、トーストの在庫コストとトースター能力アップとの正確なトレードオフを数字に出してまでの計算などはしないだろう。が、大切なのは、生産プロセスのいろいろな面の間の関係をなんとしても理解しようと努力する物の考え方である。

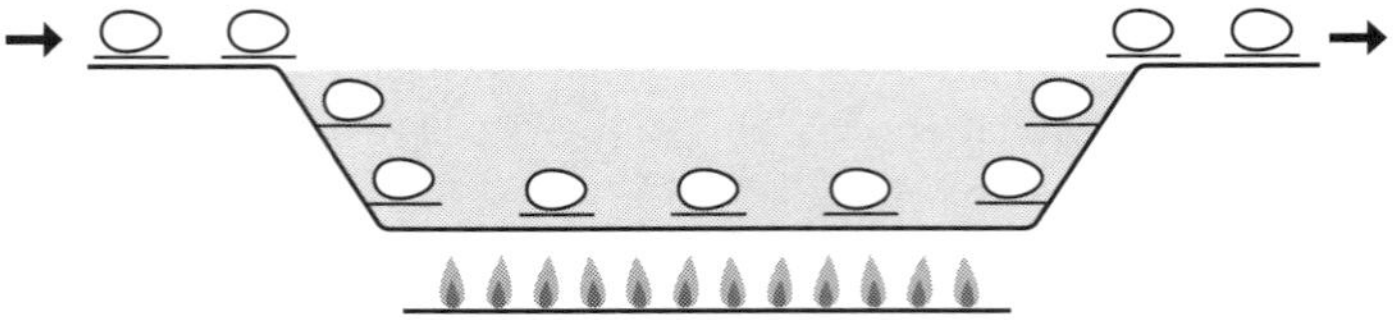

図1－3　連続卵ゆで器……3分間の半熟卵を絶えず供給する。

大量生産の場合は

ここにあげた朝食製造の例をさらに一歩進め、大量の朝食を製造するビジネスの場合を考えてみよう。まず、完全に3分間ゆでの半熟卵を絶えず供給する〝連続卵ゆで器〟を購入する。それは図1－3に描いたようなものとなろう。われわれの事業としては3分間半熟卵のかなりの需要を見込めるものと仮定している点にご注意いただきたい。自動装置にはあまり柔軟性がないので、4分間ゆで卵はすぐには提供できないとしよう。二番目に、連続卵ゆで器のアウトプットと連続トースターのアウトプットを合わせるため、特定の作業員がそれぞれの機械に材料を入れ、製品をつって渡すようにする。これで柔軟性を犠牲にして作業を〝連続作業〟に変えてしまったことになる。そうすると、もはや客の注文を客が要求するときと方法どおりには準備することができない。したがって、客のほうもわれわれの新しい方式――より低いコストでそれ相応に見当がつくだけの良い品質――という利益を享受しようと思えば、その期待するところを多少調整しなければならない。

だが、連続作業は、それがそのまま低コスト、高品質を意味するわけではない。もし卵ゆで器の中の水温が誰も気づかないうちに仕様からはずれたらどうなるのだろうか。全仕掛り品、つまり、卵ゆで器の中のすべての卵と、温度が上がった時点または下がった時点から故障が発見される時点までの生産品は役に立たなくなる。トーストも、一緒に提供すべき卵がないので、すべて無駄になってしまう。この種の故障に伴うリスクはどうすれば極少化することができるだろうか。ひとつの方法としては〝機能テスト〟の実施がある。時折、機械から出てくる卵を取り出し、それを割っては中身の質を確かめてみる。が、テストした卵は捨てなければならない。もうひとつの方法は〝仕掛り（途中）検査〟で、これにはいろいろな形式がある。たとえば、温度計を水中に入れさえすれば、温度を容易に頻繁にチェックできる。金を払って雇った人間に温度計を読ませる代わりに、それに電子装置を接続して、温度が1、2度変わったときにベルを鳴らすようにすることもできる。要は、製品をオシャカにする状況を防ぐため、仕掛り中のテスト方法を選んで実施するということである。

連続卵ゆで器は、そのほかにどんな点が具合が悪くなりうるだろうか。機械に入ってくる卵はひび割れしていることもあるし、腐っている場合もあろう。大きさがまちまちで、それができ上がり時間に影響することもある。こういった問題を避けるには、卵を受け取るときによく調べることだ。これは〝受入れ検査〟と呼ばれる。卵のどこかが不都合なために受け取れない場合は、卵はひとつも手もとに残さず、全部そのまま返品してしまわねばならない。そうすると、レストランは閉鎖しなければならない。こういうことを避けるには、〝原材料の在庫〟が必要になる。だが、どのくらいの在庫を持たねばならないのか。この場合に適用される原則は、原材料の補充にかかる時間に対して、その消費速度に見合うだけの充分な在庫量を持たなければならないということになる。ということは、もし卵の配達人が1日に1回やってきて卵を置いてゆくとすれば、自衛のために1日分を手持ちにして置くとよいという意味である。だが、在庫には金がかかることを忘れてはならない。したがって、1日分の在庫を持つ利点とそれにかかる費用とを勘案しなければならない。しかも原材料の費用と資金コストのほかに、儲けの〝機会を失う危険度《リスク》〟を計算に入れておかなければならない。卵ゆで器を1日中使用停止にするとどのくらいにつくか。何名ぐらいの客を失うか。その客たちを呼びもどすのにどのくらいの費用がかかるか。こういった問いかけをすることによって機会危険度が決められていく。

付加価値をつけること

どの生産の流れにも基本的な特徴がひとつある。それは、物はプロセスを通って動くにつれて次第に価値が高くなるということだ。ゆで卵は生卵よりも価値があるし、すっかり整えた朝食は、一つひとつの構成部分よりも価値がある。客の前に置かれた朝食はまたさらに価値がある。客の前に出された食べ物には、客がたとえば「アンディのとてもおいしい朝食」という看板を見て駐車場に入ってくるとき、その店に対して客が連想して抱いた期待感といったようなものの価値も含まれている。同様に、完成されたコンパイラは、語義分析、コード・ジェネレーション（機械語をつくり出す機能）、操作時間などの構成各部よりも価値があるし、われわれが入社を勧めようとしている学卒会社訪問者は、校内で初めて会った大学生よりは価値がある。

注意すべきことは、ごくあたり前のルールであるが、どのような問題にしても、生産プロセスの中で、できるかぎり〝価値が最低〟の段階で問題を発見して解決すべきだということである。したがって、悪くなった卵は、客に発見させるのではなく、業者から配達されたときに発見して返品しなければならない。同様に、学卒の就職志望者は工場訪問の際になって採用しないというよりは、学校内の面接のときに決定ができれば、旅費も節約されるし、志望者や面接者の時間も使わないですむ。またコンパイラにしても、完成品の最終テストのときに性能上の問題を発見するのではなく、構成部品のユニット・テストの時点で発見に努めるべきなのである。

最後に、非情な人間だと思われるのは覚悟の上で、あえて刑事司法制度を取り上げ、それが犯罪者を発見し、刑務所に送り込むのを目標にしている生産プロセスであるとみなして検討してみよう。生産は、犯罪が警察に通報され、警察が動き出したときに始まる。たいていは多少の尋問などが行なわれても、それ以上の処置は取れない場合が多い。警察がさらに追跡できるような犯罪の場合、第二のステップは綿密な捜査である。だが、事件は証拠が不充分だとか、告訴が取り下げられたりする、などしてこの辺で終わることが多い。状況が次の段階まで進むと、容疑者は逮捕され、警察は証拠や証人の発見と事件の立証に努め、起訴状を出してもらいたいと思う。ところがふたたび、証拠不充分などのため、不起訴処分にされることが多い。実際にそれ以上進む事件では、次の段階は裁判である。時によると、容疑者は有罪と決まり、時によると、事件は却下される。だが、有罪が決定すると、手続きは刑の宣告へと進み、上訴が行なわれたりする。時によると、ある犯罪について有罪とされた人が執行猶予が認められたり保釈が認められたりすることもある。また、上訴によって有罪決定がくつがえされることもある。残りのごく少ない場合だけが最終的に刑務所送りとなる。

各処理段階を経由して絞られていく人数の比率と、それぞれにかかると思われるコストを筋を通して推定してみると、目を見張るような結論に到達する。有罪確定までに投ずる努力のコストを集計し、それを実際に刑務所に行き着く犯罪者だけに割り振ってみると、ひとりあたり、ゆうに100万ドルを超える計算になる――なんとも唖然《あ》とする金額である。もちろん、金額がかくも膨大なのは、起訴された人の流れの中のごくわずかな比率の者しか、プロセスの全行程を進んでゆかないからである。刑務所の超満員ぶりは周知のことであり、犯罪者の多くは監房の補充がつかないので、結局は刑期の短縮または刑期を実質的には務め上げることなしになってしまう。したがって、恐ろしいほど高価なトレードオフが行なわれていることになり、重要な生産諸原理はほとんど踏みにじられていることになる。この場合のリミッティング・ステップは、明らかに有罪判決を得ることでなければならない。刑務所の監房の建設費は今日でもわずか8万ドル程度のものである。これに、監房内の人ひとりを維持するのに年間かかる1万

～2万ドルを加えても、有罪決定に要する100万ドルに比べるとごくわずかなものである。社会が100万ドル以上も投資している罪人を8万ドルの監房がないからといって投獄しないのは、刑事司法制度における社会総投資への誤用である。しかも、このことはわれわれが間違ったステップ（監房の有無）をプロセス全体への制約要因としているために起こっているのである。

2章　朝食工場を動かす

インディケーターこそ大事なカギ

腹を空かした大衆は、われらの朝食工場がつくり続けている朝食を喜んで食べてくれている。大勢の顧客や親しい銀行家の援助のおかげで、〝朝食工場〟をつくることができ、そこではトースト、コーヒー、ゆで卵用とそれぞれ専門化した生産ラインを活用している。この生産工場のマネジャーとして、相当な人数のスタッフを擁し、多くの自動機械を抱えている。だが、この業務をうまく運営するには、良い〝インディケーター（指標）〟、つまり状況を〝測定するもの〟が必要になる。もちろん、経営管理者《マネジャー》（上司）としてのアウトプットは、もはや自ら朝食を手渡して回ることでなく、工場で生産される朝食や発生する利益や顧客の満足度などのすべてである。単に生産状況の現状をしっかりと把握するためにも、いくつかのインディケーターが必要であり、能率や高生産を上げるためにもさらに多くの指標が必要となる。インディケーターになりうるもので選べるものは実質的には無数にあるが、有効にまとめて使おうとすれば、特定の作業目標に的確に合ったインディケーターに〝焦点を絞って選択〟しなければならない。

朝食工場のマネジャーとして、1日をベースとした生産目標達成のために、5つのインディケーターを使うものと考えてみよう。それはどの5つとなるだろうか。別のことばでいえば、マネジャーは、オフィスに着いたとき、毎日まずどのような情報をすぐに知りたいと思うだろうか。

私が使ってみようと思うインディケーターとしては次のようなものがある。まず、誰でもその日の〝販売予測〟を知りたいであろう。朝食は何食分を計画しなければならないか。この予測に対してどのくらいの信頼が置けるかを知るには、昨日、何食分を計画したかと、実際には何食分さばけたかとの比較、いいかえれば、前日の計画と実績との間の〝食い違い（変化）〟を知りたいと思うだろう。

次の大事な手がかりは〝原材料の在庫量〟である。工場の今日の操業に必要な卵、パン、コーヒーは手もとに充分な量があるか。在庫が少なすぎることがわかれば、もっと注文することもできる。多すぎれば、今日の卵の配達をキャンセルすることもできる。

もうひとつの重要な情報は〝生産設備〟の状態である。昨日どこかが故障を起こしていれば、それを修理するとか、生産ラインを調整し直すとかして、今日の販売予想に合わせたいと考えるだろう。

〝人員〟についても現状を確実に把握していなければならない。ウェイターが2人病気であれば、予想どおりの需要を満たすには、なんとかやりくりしなければならない。臨時の手助けを呼ぶべきか。トースターの作業ラインから誰かを抜いてウェイターに仕立てるべきだろうか。

最後に、〝質〟を示すなんらかのインディケーターが必要である。一人ひとりのウェイターが運ぶ朝食数だけを監視するのでは充分でない。記録的な数量の朝食を運んでも、客に対し無作法だったということもありうる。この商売は、こちらが売る物を欲しいという客次第で左右されるので、店のサービスに対する一般の客の意見に気配りしなければならない。たぶん、「お客様苦情簿」のようなものをつくって、レジに備えつけさせなければならないだろう。ウエイターのひとりが前日いつもより多く苦情を受けているとすれば、今日まずそのことで当人と話をしなければならない。

こういったインディケーターは、いずれも工場の経営に必須の諸要因を測定するものである。毎日それを早目に見ておけば、隠れた問題が現実に露呈する前に、その日のうちになんらかの是正のための手が打てるようになる。

インディケーターはそれが監視《モニター》しているものに人の目を向けさせる傾向がある。自転車に乗るのと同じである。目に見えている物に向かってハンドルや舵を取ろうとする。たとえば、在庫量の多少を慎重に測定し始めると、在庫量を減らそうとする処置を――ある点まではよいのだが――取りがちになる。だが、在庫量があまりにも少なくなると、品不足を起こして需要の変化に応じられないこともありうる。このようにインディケーターは人に処置を命じることになるので、やりすぎにならぬよう自戒しなければならない。これには2つのインディケーターを〝ペア〟で使うとよい。そうすれば両方でもって効果と逆効果が測定できるからである。在庫管理の例でいえば、在庫量と品不足の発生率の両方の監視《モニター》が必要である。品不足の発生率が高くなれば、在庫が少なくなりすぎないように、手を打つのは明らかだろう。

この場合の原理は、コンパイラの開発の際に何回も明らかになった。性能に照らして各ソフトウェア・ユニットの完成日を測定することも、その一例である。この性能と完成日というペアのインディケーターを見ていれば、決してでき上がることのないような完全なコンパイラと取り組むことが避けられるはずであり、また、性能的に不適格なものをあわてて仕上げることも避けられる。要するに、監視《モニター》活動を連結させて行なえば最適な中間的位置に状況を維持できるのである。

インディケーターは、単独でもペアでも、事務管理的《アドミニストラティブ》な作業にはもっとよく役に立つ。わが社はこのことに気がついていたので、数年間にわたって、事務管理作業の生産性向上への大事な手がかりとして、こうした測定を行なってきている。第一のルールは、測定はどんな測定であったとしても、ないよりはよいということである。だが、真に有効なインディケーターは、作業単位の〝アウトプット〟を測定するものであって、それに含まれる〝活動《アクティビティ》〟だけを見るものではない。セールスパーソンの場合には、取ってくる注文（アウトプット）で測定するのであり、何回訪問したか（活動）の回数で調べるのではないのは当然のことである。

良いインディケーターの二番目の判断基準は、測定されるものは〝物理的（外在的）な、計算のできる〟ものでなければならない点である。事務管理的なアウトプットの効果的な測定の例を次に示そう。ここにあげたものはすべて数量または成果のインディケーターなので、対《つい》をなすべきインディケーターは仕事の質をも重視するものでなければならない。だから、たとえば、支払勘定においては、処理済み伝票の数は監査あるいは納入業者によって発見されるエラーの数と一緒に対にしたものでなければならない。また別の例でいえば、ビル管理人グループが清掃する面積の大きさ（平方メートル）は、そのビルのオフィスをあずかる管理責任者が評価する清掃作業の質についての、一部客観的、一部主観的な判断と対になったものでなければならない。

〈事務管理作業のアウトプット・インディケーターの例〉

事務管理的機能		作業アウトプット・インディケーター
支払（買掛金）勘定	→	処理済み伝票数
ビル管理	→	清掃面積（平方メートル）
顧客サービス	→	データ入力済み販売注文数
データ入力	→	処理件数
採用	→	採用人数（雇用種類別）
在庫管理	→	在庫管理品目数

こういったインディケーターにはたくさんの使い方がある。まず第一に、個人あるいはグループの目標が何であるかをはっきり説明してくれる。第二に、事務管理機能の測定をするときの客観性の度合がはっきりする。第三に、異なる組織で同じ機能を遂行する様々な管理グルー

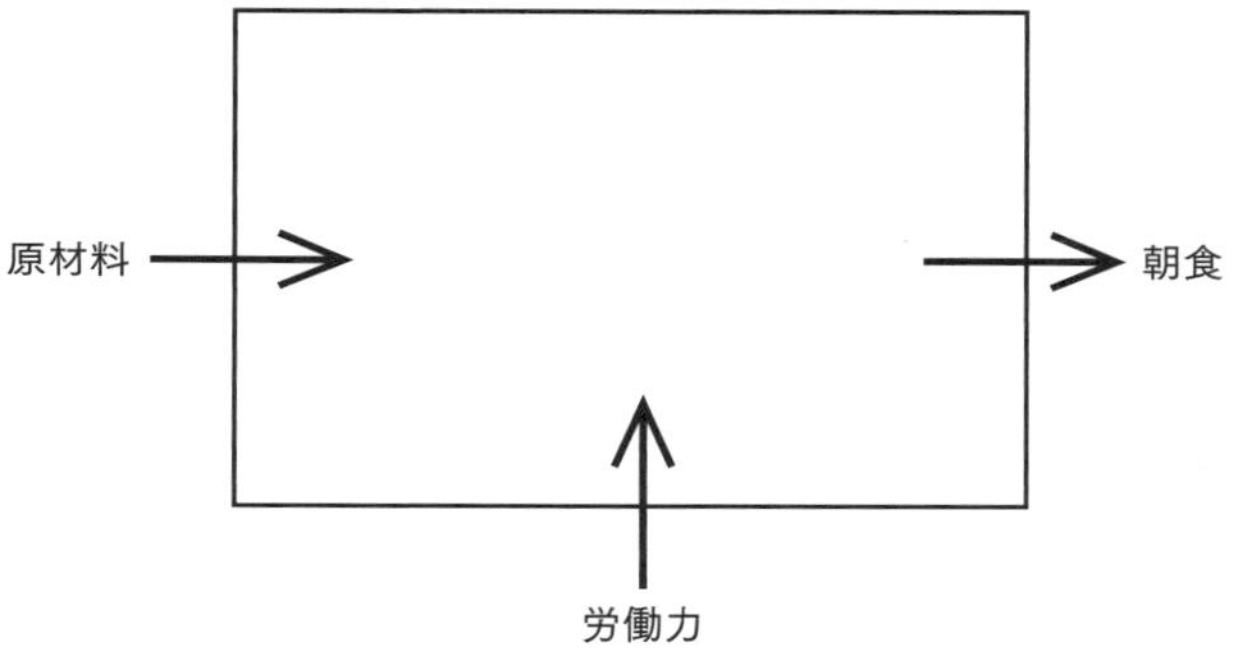

図2－1　朝食工場を「ブラックボックス」として考える。

プを相互に比較する尺度がわかる点も、他の用途と同じく大事である。これによって、ある主要なビルの管理人グループの成績が、別のビルの管理人グループの成績と比較できる。事実、インディケーターが正しく使用されれば、グループ間に対抗意識が生じ、各グループが仕事にかけるやる気が非常に高まるという効果を生み、したがって両者の成績がともに良くなる。このことについては、あとで「スポーツとの対比」を検討するところで詳述しよう。

ブラックボックスの中をのぞくには

われわれの朝食工場は、いわゆる「ブラックボックス」のように考えることができる――図2－1に示すように、インプット（原材料）と労働力（ウェイター、助手、マネジャー）がボックスに入り、アウトプット（朝食）がボックスから出てくる。

一般に、生産プロセスに似た活動はどのようなもの

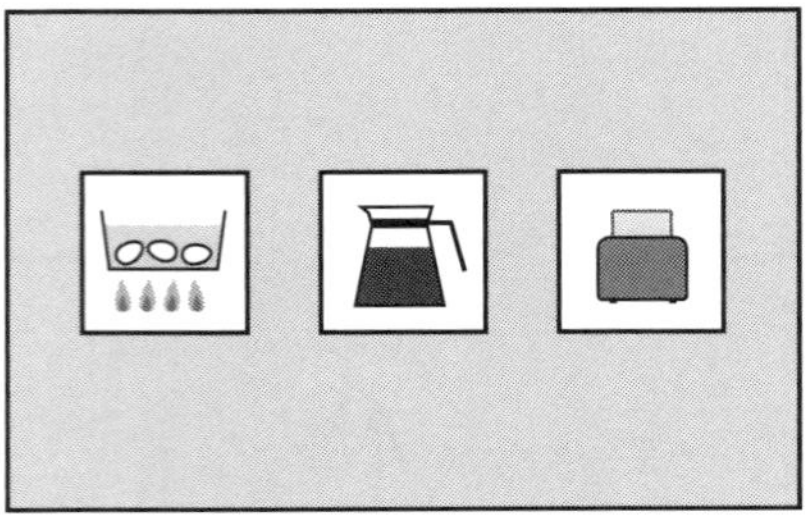

図2－2　ブラックボックスの窓から中をのぞいてみれば、これから出てくるアウトプットはどのようなものになりそうかがよくわかる。

でも容易にブラックボックスとして表わせる。したがって、学卒者の採用もブラックボックスを描いて示すことができる――インプットは校内の就職志望者、アウトプットは採用内示を受け入れる学卒者である。労働力は当社の校内面接者や工場で面接するマネジャーや技術関係者たちである。同様に、第一線販売訓練のプロセスの場合は、インプットは生《なま》の製品仕様（未訓練のセールスパーソン）、アウトプットは訓練を終えたセールス要員というブラックボックスとして考えることができる。この場合の労働力とは、生《なま》の情報を有用な販売用具《ツール》に変え、第一線販売要員がそれを活用するように訓練するマーケティング／マーチャンダイジング要員たちの働きということになる。事実、管理的作業は、すべてとはいわないまでも、そのほとんどはこの魔術的なブラックボックスで説明できる。顧客に請求書を送ることを仕事とする人々は、顧客についての情報、つまり、何を買ったか、価格データはどうなっているのか、出荷記録はどうかなどがインプットであり、アウトプットは顧客に送りつけて支払い分を集金すべき最後の請求書ということになる。労働力は、関係者全員の仕事である。

ブラックボックスは、生産プロセスにおいて、何がインプットか、何がアウトプットか、何が労働力かを整理してくれる。このプロセス内でわれわれの活動を改善するために、ボックスにいくつかの「窓」を開けて、その中で何がどうなっているのか見えるようにすることができる。図2－2でわかるように、窓から中をのぞいてみれば、生産プロセスの内部の模様がよりはっきりと理解でき、将来のアウトプットがどうなりそうかが推定できる。

〝先行指標《リーディング・インディケーター》〟は、ブラックボックスの内部をのぞくひとつの方法で、将来はどんなふうになりそうかを事前に示してくれる。しかも、是正処置を取る時間的余裕を生んでくれるので、問題の発生を防ぐことが可能になる。もちろん、先行インディケーターを役に立たせるには、〝その妥当性を信じなければならない〟。これは当然のことと思われるかもしれないが、実際は、口で言うほどたやすくは確信が持てないものである。問題があるかどうかまだ確信が持てていないときに、思い切って金のかかる、また頭を悩ますような措置を取るのはむずかしい。だが、先行インディケーターが教えてくれることに従って行動を起こす覚悟がなければ、それらの監視《モニター》から入手できることは不安と心配ばかりになる。したがって、あるインディケーターを選択する以上は、それが警戒信号を発したときには必ず行動を起こすというように、信用できるものでなければならない。

先行インディケーターには、機械の休止時間記録から顧客満足指数まで――いずれも前途に問題があることを教えてくれるような――われわれが朝食生産工場の運営に常時使用するモニ

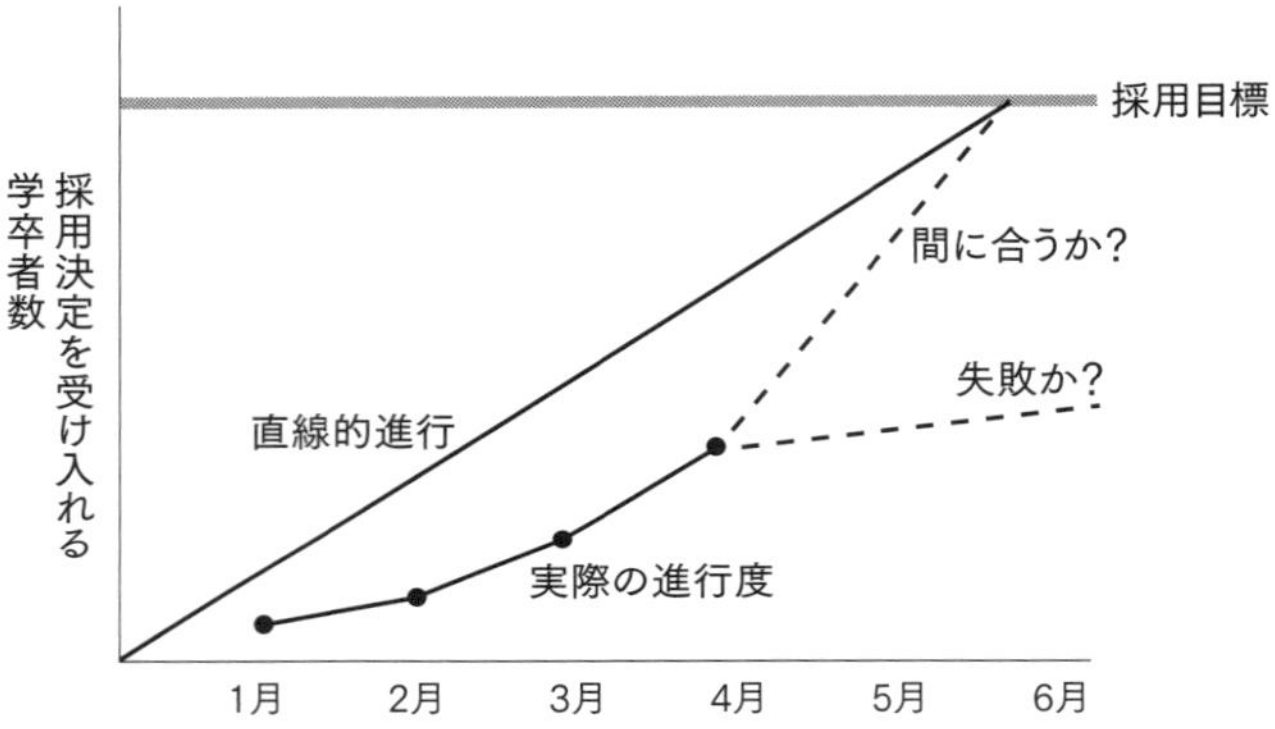

図2－3　線形インディケーターはわれわれが目標に到達しそうにもないことを早期に警告してくれる。

ターを含められる。ブラックボックスに切った「窓」の例として広く使われているのは〝線形《リニアー》インディケーター〟である。図2－3に、学卒者採用プロセスの例をあげてある。ここにプロットしてあるのは、年間の月別の採用内示を受け入れてくれた学卒者の人数である。万事が理想的にいけば、6月までにその学期に対する採用目標に到達する直線に沿って進むことになろう。もし4月まで実際の進行が図2－3に示すとおりだとすれば、理想直線のはるか下にいることがわかるだろう。そこでインディケーターを読めば、目標に達する唯一の方法は、残りの2カ月のうちに、前4カ月よりもずっと速い速度で学卒者の採用承諾を得ることだとわかる。このように、線形インディケーターは早目に警告を発し、是正処置を取る時間をわれわれに与えてくれる。これがないと、6月になってから目標が達成できなかったことがわかり、そのときには手の打ちようがないことになる。

同じような方法で、ある生産作業部門を考えた場合、毎月きちんと目標が達成されていれば、万事が順調と想像しがちである。だが、ここでブラックボックスに窓を開け、たとえば1カ月が経過する間に日ごとにというような時間に対するアウトプットを測定し、それを理想的な直線アウトプットと比較してみる。すると、生産実績が月間を通して一様に展開していることがわかることもあれば、月の最後の週に集中していることもある。後者のような場合には、たぶんその生産部門のマネジャーが人員や機械を能率良く使ってないということだろう。そして、この状況に対してなんらかの是正措置も取らないとすると、月末近くに機械がちょっとした故障を起こせば、その生産部門は月間生産目標をまったく達成できなくなる。線形インディケーターはこういった問題の予想を助けてくれるので、非常に貴重なのである。

〝傾向《トレンド》インディケーター〟も大切である。このインディケーターはアウトプット（客に渡した朝食、完成したソフトウェア・モジュール、処理済み伝票など）を時間ごとに測定（今月の実績対過去数カ月の実績）したものを示すもの、あるいは、ある標準または期待水準に対して測定したものを示すものである。インディケーターで示された諸傾向を見れば、ほぼ自動的に過去の事実からの延長線上で推定するようになるので、将来のことを見つめざるをえない。こうした推定もブラックボックスにおけるもうひとつの窓になる。また、基準に照らして測定すれば、結果が〝なぜ〟そのようになっているのか、基準が示すとおりになぜならないのかをよく考えざるをえなくなる。

将来を予想するもうひとつの健全な方法は、アウトプットを次の数カ月にわたって予測する、

月別予測受注数

予測実施月	7月	8月	9月	10月	11月	12月	1982年 1月	2月	3月	4月	5月	6月
1981年7月	22	28	34	29								
8月	*23	27	33	31	29							
9月		*21	30	30	35	33						
10月			*29	32	32	32	29					
11月				*27	32	31	32	31				
12月					*27	27	31	30	40			
1982年1月						*26	28	29	39	30		
2月							*24	30	36	32	34	
3月												

（＊はその実際値を示す）

図2－4　この「スタッガー・チャート」は、将来の事業傾向に対する感触をつかむ最善の手段である。

〝ずらし《スタッガー》チャート〟を使用することである（図2－4を参照）。このチャートは、毎月情報内容が更新されるので、いくつかの以前の予測と比較した当時・現在の予測情報の最新のものが、毎月わかるようになっている。ある予測が次のものとどう変わっているかがすぐわかるようになっているので、単純傾向チャートを使用するより、将来の傾向の予測が立てやすい。

私の経験によると、スタッガー・チャートが最も効果を発揮するのは、経済動向を予測するときである。どのように使われるかは、インテル社の一事業部において受注量の進捗度を予測した図に示してある。スタッガー・チャートは、翌月、その翌月、またその翌月……に作成した同じ予測を記入する。こういったチャートは月ごとの事業への見通しを示すだけでなく、その見通しが毎月どう変わっていくかがわかる。もちろん、受注の仕事をこのように見るということは、誰が予測をするにしても、自分の仕事を真剣に考えさせることになる。というのは、特定の月に対する当人の予測が定例的な形で将来の予測と、そして最終的には実際の成果と比較されるからである。だが、もっと大切なことは、予想した見通しがある月から翌月に向けて上がったにしろ下がったにしろ、そこでの趨勢《トレンド》が私がこれまで知るかぎりでの最も貴重な事業のインディケーターになることである。私に言わせれば、エコノミストや投資アドバイザーが自分たちの予測をスタッガー・チャートの用紙に書いて示さなくてもよいというのはけしからんことなのである。それをやってくれれば、どの相手が何を言おうとも評価する手だてがわれわれに残るからである。

最後に、インディケーターはあらゆる種類の問題を解決するときに非常に役に立つ。何かまずいことが起これば、手持ちの豊富な情報でもってすぐに作業のあらゆるパラメーターを表示し、基準からの不健全な形で逸脱している部分を調べられる。まとまりのあるインディケーターを組織的に収集し、これをまとめて維持していなければ、必要な情報を入手するのに恐ろしいほど多くの迅速な調査を実施しなければならなくなり、それが手に入るころには、問題は手がつけられないまでになっているだろう。

将来のアウトプットをコントロール

どのような工場でもアウトプットのコントロールには2つの方法がある。業界によっては

〝受注生産〟を行なっているところがある。たとえば、ソファを買いに出かけた場合、店内在庫の商品をすぐに購入するのでないかぎり、買ったはずの物を手に入れるのに長い間待たされる（訳注：アメリカでは現品でないかぎり注文生産体制を原則とするので、こうしたことが起こる）。家具工場は注文に対して生産する。客が欲しい物がわかると、工場は製造日程上の空きを見つけ、その客のためにその品物を製作する。展示場に並んでいる自動車をその場で買わないで新しいのを注文すると、同じことが起こる。つまり、工場は客の注文どおりにペンキで塗装し、オプションに応じた付属品を装備してくれるが、客はそれを待たなければならない。例の朝食工場も、もちろん注文に応じて朝食を準備するものである。

だが、ソファの商売で読者の会社が製品の製作に4カ月かかるのに、競争相手の業者が4週間で準備できるとすれば、客は減るだろう。したがって、注文に応じて生産したいと思っても、別の方法で工場のアウトプットをコントロールしなければならなくなる。これをひと言でいえば、〝予測生産〟、つまり〝将来の注文を予測〟するのである。このためには、製造業者は特定製品に対する注文が、ある期限内にあると考え、根拠ある推測を中心に生産活動を計画するのである。

この場合は明らかに不利な点として、在庫を抱えるというリスクが伴う。予測というのは、業者が資源の使用を投入して充足すべき将来の要求を見込むものであるから、注文が来なかったり、来ても品物が予想と違ったりすれば、工場は大変なトラブルとなる。いずれの場合も、不良在庫が残る。予測生産をする場合には、いわば予想どおりの将来の需要にきちんと対応す

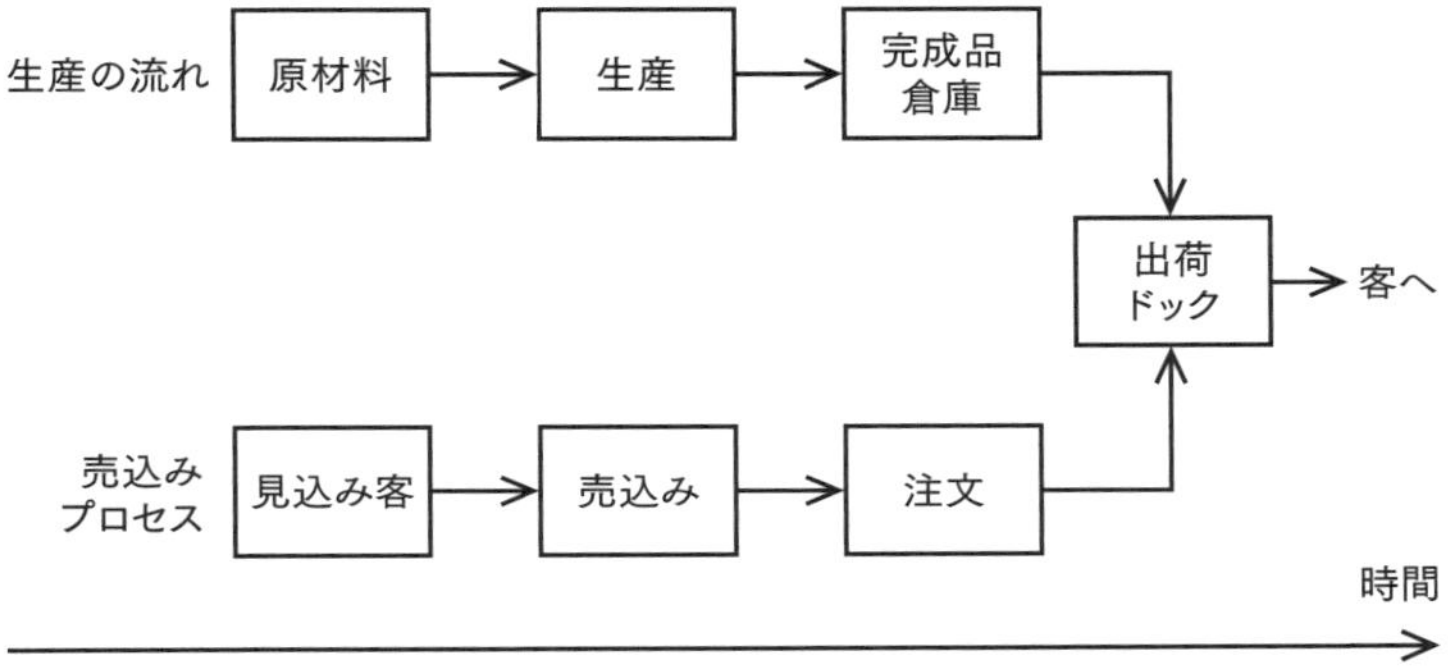

図2－5　製品の注文と製品自体は同時に出荷ドックに到着しなければならない。

るために、資本を危険にさらすわけである。

インテル社でも予測生産を行なっている。というのは、われわれの生産総処理時間は確かにかなり長いが、顧客のニーズにタイムリーに応じることを顧客が要求するからである。例の朝食工場では顧客の注文に応じて製品をつくるが、卵屋のような業者からは需要を予想して購入する。同様にたいていの会社は必要性を予想して学卒者を採用する。必要なときにだけ採用することはあまりしない。学生の卒業する時期はかなり決まっているので、そのような考え方はばかげている。コンパイラのようなコンピュータのソフトウェア製品も特定の注文に応じてつくるのではなく、市場の必要性を予測してそれに応じるようにして開発するのが一般的である。したがって、見込みで「生産すること」はきわめて普通の事業のやり方なのである。

予測生産した製品を顧客に届けるには、時間的サイクルは異なるが、同時進行する2つのプロセスがそこに存在する。生産の流れは、原材料がいろいろな生産ステップを経て進み、最後に完成品が倉庫に入るように進まなければならない（図2－5を参照）。同時に、セールスパーソンは見込み客を見つけて売り込み、最後には実際に注文を取る。理想的には、製品に対する注文と同時に製品自体が出荷ドックに到着するようにしなければならない。

予測の技術と科学は非常に複雑なため、予測の全責任をひとりだけのマネジャーに持たせたいという気持ちになるかもしれない。しかし通常、これはあまりうまくはいかない。ここでもっとうまくやるには、生産部門と販売部門の両方に予測をつくらせ、複数の人にそれぞれ予測したとおりに行動する責任を持たせるとよい。

インテル社では、この2つの並行した流れをできるだけ正確にマッチさせるよう努力している。これがうまくマッチしないと、客の注文を満たすことができないか、あるいは引取り手のない製品を抱えるということになる。いずれも困った問題である。これがうまくマッチすれば、予想した注文は現実の注文となり、客の要求は工場製品の引渡しできちんと満たすことができる。

理想的な状態は実世界ではなかなか見られない。しばしば起こることだが、客からの注文がタイミングよく来なかったり、客の気心が変わったりすることもある。もうひとつの流れについていえば、生産が指定期日に間に合わなかったり、ミスが生じたり、不測の問題にぶつかったりする。販売の流れも生産の流れも完全には予想ができないので、この方式の中には妥当な数量上の〝たるみ《スラック》〟を慎重に考えて設けるべきである。とくに、在庫についてはこれが最も肝要な点といえる。当然のことながら、在庫が多ければ多いほど、より多くの変化に対応しながらかつ注文を満たすことができる。しかし、在庫はその蓄積と維持に金がかかる。だから、慎重にコントロールしなければならない。理想的には、前に朝食工場で生《なま》卵を取り扱ったときに説明したように、〝価値が最低の段階〟で在庫を維持するのがよい。また、価値が低ければ低いほど、一定の在庫コストに対して、生産面での柔軟性がそれだけ多く保てることになる。

　生産および販売の両方の予測に、スタッガー・チャートを使用するのは良いアイデアである。前に説明したように、このチャートは実際の結果を示すだけでなく、ある予測から次の予測への変化の傾向を示してくれる。ひとつの予測から別の予測への変化を繰り返し観察することにより、予測が不正確だった原因をつかみ、注文と製品の提供可能性の両方の予測能力を向上させることができる。

「事務管理的《アドミニストラティブ》作業工場」においても、将来の作業需要を予測してアウトプットを調整することが、生産性を向上させる上できわめて重要な方法となる。予測技法は、「道具製造的製品工場」の運営の昔から現場では尊重されている方法なのだが、管理的作業のコントロール面ではあまり広く応用されていない。こういった仕事は現在までのところ、製品工場内の仕事とは性格的に異なると考えられており、また、作業単位の大きさや規模を決めるのに必要な客観的な遂行基準に欠けているからである。

　だが、ある管理的作業の特徴によく合ったインディケーターを慎重に選んで、それを綿密に観察すれば、工場コントロール上の各種の方法を管理的作業に応用することは可能である。たとえば、傾向を示すデータから推定した、事実上の基準を使い、いろいろな将来の仕事に必要とされる人員数を予測できる。予測の原理をきびしく適用することで、人員をある場所からある場所に移したり、管理作業の進捗の予想に応じた所要人数を調べたりすることができる。きびしく実施しなければ、管理部門の職員数はいつも目いっぱいの水準に置かれることになり、有名なパーキンソンの法則がそこに働けば、人々は何をするにしても、なんだかんだと口実を見つけてはその完成までに使えるだけの時間をフルに使うようになる。当然のことだが、基準を持ち、それを信じ、かつ、予想作業量を使って管理部門の定員充足を客観的に行なえば、生産性の維持と増加の助けとなるだろう。

品質の保証

前にも述べたように、製造業者が守るべき大原則は、顧客が満足するような品質レベルの製品を、できるだけ低いコストで顧客に引き渡すことである。製品の質が確実に受け入れられるようにするには、朝食を〝つくる〟にしろ、学卒者にしろ、ソフトウェア・モジュールにしろ、あらゆる生産の流れにプロセスの検査ポイントがなければならない。最低のコストで受容できる品質を得るには、欠陥材料をその蓄積価値が最も低い段階で拒否することが絶対に重要である。したがって、前にも述べたように、悪い卵はゆで卵にする前の生《なま》のうちに発見するほうがずっと良いことであり、学卒者もインテル社を訪問する前にふるい落としておくほうがよい。

要するに、さらに金を注ぎ込まないうちにはねつけるということだ。

生産の用語でいうと、原材料の検査のように、価値が最低の時点でする検査は〝入荷原材料検査〟または〝受入れ検査〟と呼ばれる。ふたたびブラックボックスを使って生産プロセスを表わしてみると、その中での中間地点で行なわれる検査はそのことばの論理的な意味どおりに、〝仕掛り《イン・プロセス》検査〟と呼ばれる。最後に、製品が顧客に向けて出荷される準備ができたときに行なう検査を、〝最終検査〟あるいは〝出荷時品質検査〟という。この3つの検査を図示すると図2－6のようになる。

原料が入荷検査で不合格とされると、後は方法が2つある。すなわち、それを不合格品として業者に返品することもできるし、あるいは、われわれの仕様を断念し、基準値以下の材料としてなんとか使用することもできる。後者の場合は、良い合格原料を使う場合よりも生産プロセスで不良品になる率が高くなるが、工場をまったく休業させ、業者がより良い原料を納入するのを待つほどには高いものにつかないだろう。こういった意思決定を正しく行なうにはバランスの取れたマネジャー・グループ——通常は品質保証、製造、デザイン・エンジニアリングの部門の代表者からなるグループによるほかはない。こういったグループは不合格品の拒否や基準値以下の原料の受入れに伴うあらゆる結果を思量することができる。

ほとんどの場合、特定検査時点で欠陥原料を受入れるか拒否するかの決定は経済上の決定であるが、その欠陥が客に対して完全な失敗——〝信頼性の問題〟——を起こすような場合は、基準外原料を〝絶対に〟通してはならない。これを簡単にいうならば、信頼できない製品は、

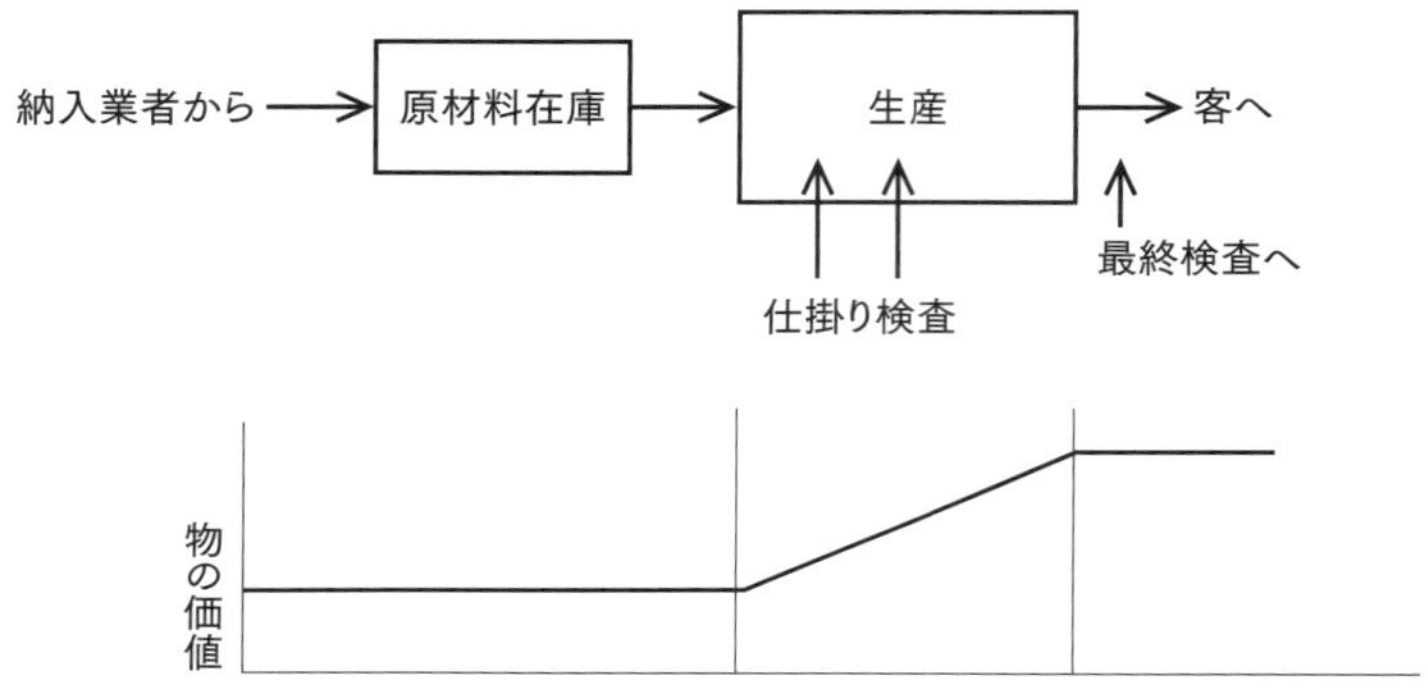

図2－6　大事な原則は、欠陥のある“原料”は価値の最も低い段階で拒否すること。

その結果を査定できないので、信頼性という点で妥協などはできない。心臓ペースメーカーの製造に使われる一定の部品のことを考えてみよう。業者がこれを受け取ったときに部品のうち数個が動かなかったら、製品がまだ工場にある間に、その部品を交換することができる。それにはコストが余計かかるだろう。だが、後になって、心臓ペースメーカーを実際に身体に埋め込んでから部品が故障すれば、失敗のコストは経済上の問題どころではなくなって大きなものとなる。

もちろん、検査の実施には金もかかるし、生産の流れを妨げたり、流れを複雑にするなどして、費用がさらにかさんでくる。原料によってはすでに通過したステップをもう一度再循環《リサイクル》させなければならないものがあり、そのため他の素材の円滑な動きを壊してしまうこともある。したがって、われわれは検査の必要性を考えるにあたって、希望する検査結果、つまり品質の向上と、生産プロセスそのものへの妨害を最小限にすることとの間に、バランスを考えておかねばならない。

2つの要求のバランスを取るのに、広く使われている技法についていくつか考えてみよう。〝遮断式〟検査や〝モニタリング〟ステップというのがある。遮断式の場合は、検査テストが完了するまで、一切の素材は「遮断機《ゲート》」のところに止められる。合格すれば、生産プロセスの次の段階に進んでゆく。不合格ならば、前の段階にもどされ、手直しされるか、スクラップにされる。モニタリングの場合は、素材からサンプルが取り出され、それが不合格となると付箋《ふせん》がつけられ、それによって不合格率が計算される。素材の大部分は、サンプルが取り出されているので、止められることなく生産プロセスの間を進み続ける。スムーズな流れは維持されるが、たとえば、サンプルが連続3回モニタリング・テストに不合格となると、ラインを止めることができる。

こういった場合は何がトレードオフされるといえるのだろうか。素材を全部押さえてしまえば、総処理時間が増し、生産プロセスが遅くなる。モニタリングの場合は、それほど進行は遅くならないが、モニターの結果を見てラインを止める措置を取る前に悪い素材が若干ともまぎれ込みかねない。そうなると、後で価値がより高くなった段階で素材をオシャカにしなければならなくなる。いうまでもなく、経費が同額なら、遮断式検査よりもモニタリングのほうが頻繁に行なえる。この場合は当然、遮断式検査を散発的に実施するよりモニタリングをしたほうが製品の全般的品質の維持に役立つわけである。どの辺からどこがどうトレードオフになるかははっきりしないが、どちらにしても特定のケースを念頭に置いて選択しなければならない。

大雑把《おおざっぱ》な経験則としては、大して大きな問題になりそうもないということが経験上わかれば、モニタリングのほうを多用すべきであるといえよう。

品質保証のコストを下げるもうひとつの方法は、〝可変式検査《バリアブル》〟を使用することである。品質水準は時に応じて変わるので、検査の頻度を変えることはむしろ常識である。たとえば、数週間にもわたって問題が起きていなければ、チェックの頻度を少なくするのは理の当然と思われる。だが、問題が起こり始めれば、品質が前の高い水準にふたたびもどるまで頻繁にテストして当然である。この場合の利点はやはりコストがより低いことと、生産の流れの妨害がさらに少ない点である。しかし、この方法は道具的製品生産の場合すら、あまり頻繁には使用されない。それはなぜか。たぶん、われわれは習慣の動物であり、何週間にしても何年間にしても、いつもやっている方法で物事をやり続けるからなのであろう。

適切に考え抜いた、キチンとまともにできている検査方式は、どのような製造プロセスでも管理的作業プロセスでも、実際に能率と生産性を上げることができる。以下に道具のような器具だとか朝食のようなものの製造とはまったく異なる例をひとつ考えてみよう。

私は最近ある時事週刊誌の記事を読んだが、それはロンドンの米国大使館が殺到するビザの申請をさばき切れないという話である。毎年約100万人の英国人がビザを申請し、その中の約98パーセントが許可される。大使館は60名の職員を使い、1日に6000件もの申請を処理する。申請のほとんどは郵便で受理され、常時約6万から8万もの英国のパスポートが大使館で手続きされている。これに対し、100人以上の英国人、その他の国民が列をなしてビルの正面に立ち並び、パスポートの処理を待っている。大使館はもっと能率的に処理するよういろいろな方法を試みた。たとえば、新聞広告を出して、旅行者に早目に申請して3週間の所要日数を考えておくよう勧めたりしたのである。また、申請者がどうしても即日交付を必要とするときには、パスポートとビザ申請書を投げ込めるように箱を設けるなどした。そうまでしても大使館前の列は短くならなかった。

事実、大使館の処理促進計画は、基本的な問題点――ビザの手続き全体を速めるという点に何の手も打たなかったのだから、事態は悪化するばかりだった。処理時間別に予定した各種申請書の分類に時間と金が使われたが、取扱い処理上の間接費が増えるばかりで、仕事の処理量にはなんの効果もなかった。

英国人旅行者に米国を訪問してもらいたいならば、政府はこういった訪問希望者をいらいらさせるべきではない。だから、大使館がスタッフ増員のための予算がもらえないということであれば、基礎的な生産技法から簡単な解決策を借用できる。ひと言でいうと、現在の計画をやめて、品質保証テストを実施すればよい。

そのためには、ビザの申請書を100パーセント、チェックすることは必要ない、ということを大使館のお役所的頭の人間が認めることが必要となるだろう。申請者の約98パーセントはなんの疑問もなく許可される。したがって、もし大使館がビザの標本抽出《サンプリング・テスト》（品質保証テスト）を開始し、しかもそれを徹底してやれば、申請の渋滞は解消され、好ましからざる人物が入国してくる可能性も現実的に増えずにすむ。その上、大使館は既定の基準に従ってサンプルを抜き出しチェックができる。そうなると、ビザの処理はむしろ国税庁（ＩＲＳ）のようなやり方になる。ＩＲＳでは照合と監査を通じて納税者に規則の遵守を勧めているが、係官に申告書を一つひとつ調べさせてはいない。

次章で経営管理者のアウトプットについて調べるが、マネジャーが自分の管轄内のある特定の活動を深く掘り下げるときは、可変式《バリアブル》検査の原則を応用していることがよくわかるはずである。マネジャーが大勢のいろいろな部下のやることをいちいち検査するとすれば、それは干渉というものであり、大方は自分の時間の浪費となるだろう。さらにまずいことに、上司が１から10まで詳しくチェックすることがよくわかってくると、部下は自分のやる仕事について責任を取らないことに馴れてくるのである。可変式検査の原則が経営管理者の仕事に適用されれば両方の問題はみごとに回避され、しかもそれがマネジャーの生産性を改善する重要なツールとなることがやがてわかるであろう。

生産性を高めるために

ブラックボックスの働きを見ると、最も簡単で最も役に立つ生産性の定義がよくわかる。ブラックボックスの内部に発生するいかなる機能の場合でも、その生産性は、そのアウトプットを生み出すのに必要とされた労働力でアウトプットを割ったものである。したがって、生産性を上げるひとつの方法は、今やっていることが何であろうと、それを〝もっと速く〟やることである。そのためには作業域を再編成するか、単にもっと精を出すほかはない。この場合は、行なう事柄を変えたわけではない。それをもっと速くやり、ブラックボックス内部で進行する〝一従業員時間あたりの活動〟を多くする方法を設定したにすぎない。ブラックボックスのアウトプットはその内部で発生する活動に比例するので、1時間あたりのアウトプットが増えることになる。

次に生産性を上げる第二の方法を述べよう。それは仕事を速くやるのではなく、遂行する仕事の〝性質〟を変えることである。活動に対するアウトプットの率を上げ、それによってたとえ一従業員時間あたりの活動は同じままであっても、アウトプットをもっと上げたいと考えるのである。スローガンにもあるように、「身体でより一生懸命《ハード》にやるのではなくて、もっと頭を使ってよりスマートに」やりたいのである。

さて、私はここで〝テコ作用《レバレッジ》〟という概念を導入したい。特殊な作業活動様式によって発生するアウトプットのことである。テコ作用の高い活動は高水準のアウトプットを生じ、テコ作用の低い活動は低水準のアウトプットとなる。たとえば、卵を2つゆで、トースターを2つ使えるウェイターは、ひとつの場合とほぼ同じくらいの作業量で2つの朝食を運ぶことができる。この人の一活動あたりのアウトプットは高く、したがってそのテコ作用も高い。一度にひとつの卵やひとつのトースターしか扱えないウェイターはアウトプットも低く、テコ作用も低い。英語にかなりよく似たプログラミング言語を使い、後でコンパイラで翻訳できるソフトウェア・エンジニアは、プログラミング時間あたり多くの問題が解ける。この人のアウトプットとテコ作用は高い。1と0による面倒なプログラミング方法を使うソフトウェア・エンジニアリングは、同じ数の問題を解くのに長い時間がかかる。この場合のアウトプットとテコ作業は低い。したがって、生産性を上げるきわめて重要な方法は、ブラックボックス内部の作業の流れを再編成して一活動あたりのアウトプットを高くすること、つまり、高テコ作用活動にすることである。

オートメーションは確かに、あらゆる種類の作業のテコ作用を上げる方法である。人間は機械の助けを利用して、より多くのアウトプットを上げることができる。製品の生産作業でも、事務管理の作業でも、もうひとつ、ブラックボックスの生産性を上げられるものがある。これは〝作業簡素化〟と呼ばれる。この方法でテコ作用を求めようと思えば、まず初めに、生産プロセスのあるがままの状態において、生産のフロー・チャートをつくることが必要である。どのようなステップもすべて図中に示されなければならない。図面上できれいに見せようとしてステップを省略してはならない。次に、フロー・チャートのステップの数を計算し、簡素化はいくつのステップから開始したかを覚えておかなければならない。三番目に、ステップ数を削っていく大体の目標を立てる。簡素化の一回目では、われわれの経験によると、普通30パーセントから50パーセントの縮小が期待できる。

簡素化を実施する際に必要なのは、それぞれのステップが〝なぜ〟遂行されるのかを自問自答してみることである。一般に、多くのステップは大した理由もなしに、作業の流れの中にただ存在していることがわかるだろう。伝統的にそうだからとか、正式の手続き上そう決められているからということで、行なわれていることが多い。ご存じのように、英国における米国大使館の「ビザ工場」の場合、現実には申請書の100パーセントの処理などする必要はなかった。したがって、あるステップにどのような理由が存在しようとも、一つひとつについて批判的な厳しい目で質問し、常識的に見てそれがなくても困らないようなものは捨て去らなければならない。インテル社の広範な事務管理的活動では、いろいろな仕事の遂行に必要なステップ数で、約30パーセントもの実質的縮小が可能となった。

もちろん、作業簡素化の原理は道具的製品の生産技術においては決して新しいものではない。事実、これはインダストリアル・エンジニアが100年も前から実施しているもののひとつである。だが、いわゆる「ソフト・プロフェション」――事務管理職や知的専門職や経営管理職――などの生産性向上に対するこの原理の適用は日も浅く、まだなかなか根を下ろしていない。解決すべき主要な問題点は、こういった仕事のアウトプットとは何か、何であるべきかをしっかり限定し明確にすることである。後述するように、ソフト・プロフェションの仕事においては、アウトプットと活動の区別をはっきりつけるのが非常にむずかしくなる。そしてすでに説明したように、アウトプットを強調するのは生産性向上のカギであるが、活動の増加を狙うとまったく反対の結果になることがあるのである。

第2部

経営管理《マネジメント》は
チーム・ゲームである

MANAGEMENT IS A TEAM GAME

3章　経営管理者のテコ作用

マネジャーのアウトプットとは

私はある中間管理職《ミドル・マネジャー》のグループに、マネジャーのアウトプットとは何かという質問をしてみた。そこでの答えは次のようなものだった。

判断と意見
方向づけ・指示
経営資源の配分
間違いの発見
人材育成と部下の開発
教育訓練コースをこなすこと
製品計画の立案
協議の結果に基づく、約束事や、やる気

マネジャーのアウトプット

＝

自分の組織のアウトプット

＋

自分の影響力が及ぶ隣接諸組織のアウトプット

図3－1　マネジャーのアウトプット

こういった事柄が果たして、マネジャーとしてのアウトプットを表わしているのだろうか。私はそうは思わない。それはアウトプットではなく〝活動《アクティビティ》〟であり、マネジャーが最終成果つまりアウトプットを上げるために〝なす〟べきことを記述したものである。では、マネジャーのアウトプットとは何か。インテル社で、マネジャーがウェハー製造プラントの責任者だとすれば、アウトプットは、完成された高品質の、十全に加工されたシリコン・ウェハーである。デザイン・グループの監督者だとすれば、そのアウトプットは、正確に機能しただちに生産に入れるような完成された設計を意味する。マネジャーが高校の校長だということになれば、そのアウトプットは、学校教育を終えた学生、あるいは、進級できるだけの教育訓練を受けた学生ということになろう。マネジャーが外科医だとすれば、そのアウトプットは、完全に回復し治癒した患者である。以上を要約すると、図3－1の式のようになる。

なぜこうなるのか。ビジネスにしても、教育にしても、さらに外科学にしても、仕事は〝チーム〟でやるものだからである。

マネジャーも、自分「自身」の仕事や自分個人の仕事をやり、これをよくやりこなすだろうが、これは当人のアウトプットとはならない。何人かの部下や、自分の影響下にあるグループがいれば、そのマネジャーのアウトプットは、部下、あるいは影響下にある仲間たちが創出するアウトプットで測定しなければならない。もしもマネジャーが知識スペシャリスト、つまり〝ノウハウ・マネジャー〟だとすれば、「隣接」諸組織に対するその影響力はきわめて大きい。たとえば、ある問題と取り組むグループに本質を見抜く力を与える社内コンサルタントは、グループ全体の仕事とアウトプットに影響を与えることになる。同様に、弁護士が製薬会社のために一定の法的認可を取ってやれば、その会社の長年にわたる研究成果を世に問う道を開いてやったことになる。あるいは、マーケティング・アナリストは、大量の製品、市場、競争関係情報を評価し、市場調査を分析し、実態調査のために人を訪ねたりなどするが、こういう人も「隣接」諸組織のアウトプットに直接的な影響を及ぼす。彼のデータ解釈や提案などは、おそらく会社全体の活動の指針となってゆくと思われる。したがって、「マネジャー」ということばの定義は広く考えるべきものであり、ノウハウや情報を集めたり与えたりしたりする個人個人も、その組織内で大きな力を発揮するので、ミドル・マネジャーとみなすべきである。

だが、今ここで明確にしておくべき大事な点は、マネジャーのアウトプットとは、監督下にあるグループ、あるいは影響力下にあるグループが遂行した成果だということである。マネジャー自身の仕事がきわめて重要なのは明らかであるが、それ自体はアウトプットをつくり出していない。その組織がつくり出しているのだ。スポーツを例にとろう。コーチやクォーターバックだけでは、タッチダウンの得点が取れるわけではなく、ゲームに勝つものでもない。こういった人たちが参加し、指揮指導することによって、チーム全体が勝利を収めるのである。リーグ内の順位はチームが保つもので、個人のものではない。ビジネス——といっても、営利的ビジネスにかぎらず、教育ビジネス、政府のビジネス、医学のビジネスもすべて——はチーム活動である。そして、いつもそのチームが勝利を得るのだ。

マネジャーというものはアウトプットに影響を与えるために、一連のいろいろな活動に従事するものだという点を理解することが大切である。私の質問に答えたミドル・マネジャーが言ったように、マネジャーは意見を持ち、判断しなければならない、命令を与えなければならない、経営資源を割り当てなければならない、間違いを発見しなければならないし……そのほかにもやるべきことはたくさんある。すべてがアウトプットの達成に必要である。だが、アウトプットとそれら活動とは決して同一のものではない。

マネジャーとしての私自身の役割を考えてみよう。会社の社長として、私は監督者・統括者としての活動を遂行しながら、直接の部下つまり事業本部長《グループ・ゼネラル・マネジャー》や同レベルの人を通して、アウトプットに影響を与えることができる。また、直接の監督下にないグループでも、彼らを管理する人々を観察したり、提案したりなどして、影響を与えることができる。この2種類の活動が会社全体としてのアウトプットに貢献することにより、マネジャーとしての私のアウトプットに貢献することを、私は念願している。インテル社で、私はかつてあるミドル・マネジャーに次のような質問を受けた。社内教育のコースを教えたり、製造プラントを見て回ったり、社内の私からは数階層も離れた人の問題にかかわったりしながら、なぜ自分の仕事をする時間があるのか、という趣旨だった。私はそのマネジャーに、私の仕事は何だと思うか、と尋ねた。しばらく考えていたが、彼は自分で自分の質問にこう答えた。「それらもあなたの仕事だからですね」

それは確かに私の仕事なのである。仕事の全部というわけではなく一部ではあるが……。それらはインテル社のアウトプットを加えることに貢献しているのだから。

もうひとつの例をあげよう。シンディはインテル社のエンジニアで、ウェハー製造プラントのエンジニアリング・グループを監督している。また、会社の全プラントが特定の技術プロセスの遂行にあたり準拠すべき標準手続きを作成する諮問委員会のメンバーをも務めている。この両方の役割において、シンディはウェハー製造プラントのアウトプットに貢献している。統括エンジニアとして、自分の責任プラントのアウトプットを増やす一方で、諮問委員会のメンバーとして専門知識をこれに投入して「隣接の諸組織」——インテル社のすべてのウェハー製造プラントに影響を与え、そのアウトプットをも増加させているのだ。ここでもう一度、例のブラックボックスにもどるとしよう。ある組織内の機構を一連のギアにたとえられるなら、ミドル・マネジャーがアウトプットにどう影響を与えるかを視覚化して見ることができる。危機のときには組織に力を与える。物事がスムーズに動かないときは少し油をさす。そしてもちろん、目的を目指すように機械に知能を投入するのだ。

「パパ、本当はどんなお仕事をしているの?」

こういった質問に対してわれわれはどうもうまく答えられない。実際に何をやっているかは、しかとはつかまえにくいし、要約するのもむずかしい。実際にしていることのほとんどはあまり重要とも思えないので、ビジネス内での自分の位置の明確化や正当化はなかなかしにくい。こうした問題が発生する理由のひとつは、われわれの活動(実際に行なうこと)とアウトプット(達成するもの)との間にはっきりと相違があるからである。後者は重要で有意義で価値があるように思える。前者は取るに足らない、意味のない、雑然としたものに見られがちである。だが、患者を治癒させることがアウトプットとなる外科医は、洗浄、切開、縫合に時間をかける。そして、これらの活動はあまり尊敬すべきものとは受け止められないものだ。

マネジャーが実際に何をするかを知るために、次の表に示したように、私の多忙な1日を眺めてみよう。実行した活動を記述し、少し説明を加え、本章の後半で役立てるためにタイプ別に分類してある。

〈私の1日〉

時間と活動

8時～8時30分

他社に勤めるために退職願いを提出したマネジャーと会う。

競争業者から電話あり。

8時30分～9時

前日午後からの郵便物を読む。

9時～12時

経営幹部会議（当社の上級幹部による週定例会議）。この日の会議に提出された議題は

説明（活動のタイプ）

退職の理由を聞き（〝情報収集〟）、翻意してインテル社に残ってもらえると感じた。キャリア変更について他のマネジャーと話し合うように勧める（〝軽い一押し《ナッジング》〟）。この問題は私が自分でその後も担当するものと決めた（〝意思決定〟）。

表面上は業界団体のミーティングのことだったが、ほんとうは私が業況をどう見るかの探りだった。私も同じことをする（〝情報収集〟）。

およその半分にコメントなり言いたいことを手書きする。

その内容は賛成あるいは不許可、ある種の行動を取ることへの勧告（〝一押し《ナッジング》〟）。ひとつは、ある小型プロジェクトをこれ以上進めることの承認申請の否決（〝意思決定〟）。（もちろん、いずれの場合においても〝情報収集〟をしている）

①前月の受注と出荷率の検討
②次年度計画立案に関する優先順位をめぐる打合せ設定
③主要マーケティング・プログラムの進捗状況の検討（予定の議題）
④ある生産ラインについて、製造サイクル時間を短縮するプログラムの検討（予定の議題）

12時～1時

社内食堂で昼食

（〝情報収集〟）

（〝意思決定〟）

この議題は、このプログラムはどうも調子が悪いので見直しが必要という、以前の決定から生じたものである。今回のものは前回よりやや良い（〝情報収集〟）が、この説明にあたってもいろいろな出席者からたくさんの意見や提言を求めていた（〝一押し《ナッジング》〟）。

このプレゼンテーションはプログラムが順調に進んでいることを示していた（〝情報収集〟だけ。それ以上の行動は取られなかった）。

たまたま訓練部門の者と同席した。私や他の上級幹部を外国での訓練に参加させるのがむずかしいとこぼしていた（〝情報収集〟）。私には初耳だった。私はメモに書きつけた――スタッフと私の行動予定表を調べ直し、海外訓練コースをしっかりサポートするように〝一押し《ナッジング》〟すること。

1時～2時

特定製品の品質に関する会議

会議のほとんどは、当該製品の現状と、これまで実施した是正処置について、充分な情報を得ることに費やされた（〝情報収集〟）。会議は製品の出荷を再開するという事業部長の〝決定〟で終了。私もこれに同意した。

2時～4時

従業員オリエンテーション・プログラムでの講義

これは、上級幹部が専門職社員に対し、当社および当社の主要事業部門の目的、歴史、経営システム等について説明するプログラム。私はこのシリーズでの最初の講師である。これは明らかに〝情報提供〟であり、われわれがいかに訓練を重視しているかを伝えることはもちろん、質問や意見に対する私の取扱い方そのもので、会社の基本理念や価値観の一部をいわば生きた実例として説明することが重要であり、私がその〝役割《ロール》モデル〟である。同時に、質問の内容から、通常は私が接する機会のないような多数の従業員の関心や理解の深さを感じ取ることができた。したがって、これも効果という点では「視察」型の特徴を持つ一種の〝情報収集〟でもある。

4時～4時45分

執務室で、電話で回答

ある従業員の昇給を不可とした。規準にはるかに達しないと判断したため（明らかに〝意思決定〟）。他州に開設された新しい用地にどの部課が移転するかを決めるためのミーティングを開くことに決定した（これは意思決定会議を開くという〝意思決定〟である）。

4時45分〜5時

私のアシスタントと会合

次週のいろいろな会合について、私への出席要求を検討。私が欠席と〝決めた〟場合の代案を提示。

5時〜6時15分

今日の郵便物を読む。進捗状況報告書を含む。

朝の郵便物の場合と同じく、これは〝情報収集〟であるが、同時に、私がその大半のものに対して書いたメモやメッセージにより、〝一押し《ナッジング》〟や〝意思決定〟も織り混ぜたものである。

私の1日に起こったことを見ても、はっきりした型《パターン》は見受けられないだろう。一見、表向きは私はランダムなやり方で物事を処理している。家内はこの私の1日を見て、自分の場合とほぼ同じだと言った。そうした類似性に気づいた彼女は正しかった。私の1日が終わるのは、疲れて帰宅するときであり、仕事が終わったときではない。私の仕事は決して終わらない。家庭の主婦と同じように、マネジャーの仕事は決して終わらない。もっとなすべき仕事が、もっとなさねばならない仕事が、そしてなしうる以上の仕事がいつも控えているのだ。

マネジャーは多くのボールを同時に空中に上げておき、自分の部門のアウトプットを最高に上げると思われる活動に自分のエネルギーと注意を注がなければならない。いいかえれば、自分の〝テコ作用〟が最大となりそうな点に移るべきなのである。

社内情報の収集と提供

おわかりのように、私の1日の大部分は情報収集に使われる。さらにこれもおわかりのように、その方法も数多くある。標準化された定期的なレポートやメモを読むが、その他、随時あれこれと情報を手に入れる。社内外の人、よその会社のマネジャーや証券分析の専門家、マスコミの人とも話をする。内部から外部から、そして内部からの顧客の苦情も重要な情報源である。たとえば、インテル社の訓練部門は、私もインストラクターをしているが、私の内部顧客でもある。このグループの人たちから時折出る苦情に全然耳を貸さないとすれば、社内「情報提供者」としての私の実績を評価してもらえなくなるので、それは間違いということになろう。人々も何かをしてほしいと思うからこそあれこれと事情を告げるのである。さらに自分からの話をよりいっそう裏づけるために、時には有益な情報を浴びるほどくれることもあるのだ。このことは、希望どおりのことを私がするかどうかは別として、心得ておかなければならない。

しかし実をいうと、マネジャーなら誰でも同じことだと思うが、私にとって最も役立つ情報は、たまたま交わす、ちょっとした会話の中にこそある。この種の情報は文字に書かれたものよりも、はるかに速くマネジャーの耳に届く。しかも一般に、情報はタイムリーであればあるほど、その価値はより高くなる。

では、いったいなぜ文字で書かれたレポートが必要なのだろうか。そこで提供する情報がタイムリーでないのは明らかである。しかしそうしたレポートはまとまったデータ・センターを構成し、随時入ってくるインプットの確認を助け、われわれが見逃すかもしれないようなものを、安全網《セイフティネット》（訳注：サーカスの空中ブランコの際に下に張ってある網）のように洩れないようにすい取ってくれる。だが、レポートにはもうひとつまったく別の機能がある。レポートが公式化されて記録されるときに、それを書く人は口頭でいうときよりも、厳密にならざるをえない。レポートの作成者はその説明の中で、トラブル個所を確認し処理せざるをえない。つまり、そういう規律と思考を自らに課さざるをえないところから、レポートの価値が生じてくるのである。レポートは情報を伝える方法というよりは、〝自己規律訓練〟の〝手段〟なのである。レポートを〝書くこと〟は重要だが、読むことは重要でないことが多い。

これに似た例はたくさんある。あとでおわかりのように、年間計画の〝作成〟はそれ自体が目的であって、結果としてでき上がってくるきちんと束ねられた報告書が目当てではない。同様に、大型資本支出の許可〝プロセス〟はそれ自体が重要であって、許可そのものが重要なのではない。大型支出申請書を作成し正当化するために、人々は繰り返し、ああでもないこうでもないと自己分析や工夫をする。そして価値があるのはこの精神的試練であり訓練なのである。公的な手続きを経て許可することは、それがこういうプロセスを確実に通ることを、いわば自己規律として強いるからこそ役立つのである。

情報収集能力を向上させるには、それがどうやって手もとに入ってくるかを知らなければならない。これには情報処理の段階も関係してくる。口頭による情報は最も価値があるが、伝えてくれる内容は大雑把で、不完全、時には不正確で、ちょうど新聞の見出しのように、ストーリーのあらまししか伝えない。見出しを読んだだけでは細部はわからないし、話の真相を曲解する恐れすらある。したがって、新聞の本文を読んで初めて、誰が、何を、どこで、なぜ、いつ、どのように、を知ることになる。これをすると、反復されている点や、そのことに対するある程度の見通しを持つこともできるはずである。これはちょうど情報雑誌や時には書物を読むのと同じように考えてもよい。情報の収集処理段階のどのレベルも重要であり、そのうちのひとつだけに依存することはできない。たとえ時事週刊誌からなら完璧ともいえる徹底した情報が得られるとしても、ある出来事の内容を知るのに丸1週間も待とうなどとは当然思わないだろう。そして情報源は互いに補足し合うと同時に重複するものでなければならない。そうすれば、知りえた情報の信頼性が確かめられるからである。

情報を入手するとくに効率が良い方法で、ほとんどのマネジャーが見逃しているものがある。それは社内のある特定の場所を訪れて状況を見て回ることである。なぜ、そうすべきなのか。部下がマネジャーに会いにオフィスに来たとき、どんなことが起こるかを考えてみればよい。その人が腰を下ろすと、社交上の原則らしきものが支配して、どうしても、話は進んでは止まり、進んでは止まりする現象が現われる。肝心の核心となる情報交換は2分ぐらいなのに、ミーティングは30分もかかることがある。

だが、マネジャーのほうが職場を回り、2分間ですむ関心事を持つ人に会うようにすれば、単に立ち止まって話を聞き、立ち去れる。話を切り出す部下についても同じことがいえる。したがって、こういう現場訪問は、管理の仕事を処理する上でとくに効果的かつ能率の良い方法となる。

では、なぜ利用度が低いのか。それは具体的な課題を持たずに職場をブラブラ歩き回ることに、マネジャーがためらいを感じるからである。インテル社では、この問題への取組みとして、計画訪問という方式を流用している。これは正式のタスク達成、その他随時行なわれるミニ業務処理用のお膳立てをするものである。たとえば、マネジャーに「ミスター・クリーン」としての査察への参加を求め、通常は訪問しないような職場に行ってもらう。彼らは清掃状態、整理整頓状況、研究室、安全装置を調べ、その間に1時間ぐらいかけて、情報を拾い集めたり、現場の状況に直接接したりして親しんでいく。

私の日程からおわかりのように、マネジャーは情報を集めるだけでなくて、情報の提供源でもある。自分の部門の部下や、自分が影響を及ぼしている他部門の者にも知識を伝えてやらなければならない。事実を伝えるということ以上に、マネジャーは自分の目標や重点事項や優先事項などについても、特定の仕事の処理の仕方に関連するかぎり伝えなければならない。これはきわめて重要なことである。というのは、マネジャーがこういうことを知らせさえすれば、部下は、どうすれば上司であるマネジャーや監督者に認めてもらえるような意思決定ができるかがわかるからである。こうして、目標や望ましいアプローチを伝えることが権限委譲の成功のカギとなる。あとでわかるように、企業文化を共有することはビジネスにとって不可欠なのである。企業文化の価値を守る人々——聡明で全社的な意識を持った社員——は似たような状況下で一貫した行動を取るようになる。つまり、マネジャーは、同じ結果を得るために時として用いられる形式的な規則、手続き、規則がもたらす非能率さに悩まされないでよいということになるからだ。

三番目に大きなマネジャーの活動は、もちろん意思決定である。なるほど、われわれマネジャーが時折、意思決定を〝行なう〟のは事実である。だが、そういった状況が生じるたびに必ず、われわれは数多くの意思決定に〝参加〟しているし、その方法もまちまちである。たとえば、事実をインプットしたり、意見だけを述べたり、代替案の賛否を論じてより良い意思決定を推進したり、他人が下した決定、あるいは下そうとする決定を検討したり、支持したり反対したり、賛成あるいは不賛成の一票を投じたりする。

意思決定をどのようにすべきかについては後述するが、ここではとりあえず、決定は2種類に分けられることだけを言っておきたい。ひとつは、前向きの決定、たとえば大型支出の許可プロセスなどの場合である。つまり、会社の財務資源をいろいろな将来の事業計画に向けて配分するときのようなものである。もうひとつのタイプは、大きくなりつつある問題や危機に対応する決定で、技術的なもの（たとえば、品質管理問題）か、人事に関するもの（退職しようとする人の慰留）のいずれかである。

いうまでもなく、マネジャーの意思決定は、ビジネスが直面している事実や問題点を当人がどの程度よく理解しているかによって左右される。だからこそマネジャーの生活では情報収集が非常に重要になる。その他の活動――情報の伝達、意思決定、部下のための役割モデルになることなど――は、タスク、問題点、ニーズ、自分の部門が直面する問題について、マネジャーが持っている〝情報をベースに〟すべてが決定される。要するに、情報収集はマネジャーとしてのその他の仕事のすべての基礎であり、私もそれを行なうために1日の多くの時間を積極的に費やしている。

往々にしてマネジャーは、オフィスにいながら、様々な出来事に何がしかの影響を与えるために、様々なことを行なう。たとえば、仲間に電話をして意思決定はこんなふうにしたらと提案したり、ノートやメモを送って状況に対する自分の見方を示したり、あるいは口頭でのプレゼンテーションの際にコメントを述べたりなどする。このような場合、マネジャーは自分として望ましい解決の仕方を主張はするが、指示や命令を出しているわけではない。しかしやっていることは、単に情報を伝えるというよりは強いことである。これは個人あるいはミーティングを軽くつついて自分の思う方向に進ませようとするので「ナッジング（突っつき、とか一押し）」と呼ぶことにしよう。これはマネジャーが常時行なうきわめて重要な活動であり、確固として明確な指令となる意思決定とは慎重に区別しなければならない。実際には、明瞭な決定の一つひとつはおそらく、このナッジングを何回となく繰り返した結果生じるものなのであろう。

最後に、マネジャーの1日には、ことばだけでは限定しにくい微妙なものがくまなく行き渡っているといえる。マネジャーの仕事だと思われることをやりながら動き回っているとき、実はわれわれは組織内の人々――部下、同僚、時には上司――にとって、役割モデルとしての規範にもなっているのだ。マネジャーがリーダーであることの必要性については、いろいろ論議され、いろいろと書かれている。実のところ、マネジャーの活動もそれだけではリーダーシップ（指導者としての行動）を構成しているとはいえず、その点ではお手本ほど強いものはない。ずばりそのものといえるものがそこにあるからだ。価値観や行動規範は口頭やメモでは簡単に伝わらないが、実践や〝目に見える〟行動によってきわめて効果的に伝達されるからである。

マネジャーはすべて、影響力を行使しているのがわかるように行動することが必要だが、それを独自の方法でやらなければならない。たとえば、大人数のグループには気楽に対応したり、自分の気持ちや価値観をオープンに話せる人がいる。また、静かに知的な環境で人とマンツーマンで話すのが好きな人もいる。これらの、またどのようなスタイルのリーダーシップであってもそれが力を発揮しうるのは、マネジャーが自分は組織内の人々のための役割モデルでなければならないと認識し、意識してそれに重点を置いているときだけである。

私が説明したようなリーダーシップは、大きな事業だけに適用されるなどと考えてはならない。小さなオフィスにいる保険代理業の人が始終個人的な友人に私用の電話をしていれば、その行為はそこで働く者すべてに許される行動についての一定の価値観を伝達していることになる。弁護士が昼食に出て、少々酔って帰ってくるのも同じである。一方、規模にかかわらず、ある会社のマネジャーが自分の仕事を真剣に考えていれば、最も重要なマネジャーとしての価値観を仲間たちに身をもって示しているといえる。

マネジャーの仕事のほとんどは、労働力、金、資本、といった経営資源の配分と関係がある。

だが、マネジャーが毎日毎日配分する唯一無二の重要な資源は、本人の時間である。原則的にいえば、金や労働力や資本は必ずもっと手に入るが、マネジャー自身の時間は、誰もが絶対に有限な形でしか持っていない。したがって、その割当てと使用に相当の注意を払わなければならないのである。自分自身の時間をどう扱うかは、役割モデル兼リーダーであるということの最も重要な側面である、と私は考える。

すでにおわかりのように、私の典型的な1日の中で、私が参加した活動は約25にのぼる。そのほとんどは情報の収集と提供であるが、意思決定とナッジングも含まれている。また、私の時間の3分の2はなんらかの形のミーティングに使われている。私の時間がこんなに多くミーティングに費やされているのにひどいなと驚く前に、次の質問に答えてみていただきたい。私の活動、つまり、情報収集、情報提供、意思決定、ナッジング、役割モデルのうち、ミーティング以外でできるものはいったいどれだろうかと。答えは実際問題として、なし、なのである。ミーティングこそマネジャーとして活動する機会を提供しているのである。人と顔を合わせることそのものは、もちろんマネジャーの活動ではない。それはひとつの〝手段〟である。マネジャーは自分の仕事を、ミーティングで、あるいはメモを書くなりして、あるいは、拡声機を通じて、することができる。だが、自分が達成したいことに対し、最も効果的な手段を選ばなければならない。それこそがマネジャーに最大のテコ作用を提供するのである。ミーティングについてはさらに後で述べよう。

マネジャーのアウトプット
＝
組織のアウトプット
＝
$L_1 \times A_1 + L_2 \times A_2 + \cdots\cdots$

図3－2　マネジャーのアウトプット

経営管理活動のテコ作用

われわれは、マネジャーのアウトプットは当人のコントロールおよび影響下にあるいろいろな部課のアウトプットであることを論証してきた。マネジャーとしてアウトプットを上げるにはどうすればよいのか。それを探るために、〝テコ作用〟という概念を考えてみよう。テコ作用とは、特定の経営管理活動により生じるアウトプットの尺度である。したがって、マネジャーのアウトプットは経営管理活動と方程式で結びつけることができる。

図３－２の方程式が示しているように、マネジャーが遂行する活動（Activity）――Ａ１、Ａ２、など……の一つひとつを行なうごとに、組織のアウトプットも少しずつ増加すべきものなのである。そのアウトプットがこれでどの程度増加するかは活動のテコ作用（Leverage）――Ｌ１、Ｌ２、など……によって決まる。したがって、マネジャーのアウトプットはいろいろテコ作用の度合の異なる個々の活動の結果の総計である。となると明らかに、高いアウトプットを上げるには、１日の中でマ

ネジャーが行なう行動にどういう〝テコ作用〟が働いているかを敏感に知ることがカギとなる。
マネジャーの生産性、つまり、稼働単位時間あたりのアウトプットは次の3つの方法で増加できる。

1 マネジャーが自らの活動を遂行する速度を速めて、仕事をスピードアップする。

2 いろいろな経営管理活動に関連のあるテコ作用を増加する。

3 マネジャーの活動のミックスを、テコ作用の低いミックスから、より高いミックスに換える。

まず、いろいろなタイプのマネジャーの仕事について、そのテコ作用を考えてみよう。

テコ作用を高める活動

これを達成するには基本的な方法が3つある。

■大勢の人がひとりのマネジャーにより影響を受ける場合。

■ある人の長期間にわたる活動が、特定のマネジャーの、短いが的を射たことばや行動によって影響される場合。

■ユニークで貴重なカギとなる知識や情報を提供する個人によって、大きなグループの仕事が影響される場合。

一番目は、最もわかりやすい例である。インテル社の財務担当マネジャーのロビンのことを考えてみよう。彼女は当社の年間財務計画策定方式《プランニング・プロセス》を設定する責任者である。プランニング・プロセスの各段階でどのような情報を集めて提示するのか、また誰が何を担当するのかを彼女が事前に正確に決めるとき、そのプランニング・プロセスに参加するおそらく200名ぐらいの従業員に対して、その後の仕事に直接的な影響を及ぼしているのである。プランニング活動に〝先立って〟ある程度の時間を使うことによって、数多くのマネジャーの長時間にわたる混乱とあいまいさを避ける手伝いをしているのである。その結果、彼女の仕事は組織全体の生産性に貢献し、大きなテコ作用、しかしながら〝いつ〟それが実行されるかで大きな差のあるテコ作用を持つわけである。プランニング会議に先立って仕事をしてくれれば、そのテコ作用が大きいことは明らかである。後でマネジャーが指針や指標を決めるときになって急いで援助しようとすれば、テコ作用がはるかに少なくなるのは明らかであろう。

行動のタイミングの良さに左右されるテコ作用のもうひとつの例は、貴重な部下が退職を決意したことを知ったときにどう行動するかである。こういった場合、部下の気持ちを変えたいならば、ただちに状況に対処しなければならない。後回しにすれば、翻意させる機会はまったくなくなる。したがって、活動のテコ作用を最大限に保つには、マネジャーは時には重大な岐路となるので、〝タイミング〟を上手にはかることをしっかり念頭に置いておかなければならない。

テコ作用はネガティブにも働く。マネジャーの活動の中には組織のアウトプットを〝下げる〟ものもある。大変簡単な例でもこのことはわかる。私があるミーティングの中心となる参加者なのに準備もしないでその場に現われたとしよう。私の準備不足（私の不注意で自分が直接損するだけでなくて）のために、ミーティングに出席した人々との時間を浪費させるだけではすまない。その時間に他のことをする機会まで奪ってしまうことになるのだ。

マネジャーがグループに自分の知識や技術、あるいは価値観を伝えるとき、グループのメンバーがその学んだことを大勢の人に伝えるから、そのテコ作用は高い。だが、もう一度繰り返すが、テコ作用はポジティブにもネガティブにも働く。私がテコ作用が高くポジティブであってほしいと思う一例としてあげられるのは、オリエンテーション・コースでの私の話である。私はインテル社についてのいろいろな情報――わが社の歴史、目標、価値観、やり方《スタイル》、など――を200名ほどの新入従業員に、与えられた2時間で話す。私が具体的に話す内容のほかに、質問に答える私の話し方や、その場での一挙一動が、これら従業員の最も感じやすいときに、わが社でのもののやり方を伝えるのである。

この種のテコ作用についての、もうひとつの例をあげよう。セールスパーソン・グループの訓練のためにインテル社のマーケティング・エンジニアのバーバラは、当社の製品がどういうものであるかを詳しく教え始めているが、もしも彼女がこの仕事を立派にこなせば、セールスパーソンたちは担当する製品をうまく売り込む準備ができる。いい加減にやれば、大損は目に見えている。

最後に、あまり形式ばらない例をもうひとつあげておこう。前に話したシンディは技術調整グループのメンバーで、ある特殊なテクノロジーに関する知識を当社の製造部門全体に広めようとしている。事実、彼女はこの調整グループを非公式な訓練手段として、社内の隣接部門にいる仲間たちに高いテコ作用を効かせようとしているのだ。

マネジャーも、自分にとっては〝わずかな〟時間しかかからないが、他の人の業務遂行には〝長い〟期間にわたって影響するような活動を展開することによって、高いテコ作用を発揮することができる。人事考課はその好例である。マネジャーは考課の準備や伝達に数時間を使うだけで、それを受ける部下の仕事に長期にわたって非常に大きな影響を与えられる。この場合でもまた、テコ作用は、ポジティブにもネガティブにも働かせることができる。部下がやる気を出して頑張り直すこともあれば、考課によって失望させ、底なし沼のような意欲低下をそれこそ長い期間もたらすこともある。

これも一見些細なことのようだが、たとえば、チクラー・ファイルをつくることで、長期間にわたって日常の仕事を大幅に改善することができる。簡単な機械的補助具をつくるのは、ほんのいっときの活動だが、マネジャーがずっとそれを使えば生産性が向上する。したがって、テコ作用はきわめて高く強くなってくる。

高いネガティブなテコ作用のほうの例もいくらでも転がっている。年間プランニング・プロセスを調べ直したあるインテル社のマネジャーは、前年度のコスト節減努力が成功したにもかかかわらず、次年度もその事業部では利益が上がらないことがわかり、すっかり意気消沈してしまった。本人はそうと気づかなかったが、すぐに周囲の部下にも影響を与え始め、間もなく、組織全体が重苦しくなってしまった。彼の態度が一変して良くなって立ち直ったのは、部下に影響を及ぼしていることについてようやくにして部下のひとりが事情を話して聞かせてからであった。もうひとつの悪い例は、マネジャーが、他の人々との仕事に影響する決定を引き延ばし、無駄口をたたいている場合である。事実、決定をしないということはネガティブな決定をするのと同じである。青信号がつかないということは赤信号だということであり、仕事は組織ぐるみ停止してしまう。

元気のないマネジャーやしゃべりまくるだけのマネジャーは、実質上そのネガティブのテコ作用が無限だといえる。セールスパーソンが、いい加減な販売訓練のために悪い影響を受けているならば、再訓練を実施して、そうしたまずい状況を処理することができる。だが、意気消沈と無駄口により生じるネガティブなテコ作用は、組織に対するその影響が広く行き渡り、しかもつかみにくいので、対応するのがきわめて困難である。

〝マネジャーの余計な干渉〟もネガティブなテコ作用の一例である。これが発生するのは、部下に自由に仕事をさせようとしないで、マネジャーが本来は部下の責任事項に関する監督者としての知識と経験を使って、一定の状況を支配しようとするからである。たとえば、ある上級マネジャーが思わしくない傾向を示すインディケーターを見て、取るべき処置を事細かく責任者に命じるとすれば、それはマネジャーの余計なおせっかいないし干渉というものである。一般に、余計な口出しや干渉は、上司が監督者としての実務知識（ほんとうのものと、そう思い込んでいるものと、どちらも）をあまり多く使いたがることから生じてくる。ネガティブなテコ作用は、こういった状況が何度も繰り返されると、部下は自分に期待されている事柄を今までよりもずっと狭く考え始め、自分自身の問題の解決にもあまり積極性を示さず、問題を上司に任せるようになることから生じてくる。その結果、組織のアウトプットは長期的に減少するから、こうした余計な干渉は明らかにネガティブなテコ作用を持つ活動なのである。

テコ作用の高い三番目のマネジャーの活動は、〝ユニークな技術と知識〟を持つ人々が取る行動である。その例として、インテル社のマーケティング・エンジニアで、製品ラインの価格設定責任を持っている者の例があげられる。設定価格が高すぎれば、数百名の第一線セールスパーソンはひどい影響を受ける。どんなに努力しても商談が成立しないからである。もちろん、価格設定が低すぎれば、金をどぶに捨てるようなことになろう。

もうひとつの例を調べてみよう。インテル社のある開発エンジニアは、ある特殊製造プロセスについて珍らしいほどの詳細な知識を持ち、そのプロセスが効果的に使われるように管理している。このプロセスは会社中の多くの製品設計担当者の仕事の基礎をなすものなので、当開発エンジニアの発揮するテコ作用は莫大なものである。同じことが石油会社の地質学者や保険会社の保険数理士についてもいえる。これらすべての人々は、その仕事が組織全体の仕事にとって重要な専門家たちである。決定的ともいえるほど重大な事実を理解しうる人、あるいは、決定的に重大な洞察力を持っている人、つまり、「知識スペシャリスト」とか、「ノウハウ・マネジャー」といわれる人は、他の人々の仕事に甚大な権限と影響力、つまり、きわめて高いテコ作用を持っているのだ。

マネジメントの〝技術《アート》〟というのは、一見比較してみて同じくらいの重要度を持つ多くの活動から、テコ作用の優れたものをひとつ、2つ、あるいはせいぜい3つほど選び出して、それに集中する能力にある。私の場合は、顧客の苦情に細かく注意を払うことが高テコ作用活動となる。顧客を満足させるのは当然のこととして、これを追求することは、私自身の仕事のやり方における重要な点に対して目を開かせてくれる。顧客の苦情は数も多いので、誰かが必ず全部をフォローアップすべきものであるが、私自身が必ずしもすべてを扱う必要はなく、また利益にもならない。10か20の苦情のうち、どれを掘り下げ、分析し、フォローアップするかにおいて、技術《アート》がマネジャーの仕事に生きてくるのである。この技術《アート》の基盤をなしているのは、他の苦情ではなくてこの苦情の背後にこそ、多くの問題がひそんでいるのだということを見抜く直感力である。

テコ作用としての権限委譲

マネジャーの時間は、その値打ちに上下があるので、権限委譲がマネジメントにとって不可欠な側面となる。「委譲する人」と「委譲される人」は、どのように問題を解決していくかについて、共通の情報基盤と共通した業務処理上の考え方を持たなければならないが、この点がよく見落とされがちである。両者が適切な共通基盤を共有しないかぎり、委譲された人は、ただ具体的な指示を受けただけの腕の良い代理人にしかすぎない。具体的な活動を細かく指示するマネジャーのおせっかい（干渉）の場合と同じく、このときのテコ作用は弱い。

こう想定してみよう。私があなたの上司として、鉛筆を手にしてあなたのところに行き、それを取れという。あなたは鉛筆に手を伸ばすが、私は放そうとしない。そして私は言う。「どうしたんだ。任せたのだから、鉛筆を自分の代わりに持ってはくれないのか」と。人には誰でも、自分でやるのが好きなので手放したくないという単なる理由から、ほんとうのところは人に〝任せたくない〟何かが必ずある。そのつもりなら人に任せることはできても、自分でやるのが楽しい問題は手放さないものと〝意識的に〟決めている場合は、管理の効果性という点からは、それほど悪いことではない。しかし、自分のしていることをはっきりと知ることが必要で、心にもない権限委譲などというジェスチャーはやめなければならない。それは、はなはだしい、経営管理上のマイナスのテコ作用となる。

人は自分が精通している活動と、あまりよく知らない活動とのどちらを委任するかと言われたら、どちらを選ぶだろうか。答える前に最後までトコトン、フォローしない権限委譲は〝職務放棄〟だという原則をよく考えておいてほしい。マネジャーがタスクからすっかり足を洗うことなどはできない。権限委譲をした後でも、仕事の完了に対してはやはり責任があり、委譲した仕事のモニタリングは、結果を確実にもたらすための唯一の実際的方法である。このモニタリングは干渉でもおせっかいでもなく、活動が期待どおりに進行しているかどうかを確認することを意味する。よく精通していることのモニタリングのほうが容易だから、どちらかの選択をする場合は、一番よく知っている活動を委譲すべきである。だが、鉛筆の実験を思い出し、その事実を踏まえて、この手の委任はマネジャー自身の気持ちにかなり逆らうところがあるかもしれないことを理解していただきたい。

先に説明した「私の1日」の活動の表にもどってみよう。私は経営幹部会議の席上で、2つのフォローアップ・プレゼンテーションを耳にした。ひとつは非常に重要なマーケティング・プログラムの現状、もうひとつは製造総処理時間を短縮するプログラムの進捗度に関するものだった。いずれもこうした検討作業はモニタリングの実例になる。これより先、われわれは各プログラムをそれぞれ、ミドル・マネジャーに割り当て、彼らもその上司もそれの取扱い方に関しては同意していることを確かめておいた。そして担当ミドル・マネジャーは仕事を開始し、それを彼らに権限委譲した経営幹部会議に報告するつもりであった。

委譲の諸結果をモニターするのは、品質保証で行なうモニタリングに似ている。われわれは品質保証の原則を応用し、プロセスの中の付加価値が最も低い段階でモニターしなければならない。たとえば委任したレポートなら〝原稿の下書き〟を調べることだ。部下が時間をかけて最終原稿にまで磨き上げるのを待って、内容に関して基本的な問題があるのを発見するなどということをしてはならない。

二番目の原則は部下の仕事をチェックする頻度に関するものである。状況によって変える、例の可変式のやり方でもって、人に応じていろいろなサンプリング方式を使い分けなければならない。部下が初めて新しく委譲された仕事をやるのか、それともすでに取り扱った経験があるのかに従って頻度を増減すべきである。モニタリングの頻度は、あなたが考える部下の〝通常の一般的〟仕事能力を基準にするのではなく、特定の仕事での部下の経験と以前の実績――後で詳しく説明する「タスク習熟度」――を基準にすべきである。部下の仕事は回数を重ねるごとに向上するので、モニタリングの強度はそれに応じて減じるように対応しなければならない。

品質保証の原則をここで有効に活用するには、細部のチェックはごくたまにランダムに実施するようにして、部下が自分の思うとおりに動いているのを確かめる程度にする。任せた仕事の〝一切〟をつぶさにチェックするのは、生産されてくるものを100パーセント、テストする品質保証の場合と同じになってしまう。

マネジャーがしばしば部下に任せるのは、ある一定の〝タイプ〟の意思決定である。この際どのように任せれば一番良いのか。意思決定の〝プロセス〟をモニターするのがよい。では、その方法は……。インテル社で資本設備の購入をどのようにして承認するかを調べてみよう。われわれは部下に、承認申請を提出する前に全体の事柄をよく考え抜くようにと言ってある。そしてこの考え方がどのくらいよくできているかを調べるために、その申請書について審議会の場できわめて具体的な質問をする。その答えに説得力があれば要求どおりに許可する。この方法でやれば、われわれが自分で細かいところまで調べなくても、当人の考えが正しいかどうかを判断することができる。

$$\frac{\text{マネジャーのアウトプット}}{\text{時間}} = L \times \frac{\text{遂行した活動}}{\text{時間}}$$

図3－3　マネジャーのアウトプットと“速度”の関係

マネジャーの活動速度を速めること
——ラインのスピードアップ

マネジャーのアウトプットを増加するには、仕事を遂行する〝速度〟を速めればよいのは理の当然である。この場合の関係は図3－3の式のようになる。（ただし、Lは活動のテコ作用）

マネジャーの生産性、つまり、時間あたりのアウトプットを増加する最も一般的な方法は、時間管理法の活用であり、この方程式の左右の分母を小さくすることである。コンサルタントは誰でも、生産性を高める方法として、書類は一度だけ目を通せ、立ったままのミーティングをやれ（短時間ですませるということなのだろう）、自分の背をドアに向けるようにデスクの向きを変えろ、などとマネジャーによく勧める。

これらの時間管理への提案に、われわれがいうところの生産の原則が加わればさらに改善されるものと思われる。第一に、〝リミッティング・ステップ〟、つまりわれわれの作業で「卵」にあたるものは何かを確認しなければならない。マネジャーの日常活動の中には、絶対に予定どおり行なわなければならないものがある。私の場合、私が教えているクラスがその例である。私はそのミーティングがいつなのかも知っているし、その準備をしなければならないことも承知している。200人以上の〝学生〟が私を待っているので、この時間には「柔軟性」がまったくない。したがって、私は時間のやりくりをして、このリミッティング・ステップを中心にその他の仕事をやりくりしたり《オフセット》、計画化しなければならない。つまり、動かせないものを先に決め、もっとやりくりできる活動をその周辺に置くように工夫すれば、より能率良く働けるわけなのである。

管理の仕事に応用できる第二の生産上の原則は、類似したタスクの〝バッチ処理（まとめてやること）〟である。どのような製造作業もある程度の段取り時間が必要である。したがって、管理の仕事を能率よく進めるには、一群の諸活動に対して、同じような事前準備への努力をすべきである。高品質で均一な3分間の半熟卵を生産するために設置した、例の連続卵ゆで器を考えてみよう。もし、客に4分ゆでの卵をつくって出すとすれば、熱湯の中を通るコンベアベルトの速度を緩めなければならなくなろう。この調節には時間がかかる。機械のナットやボルトのような基本的なところを調節するのはもちろん、卵のいくつかを標本抽出して4分ゆでの質を検査しなければならない。

段取り、あるいは準備時間については、管理の仕事にも似たようなものがたくさんある。たとえば、訓練用イラストチャート一式を一度つくって、それを他のクラスやグループなどに繰り返し使うことができる場合、生産性は明らかに上がる。同様に、もしマネジャーが相当数のレポートを読んだり、下からの人事考課の結果を承認しなければならないとすれば、相当なまとまり時間を取っておき、次から次にとそれらをひとまとめ《バッチ》にして処理することにより、こうしたタスク処理に必要な〝精神的な〟準備期間をいわば最大限に活用しなければならない。

工場経営と受注生産の個人経営《ジョブ・ショップ》の仕事場の経営はどこが違うのか。後者は飛込みの客にサービスするために準備をしているのであり、オーナーは要求のあった仕事を処理しては次の仕事へと移っていく。ところが、他方、工場のほうは通常は〝予測〟を基に運営し、個々の注文によるのではない。私の経験でいえば、経営管理の仕事は大部分が予測〝できる〟。したがって、できる仕事を予測して、その準備態勢を整えておくことが、経営管理上の仕事で経験する、どうも小間切れ仕事ばかりでとりとめがないという感じと現実のギャップを極小化するための常識であり、重要な方法なのである。重要な出来事を中心にした時間の予測と計画化は、ちょうど能率の良い工場運営そのものと同じである。

それではマネジャーの予測の〝手段〟は何なのか。その答えはごく簡単だ。〝カレンダー〟である。カレンダーは入ってくる「注文《オーダー》（要求）」を書き込む場だと思っている人が多い。誰かが、マネジャーに時間の都合を要求《オーダー》してくると、それが自動的にカレンダーに記入される。これは思慮の足りない消極的な態度である。マネジャーが自分の時間をもっとよく管理しようと思えば、カレンダーを「生産」計画の用具《ツール》として使い、1日のいわゆる「リミッティング・ステップ」の間に、時間的にはさして重要ではない仕事をもっと積極的にスケジュールに入れなければならない。

ここで適用できる生産原則がもうひとつある。製造関係者は、自分のインディケーターを信じているので、すでに生産能力ぎりぎりまで機械が働いていると思えば、それ以上原料を生産工程に入れようなどとは思わない。そういうことをすれば、原料は途中まで進むが、隘路《ボトルネック》のところで逆行してしまうからである。だから工場長は最初の時点で「ノー」と言って、生産の始まるときに、その水準がすでに負荷過剰とはならないようにする。しかし生産能力のインディケーターの根拠がはっきり確立されていないとか信頼できないということで、こういった原則をなかなか使えないマネジャーもいる。資料を見たり、レポートを書いたり、同僚と話し合うのに、どのくらいの時間が必要なのだろうか。正確にはわからないかもしれないが、およその見当はつくはずだ。だから、自分の仕事のスケジュールを組む場合にもそのような勘を養わなければならない。

カレンダーを生産計画の用具として使うには、次の2つのことを責任を持って処理しなければならない。

1 時間が決定的な意味を持つ出来事と、必要だが時間的にはそれほどではない出来事との間の穴を進んで埋め、カレンダーを〝積極的に〟利用する方向に進むこと。

2 処理能力以上の仕事に対しては、初めからはっきりと「ノー」を言うこと。

遅くならないうちに早目に「ノー」と言うことが必要である。高い価値段階に達してから処理能力不足のために放棄するのは金と時間の浪費を意味することはすでに説明のとおりである。

仕事が仕上がらなければ何も言わなくても結局は「ノー」と言うことになるので、はっきりと、あるいはそれとなく、「ノー」と言うことが大切である。時間は人間にとって有限の資源なのであり、あることに対し「イエス」と言ったら、必然的に他のことには「ノー」と言っていることを忘れてはならない。

次に適用できる生産原則は、〝たるみ《スラック》〟、つまりスケジューリングに多少のゆとりを持たせることである。たとえば、高速道路の設計者は、ハイウェイが処理できる車の最適台数を知っている。車両数がそれ以下のときは、道路は能力いっぱいに使用されていない。だが、最適稼働状態にあるときは、わずか数台の車の進入を認めるだけで、すべてが危機的な渋滞に陥ってしまう。ラッシュ時の通行を規制する新しいメーター装置があれば、計画した側も適切な台数を維持できるわけである。同じことがマネジャーの仕事にもいえる。仕事には最適量があるが、それに多少の〝たるみ〟を持たせる。そうすれば思いがけない電話がかかってきても、その日のスケジュールがめちゃめちゃになることはない。こうした、いささかの〝たるみ〟はぜひ必要なのである。

もうひとつの生産原則は、これとはまるで対照的なものといえる。マネジャーはいろいろなプロジェクトに関連する素材というべきものの〝在庫〟を持たなければならない。これは仕掛り品と混同してはならない。仕掛り品というのは、連続卵ゆで器の卵のように時間の経過とともに悪くなったり使いものにならなくなることがある。それに対して、この在庫は、やることは必要だがすぐに達成させる必要もないもの――つまり、マネジャーが長期にわたり部下グループの生産性向上のため実施するような任意プロジェクトから成り立っている。こういったプロジェクトの在庫がないと、マネジャーは自分の空き時間を部下の仕事への余計な干渉に使いがちになるのである。

最後の原則。たいていの生産方式は、すでに確立している手順を踏襲している。同じようなやり方を何度もあらためて考案するのでなくて、それまでうまくやっていた特定の方法を使用しているのだ。だが、マネジャーの場合は、そのやり方に一貫性がなく、同じタスクに対してもいろいろなアプローチをゴタゴタ持ち込みがちである。そういったやり方は変えなければならない。ただし、一貫性が増したからといって忘れてはならないのは、管理の手順の価値は正式の規程などの中にはなくて、その確立にいたった思考作用の中に含まれているということである。すなわち、マネジャーは、自分のやることを標準化しようとする際にも、自分のすること、ならびに用いるアプローチについて批判的に考え続けなければならないのである。

組織内に組み込まれたテコ作用――マネジャーの部下は何名が適切か

経営管理のテコ作用を構成する重要要素のひとつは、マネジャーが抱える部下の数である。充分な人数がいなければ、テコ作用が弱まるのは明らかである。さりとて人数が多すぎれば動きが取りにくく、結果は同じになる。おおよその経験則でいえば、監督業務の多いマネジャーは6人から8人ぐらいの部下がよく、3、4人では少なく、10人では多すぎる。この範囲は、部下の一人ひとりにつき、週に約半日をあてなければならないという基準から考えたものである（部下ひとりに週2日では余計な干渉に陥りやすく、週に1時間ではモニタリングの機会が充分に得られない）。

6人から8人という規準は、人の監督を主たる業務とする古典的な階層組織のマネジャーに適している。ノウハウ・マネジャー、つまり、技術知識や情報を供給するミドル・マネジャーの場合はどうか。たとえ部下がひとりもいなくても、社内コンサルタントとして多様な「顧客」にサービスすれば、それは完全なフルタイムの仕事である。事実、週に約半日を企画、諮問、コーディネーションなどのグループの一員としてあてれば、ひとりの部下を持つのと同じことになる。したがって、大まかな経験でいえば、通常の管理階層の中にいる監督者にしても、ノウハウの提供者にしても、マネジャーは6人から8人の部下、あるいはそれに相当する人を持つように心がけるべきである。

時として、ビジネスは、6人から8人という理想的な〝接続回路《ファンアウト》（部下の広がり）〟を持ちにくいように編成されていることがある。たとえば、ある製造工場で技術部と製造部があったとすれば、工場長は直接の部下を2人しか持たないことになる。さて、この工場長が2人の部下のうちのひとりとして「行動」したいと考え、たとえば、技術部長を兼務することになったとしよう。そうなると、製造部長は相変わらず工場長に報告し、一方、本来は技術部の長に報告すべき人間をも工場長が受け持つことになる。つまり、工場長は現実には6人の直接の部下——エンジニア5名と製造部長——を持つことになる。こういった状況は図3-4からもわか

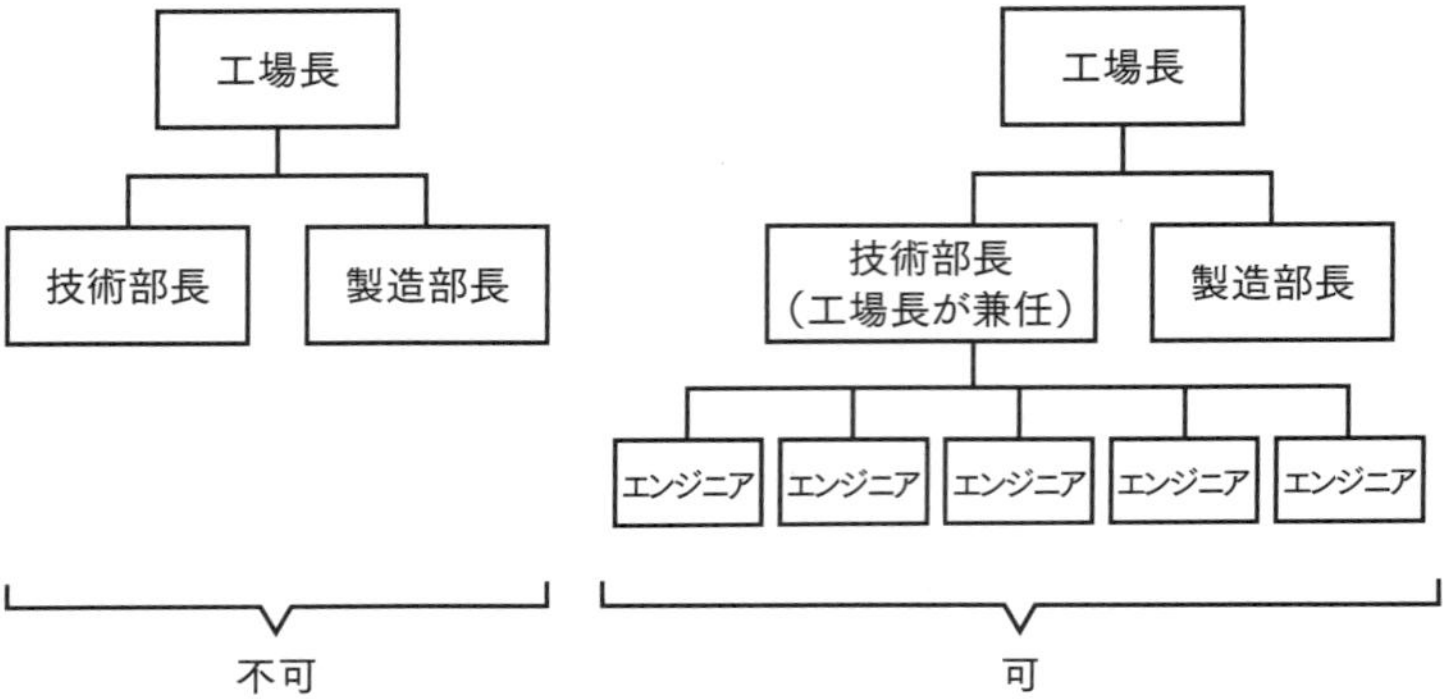

図3－4　こういった配置により、工場長は仕事の面で用がなくなるか、あるいは逆に余計なおせっかいばかりすることを避けられる。

るように、エンジニアたちを製造部長と同じレベルには〝表示してはいない〟が――確かに例外事項として事実上は同じ部下扱いとなっているのである。

仕事の中断――マネジャーを悩ますもの

経営管理の仕事に適用できる次の重要な生産原則は、〝定例化〟に向かって努力するということである。例の朝食工場の場合、客がひとり、2人とばらばらに入ってくるのではなく、整然とした流れのように訪れてきてくれれば、もっと効率よく経営ができるであろう。客の習慣はコントロールできないとはいえ、仕事量はできるかぎり平らにならすようにしなければならない。前に述べたように、われわれの管理の仕事は受注生産型のショップ（ジョブ・ショップ）ではなく、工場生産型《ファクトリー》の特徴を持たせるようにしなければならない。したがって、大きな緊急事態によって生じる中断はもとよりのこと、1日のうちでの小さな停止・発進といった中断を防ぐよう、できるかぎりのことをすべきである。緊急事態のいくつかは避けることができないが、組織のブラックボックスに窓を開けてのぞき込み、将来、重要度が高くなりうるトラブルの原因をつねに見つけ出すようにしなければならない。自分が時限爆弾を手にしたなと認識することは、それが爆発した後ではなくて〝自分の望むときに〟問題処理に取りかかれるということを意味しているからだ。

だが、マネジャーは他のマネジャーと仕事の調整をしなければならないので、動ける方向といえば、みんなと同じように時間的に規則正しくするということだけである。いいかえれば、類似の活動には同じ時間帯を使わなければならないということである。たとえば、インテル社の場合、月曜日の午前中は全社を通じて企画グループのミーティングが開かれる時間となっている。したがって、企画グループに属する人は誰でも、月曜にはこうしたミーティングがあるものとして予定を立てられるから、スケジュール上の衝突が生じることはない。

インテル社でかつて、約20名ほどのミドル・マネジャーを集めてある実験をやったことがあった。2名が一組となりロール・プレイングを試みたのである。ひとりはマネジャーとして自分のアウトプットを最も邪魔する問題を持ち出し、ひとりはそのコンサルタントとなって、その問題を分析し、解決策を提案することにした。

そこで最も多く取り上げられた問題は、自分が〝コントロールできないことによる仕事の中断〟である。これは監督的立場にあるマネジャーにもノウハウ・マネジャーにも著しく共通していた。こうした中断が「自分たちの」仕事の邪魔になっていることは誰しもが感じていた。その発生源は同じで、ほとんどが部下から、および、マネジャーの直轄組織ではないが影響下にある人々から発していた。たいていの場合、製造関係のマネジャーなら製造作業員から、マーケティング関係者なら外部の顧客から、つまりひと言でいうと、そういったミドル・マネジャーの権限と情報を用いる人たちから発生していた。

そこで提案された解答のほとんどは実用に適さないものだった。一番多くあげられたアイデアは、各人の仕事にまとまった時間を個人の仕事に向けられるように物理的に身を隠す、つまり邪魔されないようにするというものであった。これはあまり感心できる答えとはいえない。邪魔している人の持つ問題は正当なものだからである。マネジャーのほうが隠れて相手をしないのでは、問題はたまるばかりだろう。ある時間帯はマネジャーに話しかけぬよう、顧客にほのめかしてはどうかという「解答」もあった。これも好ましくない。

もっと良い方法はいろいろある。生産の考え方を応用してみよう。生産者は〝標準製品〟をつくり出す。これと同様に考えて、どのような種類の邪魔かをしっかり見きわめ、最も頻繁に顔を出すものに対し、〝標準対応策〟を用意しておくことができる。顧客は毎日毎日まったく新しい疑問や問題を持ち込むわけではない。同じような問題が繰り返し表面に現われてきやすいのだ。したがって、マネジャーは、標準対応策を使って仕事の中断に費やされる時間を減らすことができる。こういった対応策があれば、経験の少ない者にも仕事の多くを委譲することが可能だろう。

また、生産原則の〝バッチ処理〟、つまり、同じような細かい仕事を一括処理する方法を用いれば、部下から来る数多くの中断要素をまとめておいて、次章の主題であるスタッフ・ミーティングあるいは一対一《ワン・オン・ワン》ミーティングで、これをランダムではなく処理することができる。こういったミーティングが定期的に開かれていれば、好き勝手な時間にマネジャーを邪魔するのをやめて、〝予定の〟時間に疑問点や問題事項を一括して持ち込むように言っても、人々がひどく抗議することはなくなってくる。

前述のインディケーター、とくに長期にかけてためたインディケーター群を利用することによっても、マネジャーが中断事項を処理する時間を減らすこともできる。質問に答える速さは、解答に必要な情報がどのくらい速く手に入るかによって決まる。情報をまとめて保管しておけば、電話がかかってくるたびに余計な調べものをする必要がなくなるのである。

また、仕事を中断する人が、どのくらい相手のマネジャーの邪魔をしているかに気づけば、すぐに話さなければならないと思っていたことも自主規制し、回数を少なくするかもしれない。いずれにしても、マネジャーとしては、頻繁に現われる中断者に対して、問題の解決を待てるかどうか〝はっきり〟決めさせるように仕向けるべきである。したがって、身を隠すのではなく、ドアに次のようなサインを掲げるのもよい。「ただいま執務中。どうしても午後2時まで待てない場合を除き、入室はご遠慮下さい」。そして、2時にはオフィスを開放し、会いたい人は誰でも入れるようにする。ここで大事な点は、仕事を邪魔する人はそれなりに処理してもらいたい正当な問題を抱えているのだと理解してやることである。だからこそ、それを持ち込もうとするのである。だが、マネジャーとしてはその処理に必要な時間を、中断に〝代わる〟予定のミーティングあるいは面会時間に振り向けることにより、組織的に計画どおり扱うことができる。

要は、マネジャーの問題の処理の仕方にひとつの〝型《パターン》〟を設けることである。かつては不規則だったものを規則的にするのが、基本的な生産の原則であり、この原則がマネジャーを悩ます中断をいかに処理するかを教えてくれる。

4章　ミーティング——マネジャーにとっての大事な手段

ミーティングというと、あまりよく言われない。経営学のある流派では、ミーティングはマネジャーの存在につきまとう呪いやたたりであるとすら言っている。ある研究によると、マネジャーは自分の時間の50パーセントをミーティングに使っていると言い、それは時間の浪費だという趣旨のことを言っていた。ピーター・ドラッカーはかつて、マネジャーがその時間の25パーセント以上をミーティングに使っているならばそれは、組織不全の兆候であるとすら言っている。ウィリアム・H・ホワイト二世はその著書『組織の中の人間』の中で、ミーティングを、マネジャーが我慢しなければならない「非貢献的労働」として描き出している。

だが、ミーティングに関して、もうひとつの見方がある。前にも述べたとおり、ミドル・マネジャーの仕事の大部分は情報やノウハウの提供であり、物事を処理する望ましい方法を自分の感じたとおりに監督下にいる人々や影響下にあるグループに伝えることである。マネジャーは意思決定もするし、人の意思決定の援助もする。この基本的なマネジャーの仕事は両方とも、膝を交えての話合いのとき、したがってミーティングを通じてのみ遂行できる。だから、ミーティングはマネジャーが仕事を遂行する〝手段〟そのものにほかならないと、私はここでもう一度主張しておきたい。ということは、われわれはミーティングの存在の当否と戦うのではなく、むしろその時間をできるだけ能率良く使わなければならないのである。

マネジャーには2つの基本的な役割があるので、2種類のミーティングが基本的にある。ひとつは〝プロセス中心〟のミーティングと呼ばれ、そこでは知識の共有化と、情報交換が行なわれる。こうした会合は定期的に開催される。もうひとつのミーティングの目的は、具体的な問題の解決である。〝使命中心《ミッション》〟と呼ばれるこの種のミーティングでは〝意思決定〟をすることが多い。特別な目的のために随時開かれるミーティングである。

プロセス中心のミーティング

プロセス中心のミーティングを最大限に活用するには、会合に定期性を持たせるように心がけねばならない。いいかえれば、出席者はミーティングがどう進行するのか、どのような実質的事項を論議するのか、何を達成するのか、を心得ていなければならない。ミーティングは、マネジャーが処理事項を「ひとまとめ」にしてバッチ処理をしたり、「生産」の場合と同じように準備時間と努力をもって類似の管理業務を扱えるように計画がきちんとできていなければならない。また、定期的に開催されるので、出席者たちは必要な時間を予測できる。したがって、「生産管理」システムを、いろいろなカレンダーに記録されたとおりに実現できる。ということは、予定されたミーティングは他のことには影響が最も少ないという意味である。

インテル社が用いているプロセス中心ミーティングには、一対一《ワン・オン・ワン》、スタッフ・ミーティング、業務検討会の3種類がある。

ワン・オン・ワン

インテル社で、ワン・オン・ワンというのは監督者と部下の間のミーティングのことで、仕事上の関係を維持する重要な方法となっている。その主な目的は、相互に教えたり、情報を交換したりすることにある。特定の問題や状況について話すことによって、監督者はスキルやノウハウを部下に教え、物事のアプローチの仕方を提案できる。同時に、部下のほうは自分が何をやっているのか、何に関心があり心配しているのかの情報を監督者に詳しく伝えられる。寡聞にして、定例的に予定した形でのワン・オン・ワンというのは、インテル社以外ではほとんど見ることができない。外の会社から来るマネジャーにそういったやり方のことを聞くと、たいていは、「全然やっていません。私の上司（または部下）とミーティングを予定しておく必要はありません。第一、1日に何回も会いますし……」という答えがはね返ってくる。だが、上司と部下が偶然に出会うのと、あるいは具体的な問題を解決するミーティング（使命中心）とでさえ、ワン・オン・ワンとは格段の差があるのだ。

インテル社がまだ創立間もないころ、私は技術部門と製造部門の両方を見ることを命じられていながら、当社の第一線の製品ラインである記憶装置《メモリー・デバイス》についてほとんど知識がなかった。私の背景としてはまったく半導体デバイスの研究一本だったので、その製造技術についてもよく知らなかった。そこで2人の仲間が――いずれも部下だったが――メモリー・デバイスのデザインと製造法について個人レッスンをしてくれることを承知してくれた。レッスンは時間を決めて行なわれ、教師兼部下は毎回事前に準備し、レッスン中は生徒兼上司である私はせわしくノートを取って覚えようと努力した。インテル社が伸びるとともに、こうしたワン・オン・ワンの当初の気風と精神はそのまま引き継がれて、育っていった。

ワン・オン・ワンは誰がやるべきか。状況により、監督者はおそらく部下の全員、専門職から生産担当要員にいたるまで、会わなければならなくなろう。だがここでは、監督者と直接の部下である専門職の一人ひとりとの間のワン・オン・ワンについて話したい。

ワン・オン・ワンを実施する頻度はどのくらいが適当か。あるいはこう設問してもよい――こういったミーティングがどのくらい頻繁に必要とされるかを、何を基に決めたらよいのか。答えは、部下一人ひとりの〝職務または課題《タスク》での習熟度〟である。いいかえれば、ある特定の部下が、目下取り組んでいる特定のタスクについて、どの程度の経験を持っているかである。この経験とは一般的な経験を指すのではなく、年齢をいってるのでもない。後で触れることだが、特定の状況における最も効果的な管理スタイルは、部下のタスク習熟度が高くなるにつれて、密着した監督のあり方から緩やかな監督のあり方へと変化する。したがって、特殊な状況における経験が少ない部下にはワン・オン・ワンを頻繁に（たとえば、週に1回）実施し、経験に富んだベテランならば回数を減らす（2、3週間に1回というように）。

ここでもうひとつ考慮すべきことは、担当職務の領域内での状況変化がどのくらい速いかという点である。たとえば、マーケティングの場合、変化が速いので、監督者はワン・オン・ワンを頻繁に行なう必要がある。だが、研究部門では日常生活は比較的穏やかであり、また特定レベルのタスク習熟度からいっても、時折実施するミーティングで充分である。

次に、ワン・オン・ワン・ミーティングはどのくらいの時間続けるべきか。実のところ、この問いに対する答えはない。しかし、部下のほうが厄介な問題を持ち出しても充分論じる時間があると思うようでなければいけない。これはこう考えてみよう。あなたが監督者と一緒に取り上げてみたい大きな問題があるとする。その問題に対する監督者の関心も、あなたを除いては誰にも引けを取らない。この場合、それをわずか15分だけ予定されたミーティングに持ち出そうと考えるだろうか。おそらくは考えまい。ワン・オン・ワン・ミーティングは、最低1時間は続けるべきであろう。私の経験でいうと、時間がそれ以下の場合に、部下が持ち出してくる問題は、すばやく取り扱える簡単なものにおのずと限定されがちである。

ワン・オン・ワンはどこで開くべきか。上司のオフィスでか、部下のオフィスでか、それともほかの場所がよいのか。このミーティングは、できれば、部下の仕事場所か、その近くで持つべきだと思う。部下のオフィスに出向いてゆけば、監督者はいろいろなことを知ることができる。部下はきちんと片づけており、また準備もできていたかどうか。欲しい書類を探すのに何度も時間をかけなければならないか。仕事を話し合う間、始終邪魔されるか、それともそういうことは全然ないか。そして一般的にいって、その部下の仕事への取組み方はどうか。

ワン・オン・ワンの大切な点は、これが〝部下の〟ミーティングであり、その議題や調子も部下が決めるべき筋合いのものと考えることである。これにはそれ相応のまっとうな理由がある。ミーティングに対しては誰かが準備しなければならない。8人の部下を持つ上役がやるとすれば8回やらなければならないが、部下がやるならばたったの1回ですむ。したがって、アウトラインの作成は部下にさせるべきである。そうすれば嫌でも応でも部下は、取り上げてもらおうと思うすべての問題点や要点を事前によく考えることになる。このことはきわめて大切な点である。また、アウトラインをもらった上役は、ミーティングで何が行なわれるかを初めから知り、議題の「内容の濃さ」に応じてどのようなペースで会合を運べばよいかを支援してやることができる。アウトラインはまた、部下が事前に準備すべき必要な情報の範囲をも示してくれる。部下はさらに、上司と一緒に資料全部に目を通してもらうようにすべきである。

ワン・オン・ワンでは何を話し合うべきか。初めは、実績数値、部下が使用しているインディケーター、たとえば、受注率、生産量、プロジェクトの状態などを話し合うのもよい。ただし、重点はトラブルの存在を知らせてくれるインディケーターに置くべきである。前回のミーティング以後に起こった重要事項はなんでも取り上げなければならない。たとえば、現時点での採用問題、人事問題一般、組織問題、将来計画など、そしてとくにきわめて重要なのは〝潜在的〟な問題である。たとえ問題が明白なものでなくても、何かが異常だといった直感にしかすぎない場合でも、部下としては上司にそのことを率直に告げなければならない。それが組織のブラックボックスをのぞき込むきっかけになるからである。話し合うべき事項を決める最も重要な基準は、それが部下につきまとって苦しめている問題かどうかである。そういった問題はしばしばあいまいなことが多く、それが表面に出てきて、考え、解決するのには時間がかかることが多い。

上司はワン・オン・ワンで何をするか。何が起こっているのか、部下は何に困っているのか、部下が表だって説明するのを助けてやればよい。上司はそれを知り、コーチするためにそこにいるのだ。ピーター・ドラッカーはこういうときの上役のやるべき仕事を非常にうまく次のようにまとめている。「時間の使い方のうまいマネジャーは、自分の問題について自分のほうから話しかけないが、部下の側に、部下の問題をどう話させるかは知っている」

では、どうやってそれを行なうのか。「グローブの教育型マネジメントの原則」を適用してさらに「もうひとつ質問する」のがよい。ある主題について部下が言いたいことを全部話したと思ったなら、上役はもうひとつ念のための質問をしてみる。〃双方が〃問題の底にまで達したと満足感を覚えるまで質問を繰り返して、部下を励まし思考の流れを続けさせるようにすべきなのである。

ワン・オン・ワン・ミーティングを効果的にする上での物理的なヒントをいくつか提言したい。まず第一に、上司も部下もミーティングのアウトラインをそれぞれ各一部手にして、メモを書き込まなければならない。これには役に立つ点がいくつかある。私もほとんどあらゆる状況でメモを取るが、それを見直すことはまずない。メモを取るのは気持ちが散漫になるのを引き締め、見聞した情報を消化する助けとするためである。アウトラインが載った紙にメモしようとすれば、勢い情報を論理的に分類せざるをえない。それが、情報の吸収に役立つ。同じように重要なのは、「書きつけること」が意味することについてである。ワン・オン・ワンで問題が討議されると、なんらかの処置を取る必要が生じてくるが、多くは部下のほうでやらねばならないことである。上役から何か提案があったすぐ後にメモを取れば、その行為は握手と同じように、なんらかの処置をするという約束を意味する。上役のほうも、やはりメモを取っているので、次のワン・オン・ワンのときにそれがどう展開したかフォローして確かめられる。

ほんとうに時間の節減ができるのは、「保留」ファイルの使用である。上司も部下も、重要だが必ずしも緊急でないものを次回のミーティングで討議するようにためておくことができる。この種のファイルは、例のバッチ処理という生産原則の応用であり、そのための臨時の連絡の必要が少なくなることにより、両関係者ともに時間の節約になる。たとえば、前に論じた仕事の邪魔となる電話とか、不意の訪問などが当然なくなるわけである。

上司は、ワン・オン・ワンにおいては腹蔵なく問題を討議することを勧めなければならない。この時こそ、部下に影響を及ぼす、微妙で仕事には深く関係した問題をとらえて話し合うべき完全な討議の場《フォーラム》といえるからである。つまり、部下は自分自身の業績に満足しているか。何か困ったことや障害があって苦しんでいないか。自分の進む方向に疑問を感じていないか。だが、上司はいわゆる「ポロリともらすこちらをハッとさせるような本音」、つまり処理しにくいときに、思いもかけず持ち出される率直な問題点に充分な注意を払わなければならない。こういった事柄はしばしばミーティングの終わり間際に現われる。黙って聞いてやっていると、時によると、部下は、この職場にいるのが楽しくない、他に仕事を探している、というようなことを言い出すが、それに対応するには5分と時間がないということもありうるのだ。

今では遠隔地とのワン・オン・ワンが必要になっている。だが、これがうまくいくには適切な準備と注意が必要である——上司がミーティング前にアウトラインを手に入れておくとか、双方がメモを取るとかなどがそれである。メモを取るのも膝を交えたミーティングのときのようにはいかない。ミーティング後のメモの交換は、互いに相手が何をすると約束したのかを確かめるひとつの方法である。

ワン・オン・ワンは回転方式で次の予定を立てるのがよい。つまり、今やっているミーティングが終わる前に次のミーティングを決めるというように計画すべきである。そうすれば他の約束のことも勘定に入れられるし、キャンセルするようなこともなくなる。そうでなくて上司がワン・オン・ワンのスケジュールを固定化して、たとえば隔週の水曜日の朝と決めておくと、部下の休暇がその日と重なれば、ミーティングは開けなくなってしまう。だが回転方式で予定を立てれば、こういったことは難なく避けることができる。

ワン・オン・ワンの持つテコ作用はどうだろうか。たとえば、部下と2週間に1回ワン・オン・ワンを実施し、それが1時間半続くものと考えてみよう。あなたの割く90分という時間が、2週間分あるいは80時間なにがしの部下の仕事の質を上げ、かつ、部下がやっていることについての理解が高まることになる。すなわち、ワン・オン・ワンが発揮するテコ作用は明らかに大きい。こういうテコ作用が起こるのも、上司と部下の間に共通の情報ベースができ、類似した物事の取扱処理方法が確立されるからである。そして、そうなった場合だけにこそ、前述したように、能率も効率も良い有益な権限委譲を行なえるのである。

同時にワン・オン・ワンでは、部下が上司に教えることもある。上司がそれを基に良い意思決定をすることになれば、部下から学んだことは、この上ない重要性を持つことになる。最近のあるワン・オン・ワン・ミーティングにおいて、インテル社の販売部門の責任者である私の部下が、受注の傾向インディケーターを検討した。私はそういったことにはあまり詳しくはなかったが、具体的な情報をたくさん前に並べられた結果、当社の、ある事業部門の成長が止まったことを確信させられるにいたった。夏は出足が遅いのは確かだが、進行している状況が単なる季節的な傾向でないことを、彼は実証してくれたのだ。われわれはそのデータをしばらく慎重に考え、当業界の事業活動に関する他のインディケーターとの関係を調べた結果、事業速度が事実鈍化しつつあったという結論をしぶしぶながらも認めざるをえなかった。これは短期的投資に対しては控え目に出なければならないという意味であり、重大なことだった。

われわれは同じような情報ベースを共有することによって、態度、アプローチ、そして結論が――拡大計画は控え目にやることに――一致した。彼は自分の責任範囲内にある業務については、その拡大成長を減速すべきだと判断して、ミーティングの場から去っていった。私も、結論づけた事柄を部下の事業グループに伝えようとその場を立ち去った。かくて、このワン・オン・ワンは大きなテコ作用を発揮した。つまり、インテル社の一セールス・マネジャーがミーティングを通じて、私が指揮する他の全マネジャーを動かしたのである。

本題から話は少しそれるが、ワン・オン・ワン・ミーティングは家庭生活においても役に立つと、私は思っている。家にはティーンエージャーの娘が2人いるが、こういったときの父娘の会話は、普通の環境内で話し合う会話とはその口調も内容もすっかり異なってくることがわかる。ワン・オン・ワンで話すと、お互いに相手のことを真剣になって考え、複雑微妙な問題でも持ち出してくる。親子がレストランに出かけて食事をするときなどは、もちろんメモを取ったりなどはしないが、家庭でのこうしたワン・オン・ワンは、ビジネスで実施するワン・オン・ワンときわめて似ている。どちらのワン・オン・ワン方式も、私は強く推奨したい。

スタッフ・ミーティング

スタッフ・ミーティングというのは、ある監督者とその部下全員が参加する部内会議であり、したがって、同僚間での接触や交流が行なわれる機会となる。後で論じるが、同僚間での交流は、とくに同僚グループによる意思決定などが関係してくると、なかなか容易ではない。しかし、それは良きマネジメントへのカギである。われわれが次章で提唱する意思決定へのアプローチにしても、9章で述べる二重所属制度の作用にしても、同僚グループがいかによくまとまって協力するかによって左右される。スタッフ・ミーティング、つまり同僚たちが集まって互いに知合いとなったり、共通の監督者がいることが同僚相互間の交流展開の助けとなるといったミーティングの場で、出席者たちがどのような過程を経てまとまっていくかがわかれば、マネジャーは、同僚グループが中心となる他の作業集団の一員になる準備もできることになる。

スタッフ・ミーティングはまた、監督者がその場でよく起こる意見交換や対立から物事を知る良い機会ともなる。私自身の場合でいえば、不案内な問題事項も、一方だけの話を聞くよりも対立意見を持つ者同士の論議を聞くほうがはるかによく理解できる。

私が初めてスタッフ・ミーティングを経験したのは、仕事を始めて間もなくで、当時私は半導体デバイスの研究に従事する小グループのエンジニアの長だった。このグループ内の各人は、ひとつの問題を異なった切り口から研究したり、異なった問題を一緒になって研究していた。グループ内の者が他の研究員の仕事について、監督者の私以上に精通していることがしばしばあった。したがってグループ討議は、議題がどうであれ、私とスペシャリストとのやりとりよりも内容が詳細でかつ加熱しがちだったが、それだけ得ることもより多かった。

スタッフ・ミーティングでは何を討議すべきか。出席者3人以上に関係する事柄ならなんでもよい。ミーティングでの2人の話が自分たち2人だけに影響する問題にかぎられて堕してきたら、監督者はその話をやめさせて、もっと大勢のスタッフに関係するものに切り換えさせる一方、2人には後で話合いを続けるように勧めなければならない。

ミーティングはどのように構成すべきか。自由参加のブレーンストーミングのようにすべきか、それとも議題を細かく決めて調整すべきなのか。一般的にいって、後者の調整型が好ましい。そして、議題を充分な時間的余裕を持って部下に渡し、ミーティングのための考えをまとめる機会を与えるようにすべきである。ただし、スタッフがなんでも持ち出せる「自由セッション」部分の時間もつくってやるとよい。これは日常の管理的事項を処理したとき、重要な問題にひととおり目を通した後でのことである。そして持ち出された問題が、議題として取り上

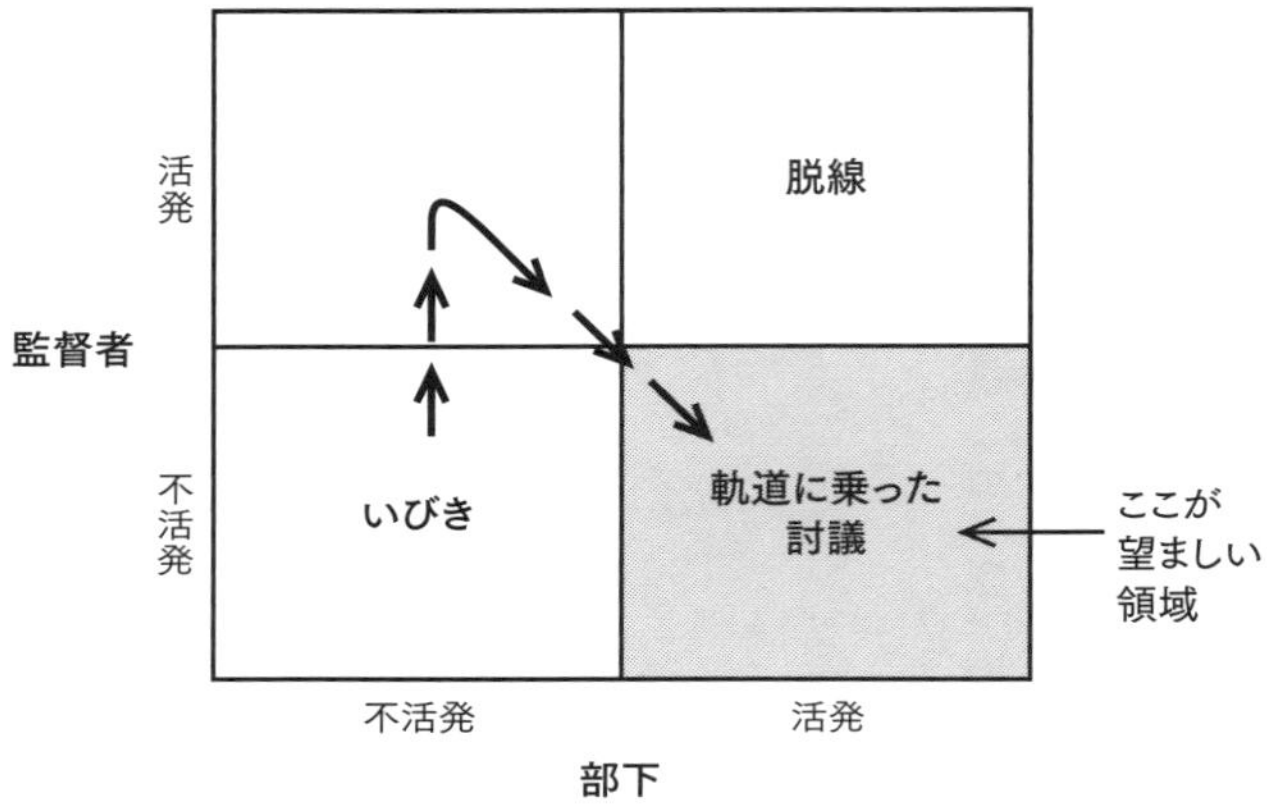

図4－1　スタッフ・ミーティングでは、監督者はつねに討議を軌道に乗せ、部下を問題研究と対応の矢面に立たせることが必要である。

げられるべきだということになったら、将来のミーティングの予定部分にその正式討議の時間を設けてやればよい。

スタッフ・ミーティングでは監督者はどういう役割を果たすのか。リーダーか、観察者か、進行係か、質問者か、意思決定者か。答えはもちろん、このすべてである。ただし、講師役だけは入っていない点にご注意願いたい。監督者はスタッフ・ミーティングの場を利用してもったいぶった話をしてはならない。それをすれば必ずや自由討議を妨げ、ひいてはミーティングの基本目的すら危うくしてしまう。

図4－1が示すように、監督者の最も重要な役割は、ミーティングの調整役であり、進行促進係であり、速さとテーマの突っ込み具合を調整するコントローラーである。理想的にいえば、討議を軌道に乗せ、部下を問題の研究と対応への矢面に立たせることである。スタッフ・ミー

ティングは、出席のマネジャーたちがグループとして長い間一緒に仕事をしてきているので、意思決定の理想的な手段になる。各人の非公式な権限はもとより公式の権限も充分に確立されており、誰がとうとうと弁じたがるのか、空想家は誰なのか、これこれしかじかのことを知っているのは誰なのかなど、お互いによく承知している。いわばスタッフ・ミーティングは家族の夕食時の会話に近い。だが、互いによく知らない人同士が集まって仕事上の討論をするのは、赤の他人同士の集団が意思決定をしなければならないようなものである。

業務検討会

業務検討会は、相互に話し合う機会のあまりない人々のための意見交換の場であり手段である。この場合の形態としては、マネジャーが各自の仕事を、直接の上司ではない他のマネジャーに、あるいは社内の他部門の同僚に対して説明する公式のプレゼンテーションをも含めなければならない。インテル社での業務検討会の基本的目的は、組織階層が数段離れている従業員、つまりワン・オン・ワンもスタッフ・ミーティングもお互いに持つ機会のない従業員の間で、教育と学習を継続させようとするものである。これは若手のマネジャーにも上級のマネジャーにも大切なものである。若手の者は上級マネジャーの述べる所見や批判や提言などを聞くことができるし、上級者のほうは問題の詳細をよく知っている人々から別の感触を感じ取ることができる。こういったミーティングは動機《モチベーション》づけのもとにもなる。つまり、プレゼンテーションを実施しようとするマネジャーは、上役のそのまた上役や他部門の同僚たちに当然良い印象を残したいと思うだろうから。

業務検討会で活躍するのは誰か。これを主催するマネジャー、検討するマネジャー、説明者、聞き手のみなである。検討会を役立つものとしようとするならば、これらの登場者には、それぞれはっきりと異なった役割がある。

ミーティングを主催すべきなのはプレゼンテーションを実施するマネジャーの上司——たとえばインテル社のある事業部のマーケティング・マネジャー——である。どういう問題点について話すべきなのか、何に触れてはならないか、何を強調すべきか、どの程度まで深く進むべきかなどについて、説明担当者を助けてやらなければならない。上司は、お膳立て（会議室、視覚材料、案内状など）についても責任がある。最後に、時間の調整役として、プレゼンテーションの時間配分、進行についても気にかけなければならない。どのような討議にしても、その所要時間を前もって判断することはむずかしいが、上司ならミーティング運営の経験が当然多いとみてよいだろう。いずれにしても、説明をする者に目立たないように身振り手振りなどで進行時間を教えてやり、説明担当マネジャーが半分も話さないうちに突然時間切れになるなどということがないようにしなければならない。

検討部分を担当するマネジャーは、その検討対象事項をあずかる上級の監督者、たとえば、インテル社の一事業部の事業本部長《ゼネラル・マネジャー》である。その役割は微妙で、あまり目立たぬものだが、きわめて重い——つまり、質問したり、意見を述べたり、その他、一般に会議を盛り上げるようなことをしなければならない。聞き手の参画意識を促進する触媒として行動し、自ら手本を示して自由な意見表明を奨励しなければならない。資料の下見はその場での自由な反応を妨げるので、決してしてはならない。上級の監督者は、出席している若手マネジャーに対する〝役割モデル〟なのだから、検討会での自分の役割をきわめて真剣に考えるべきである。

検討事項に関してプレゼンテーションをする人々たとえば、マーケティング担当の監督者グループ――は、できるかぎりスライドのような視覚材料を使用すべきである。人間には耳だけでなく、目もある。目と耳を同時に使えば、聴く人々にとって話の要点がきわめて理解しやすくなる。だが、注意しなければならないことがある。あまり夢中になって頻繁に視覚材料を使うと、すべてのチャートをめくりきろうとして、肝心の言いたいことが伝わらないこともある。経験原則としては、表、数字、グラフィックスなどを含む視覚材料ひとつにつき4分間の説明や討議が妥当かと思う。説明者は、強調したい点を色ペンや指し棒などではっきりと示さなければならない。また、説明している間は、聞き手をタカのような目でじっと見つめていなければならない。とくに、顔の表情や身振り態度を観察していれば、相手が、言いたいことをよく理解したのか、ある部分をもう一度説明し直す必要があるのか、それとも退屈しているので急いで先へ進めなければならないのかがわかるはずである。

こうした検討会では、聞き手側もきわめて重要な役割を果たさなくてはならない。良いミーティングのきわ立った特徴のひとつは、聞き手が質問をしたり、意見を述べたりして積極的に参加することである。説明者の目を避けたり、あくびをしたり、新聞を読んだりする人間などは、その場にいないほうがまだましである。関心がないということは、説明者の自信を根底から揺るがす。聞き手はこの検討会のために、一定の労働日のかなりの部分の時間を費やしていることを忘れてはならない。この時間は、自分のためにも組織のためにも、できるだけ価値あるものにすべきなのである。耳にしたことでやってみようと思った事項にはよく注意を払い、紙に書きつけなければいけない。何か腑に落ちないことがあれば質問をし、勧奨されているアプローチについていけないところがあれば、はっきりそのことを述べるべきだ。そして、もし説明者が事実を間違えたら、後日の記録のために直すのが当然の責任である。ミーティングに出席している時間も〝給与を払われている〟ことを忘れてはならない。本来なら忙しい1日のさなかでの昼寝を認められたのではない。ミーティングに出席する際には、そのままそれが仕事であることを忘れてはならない。

使命中心のミーティング

知識や情報交換のために定期的にスケジュールに組まれて開かれるプロセス中心ミーティングとは異なり、使命中心のミーティングは特別な目的のために随時開かれるのが普通で、特定の成果を上げるために、それも多くの場合、一定の意思決定に到達するようにと企図されている。このミーティング成功のカギは〝司会者《チェアマン》〟が何をやるかにかかっている。公式に司会者と呼ばれる人がいないことも多いが、どういう名前で呼ばれようとも、通常、ひとりの人間がミーティングの結果に対して、より深くかかわっており責任を持つ。事実、ミーティングを召集するのはふつう司会者か実質的司会者であり、その貢献すべきことはむしろミーティングが始まる前に固まっていなければならない。ところが、司会者が他の出席者と同じような気持ちでミーティングに姿を現わし、それでいて万事自分の思いどおり進行すればよいなどと願っていることがあまりにも多い。使命中心のミーティングが召集された目的を達しないときは、その責任は司会者にある。

したがって、司会者はミーティングの目標——何をする必要があるのか、どういう意思決定をしなければならないのか——をはっきりと理解していなければならない。自分の欲しいものを知らないで手に入れることなどはできない。これは絶対の真理である。だからミーティングを召集する前に、自分が達成しようとしているのはいったい何なのか、と自問しなければいけない。このミーティングは果たして必要なのか、望ましいのか、理由づけできるのか、と考えてみる。すべての答えがイエスでなければ、ミーティングを召集してはならない。

間接費も含めて、マネジャーの時間を金額換算すると、1時間あたり約100ドルになる。したがって、10人のマネジャーが2時間のミーティングを開くと、会社にかかるコストが2000ドルになる。たとえば複写機を購入するとか、欧州に出張する場合などのようなたいていの2000ドルもの支出は、事前に上役の承認を得なければならないが、マネジャーは気まぐれからミーティングを召集し、2000ドル相当の経営資源を投じてしまうこともできるのだ。だから、たとえ呼ばれて参加する場合でも、そのミーティング（および自分の出席）が望ましいもので正当化できるかどうかを自問自答してみなければならない。それができそうもないと感じた場合には、司会者、つまり参加を求めた人にそのことを告げるべきである。また、自分の時間と会社の資源を投じる前に、ミーティングの目的をはっきり決めることが必要である。もし、ミーティングを開く意味がなければ、早いうちに、つまり付加価値が低いうちにそれを取り消し、目的に合った、もっとコストの安い方法（ワン・オン・ワン・ミーティング、電話連絡、メモなど）での処理を考えなくてはいけない。

どうしてもミーティング開催の必要があるとなると、司会者は次のような一連のことに対処しなければならない。第一の事項は出席者に関することである。司会者は出席すべき人を確認し、その人たちをミーティングに来させるようにしなければならない。ミーティングの開催を告げて、なんとか出席してくれればありがたいなどと願うだけでは充分ではない。フォローアップして約束を取りつけることが肝要である。召集をかけた人が来られないときは、代弁する権限のあるものを送らせるように取り計らうことである。

具体的な意思決定のため召集するミーティングは、出席者が6、7人以上になると、スムーズに動かなくなることを忘れてはならない。8人が絶対に打ち切るべき上限である。意思決定は見るスポーツではない。見物人はやることの邪魔になる。

司会者は規律維持にも責任がある。遅れて出席し、みんなの時間を無駄にする者を見逃すのは犯罪ともいえる。時間の浪費は、会社の金をどぶに捨てることであり、メーターはひとり1時間あたり100ドルの割合でカチカチ動いている。遅刻者との対決を恐れてはならない。仲間の社員が２０００ドルもする事務機を盗むのが許せないのと同じく、仲間のマネジャーの時間泥棒を見逃してはならない。

最後に、司会者はミーティングの物理的なお膳立てにも責任がある。たとえば、必要な視聴覚機材が会議室に用意されていることを確かめておかねばならない。議事日程を送り、ミーティングの目的をはっきりと述べ、希望どおりの成果を上げるために各人にどういう役割を期待しているかを知らせてやらなければならない。こうした議事日程の例を次に示そう。

宛先　極東（ＦＥ）製造工場長
上級製造部長
本社建設部長
社長
発信者　極東地域建設部長
会議目的　フィリピン工場新設用地の選定
10月1日（金）午前11時〜午後1時
サンタクララ会議室2−2号室
フェニックス会議室４号室には電話会議用の接続をすること
ミーティングの目的　フィリピンの工場拡張用地の具体的決定

議題

11時0分～11時30分
製造上、考慮すべき点の説明　（FE製造工場長）

11時30分～12時0分
建設上、考慮すべき点の説明　（FE地域建設部長）

12時0分～12時45分
優先候補地を含む代替案の検討　（FE地域建設部長）

12時45分～1時0分
討議　（全員）

これは、多少型式や規律にこだわりすぎるように見えるかもしれないが、こだわりすぎなのか、逆に必要な規律なのかは各自の物の見方によって左右される。

よく準備して時間どおりミーティングに出席するようにと司会者が強制すると、やかまし屋の教練係の軍曹のように思われるかもしれない。だが、自分が準備万端整えて時間どおり出席したのに、そうでなかった人がいた場合、その人のせいで自分の時間を浪費したと嫌な気持ちになるだろう。手術室でも同様のことがあるに違いない。厳格にやることを強く言う外科医を好まぬ人もいるが、私は規律正しい外科室のほうを他の何にもまして好む患者である。

ミーティングが終わったら、司会者は行なわれたことを正しく確かめて、議事録を送り、議論の内容、決定事項、取るべき処置などを知らせる。それも、出席者が出来事を忘れてしまわないうちに、すばやく議事録を渡すことがきわめて重要である。また、議事録はできるだけ明瞭かつ具体的に記録し、何をしなければならないのか、誰がするのか、いつやるのかを読み手にわからせる。わずらわしく感じるかもしれないが、いやしくもミーティングにそもそも召集価値のあるものだったなら、議事録の作成にかかる手間は、最大限の利益の確保のためのちょっとした追加投資（しかも高いテコ作用を持った活動）にしかすぎない。

理想的にいえば、臨時の突発的な使命中心ミーティングは召集しないにこしたことはない。万事がスムーズにいっていれば、定期のプロセス中心ミーティングですべて面倒を見られるはずである。だが、現実には、万事がうまくいっていても、日常のミーティングは問題や出来事の80パーセントを処理するだけで、残りの20パーセントの処理は、やはり使命中心ミーティングに頼らざるをえない。前に述べたように、ピーター・ドラッカーは時間の25パーセント以上を会議で過ごすようなら、それは組織不全の兆候だと言っている。私ならこう言いたい――組織不全の真の兆候は、人が25パーセント以上の時間を、臨時に開かれる使命中心ミーティングで過ごすときに現われる、と。

5章 決断、決断、また決断

意思決定をすること、もっと的確にいえば、意思決定の過程に参加することは、あらゆるマネジャーにとって、毎日毎日行なう重要、かつ本質的な仕事のひとつである。意思決定する事柄は、重大なこと、些末なこと、そして単純なことから複雑なものまで様々ある。ビルを買ったほうがいいか、リースにしたほうがいいか。資金調達にあたっては社債にすべきか、株式発行でゆくべきか。この人を採用するのか、それともあの人にするのか。彼の昇給を7パーセントにするか、12パーセントにするか。燐珪《リンケイ》酸塩を用いたガラスでは、燐の含有量を9パーセントにしたら、プラスチック製のパッケージの安定性を損なわないですむか。この件は、国税法の規則939条を根拠として異議申立てができるか。部内のクリスマス・パーティに、飲み物を無料で提供したほうがいいかどうか……など。

マネジャーの命令系統が詳細に規定されている伝統的業界では、どういう人がどういう意思決定をするのかは、その会社の組織図にきちんと位置づけされてある。よくいわれるように、(意思決定する)権限は責任(管理階層の中の職位)を伴う。しかし、情報やノウハウの取扱いを主体とするビジネスでは、マネジャーは新しい現象に取り組まなければならない。つまり、ビジネスの基礎を構成する知識ベースに急激な変化が起こってきたがために、地位に基づくパワーと、知識に基づくパワーとの間に急速な食い違いが起こってきたのである。

私が言わんとしていることは……たとえば、ある人が大学で技術教育を受け、卒業したとする。その若者は、卒業当時ならびにそれから数年間は、その時代のテクノロジーの新しさに充分対応できる。したがって、採用された組織でかなり多くの知識ベースに基づいたパワーを保持している。もし仕事ぶりが優秀なら、彼はだんだんと昇進していく。こうして年月が経つにつれて、その地位のパワーは大きくなっていくが、彼の現在ただ今のテクノロジーに対する深い造詣は次第に色あせていく。別の言い方をすれば、ベテランといわれるマネジャーは、かつては優秀なエンジニアであったろうが、今は、採用当時のような技術のエキスパートではない。ともかく、インテル社では、マネジャーは日一日と少しずつ陳腐化しているのである。

したがって、インテル社のような事業では、もっと伝統的な諸々の業界でとられている意思決定のやり方とは違ったやり方をとらねばならない。もしインテル社が、意思決定にあたって、昔風の地位によるパワーを持つ人たちを使うなら、今日のテクノロジーには疎《うと》い人々によって意思決定がなされることになる。そして、一般に、ビジネスが依存しているノウハウの変化が早ければ早いほど、あるいは顧客の好みの変化が早ければ早いほど、知識によるパワーと地位によるパワーの食い違いがより大きくなるものである。もし事業が存続し繁栄していくことが、〝何を知るか〟に依存しているなら、企業はどんな意思決定のメカニズムを使うべきなのであろうか。ここでの成功のカギは、ふたたび、ミドル・マネジャーなのである。命令系統の接合

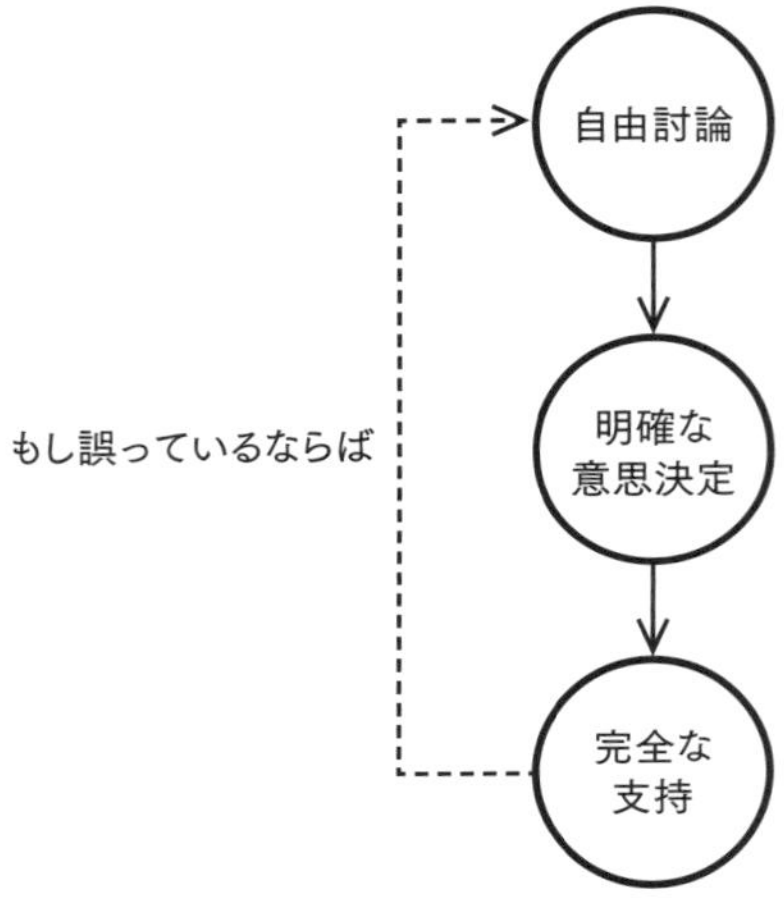

図５－１　理想的な意思決定プロセス

点であるばかりではなく、２つの型のパワーを持っている者が円滑に協力できるように目を配るべきなのである。

理想的なモデル

図５－１はノウハウ事業における意思決定の理想的なモデルである。第一段階は、すべての意見や問題点がオープンに受け入れられて議論される〝自由討論〟である。異論や反対が大きければ大きいほど、〝自由〟ということばがいっそう重要になってくる。このことは誰でもよくわかっているように思えるのだが、実行されていないことが多い。議論が白熱してくると、通常、参加者は事態の方向を感知しようとして、どんな見解が優勢であるかを見きわめるまで腰を引いていて発言しようとはしない。そういうとき、負け戦《いくさ》とな

るような立場に与《くみ》しているとみなされるのを避けるために優勢な意見のほうを支持する。一見、奇怪に思えるかもしれないが、そういう行為を奨励している組織も実際にはあるのだ。あるアメリカの自動車会社の苦悩を物語る記事を引用してみよう。「私は、解雇を言い渡された会合で、こう言われました。『ビル、一般に、この会社でうまくやっている人たちは、上司が意見を述べるまで発言を差し控え、上司の発言があったのちに、その意見を支持するよう心がけるべきなのだ』と」。これは恐ろしい管理の仕方である。こういうやり方から生まれてくるものはすべて、悪しき意思決定である。なぜなら、知識のある人が意見を差し控えるなら、問題がなんであれ、そうでないやり方に比べてずっと不完全な情報と洞察に基づいて意思決定がなされるからである。

次の段階は、ひとつの〝明確な意思決定〟に到達することである。ここでも、問題に対して大きな異論が大きければ大きいほど、この〝明確〟ということばがいっそう重要になってくる。実際上、完璧ともいえるほどの明確さを持つように、意思決定の内容や条件をとくに入念に枠組み設定しておかねばならない。ここでもまた、われわれはまさしくそれと反対の行動を取る傾向がある。つまり、ある意思決定にまだ論議の余地があると思うときは、議論を避けるために問題をあいまいにしようとしがちなのだ。しかし、あたりさわりのないことを言うだけでは結局は議論そのものは避けられず、単に延期されるだけになるからである。そうした決め方が不満な人は、その場で率直な話がしてもらえないならば、いっそう腹を立てることになろう。

最後の段階においては、その問題の関係者は誰しもが、そのグループによってなされた意思決定に対して完全な支持をしなければならない。これは、必ずしも全員の同意を取りつけることを意味しない。参加者が意思決定を支持するとの約束をするかぎり、それは満足すべき結果なのである。多くの人は自分が賛成でない意思決定を支持することには困惑を覚える。が、自分たちがそうしなければならないことも、また明らかに避けられないことなのである。みんなが同じ事実をつかみ、組織の利益を目指すという点ではみんなが一致しているときですら、心底本気で意見の相違を感じることはよくあることだ。賛成を取りつけるためにいかに時間をかけても、同意を得るのがむずかしい問題が多々あるのである。

しかし、組織というものは、あらゆる事柄についていつでも全員の同意を得ることで存続しているのではない。意思決定とビジネス上の動きを支持することを約束する人々によって、組織は存続しているのである。マネジャーが期待できることは、支持するという約束が正直に表明されていることだけである。そしてこれは、マネジャーが全員から得ることができ、また得なければならないものである。

意思決定の理想的なモデルなどは容易に出てきそうに思える。だが、今までのところ2つの階層の専門職者だけにとっては容易であることがわかっているだけである――2つの専門職とは、長い間在職して、物事のやり方に精通し、その組織固有の価値を充分に認識している上級マネジャーと、新規採用の学卒者である。なぜなら、学卒者の場合、学生が大学の勉強で使ったようなモデルを使うからである。そのモデルというのは、実験室で実験するときの学生のチームが意見の相違を解決するときのやり方である。したがって、インテル社のモデルは、若いエンジニアにとっては、これまで慣れ親しんできたことの継続なのである。

しかし、ミドル・マネジャーにとっての意思決定のモデルは、頭で知的には容易に受け入れられても、その実行となるとよりむずかしい。それはなぜなのか。ミドルの場合、しばしば自分の意見を力強く表現することに抵抗を感じるからである。また、不愉快な、あるいはむずかしい意思決定を嫌がる。しかも、自分が賛成でもない意思決定を支持することを期待されているなどという考え方を理解することは、さらにむずかしいことだからである。しかし時間はかかるが、理想的な仕組みが持つ論理というものは、究極的にはすべての人間を納得させうるのである。

このモデルが備えるべき、もうひとつの望ましく、かつ重要な特徴としては次のような点があげられる。すなわち、どんな意思決定でも、〝その処理能力段階から見て一番下のところで〟これを行ない合意に達すべきであるということ。その理由は、意思決定は、その状況の最も近くにいて、かつその状況を最もよく知っている人々によってなされることだからである。ここで「知っている」ということは「技術的な理解」のことだけをいうのではない。こういう専門能力《エクスパティーズ》は、その人の職歴の中で経験を積み、数多くの過ちを犯しながら学んでいく過程で得た判断力によって鍛えられていくものでなければならない。だから理想的な意思決定は、一方では技術的知識に対する信頼性と、他方でそのような知識を他人に適用したり応用したりしようと試みたことから受けた傷との間の中間地帯で起こるべきものなのである。

意思決定をするために、もし、前述の両方の資質を持つ人を発見できないなら、利用できる参加者間の組合わせをできるだけ最良にすることを狙うべきである。経験を積ませるためにインテル社では、特定のグループの会合にそのメンバーより上級の経営管理職の人に出席を求めるようにしている。しかし、自由討論の段階では、そこにいる全員が〝平等に〟意見や信念を述べ、地位の相違などを忘れ無視することが重要である。

わが社のマネジメント・スタイルに戸惑ったあるジャーナリストが、かつて私にこう尋ねたことがある。「グローブさん、たとえば、御社では服装が自由だとか、個室の代わりに大部屋を間切りして使うとか、指定駐車場などの優遇措置がないということですが、こういうことは、平等主義をいわば目に見える形で強調しているというよりも、うわべだけのことじゃないですか」と。それに対して私は、これは見せかけの形式の問題ではなくて、組織存続のための問題なのですと答えた。われわれのビジネスでは、毎日、知識パワーを持つ人々と地位パワーを持つ人々を結びつけなければならない。彼らが一緒になって向こう何年もの将来にわたってわれわれに影響する意思決定をする。もし、正しい意思決定を得られるようにエンジニアたちとマネジャーたちを結びつけてなければ、われわれの業界では成功できない。今や、ステータス・シンボルが、アイデアや事実や意見の流れを促進できないことは、かなりはっきりしている。スタイルの問題のように見えるものは、実は必要に迫られての問題なのである。

同僚グループ症候群

また、事業上の意思決定をする人は、誰でも誇り、野心、恐怖、不安などの感情を持っているから、このモデルの導入がむずかしい。こういう感情は、共同で仕事をする習慣がない人が意思決定を求められたときに、急に表面に現われる傾向がある。だから、われわれが提唱してきた線に沿ってスムーズに意思決定をさせない要因は何かを考える必要がある。

一番共通して見られる問題は、われわれが〝同僚グループ症候群〟と呼んでいるものである。何年も前、インテル社では、第一回目のマネジャーの研修会を行なった際に、同僚のグループが問題解決とか意思決定をする会合でどんなことが起こるかを参加者に示すいくつかのロール・プレイングをやらせてみた。参加者をテーブルのまわりに座らせ、当時の彼らが実際の仕事の中で抱えていた生々しい問題に取り組ませた。組織上では全員が対等の地位にあった。会議の司会役の議長は1ランク上の人にしたが、彼には部屋の中で何が起こっているか知らせないために、部屋から締め出した。参加者の中のオブザーバーたちにとってこの模擬会議は、進行していくにつれて自分の目と耳を信じられないような状況になってしまった。ある問題に取り組んでいるマネジャーたちは、15分も会議を空転させるばかりで、しかもなんら進展していないことに誰ひとりとして気づいていなかったのだ。

議長も呼びもどされると、席に座ってしばらく耳を傾けていたが、彼もこうした事態を信じられなかった。われわれは彼がグループの会話から何かを拾い集めようとするかのように身を乗り出しているのを見守っていた。そして次の瞬間、彼の頭上に黒雲がむくむくと盛り上がるのを見た。そしてとうとうテーブルをたたいて叫んだ。「いったいこれはどういうことなんだ。諸君は堂々めぐりしているだけで、ちっとも進んでないじゃないか!」。議長が介入した後では問題はきわめて簡単な形ですぐに解決した。われわれはこれを〝同僚プラス1〟方式と名づけ、そのとき以来、意思決定の手助けとして、必要なときにはこの方式を使ってきた。同僚同士は、会議を仕切って取りまとめるために、上役のマネジャーを求める傾向がある。その上司が、一座の中で最も有能だとか知識豊かな人物というわけでないときでさえそうである。

なぜなのか。たいていの人は、自分ひとりだけが出しゃばるのを恐れるからである。次の一文はインテル社のソフトウェア・エンジニアであるジョンの感想である。

人々が同僚の面前で意見を出すことを躊躇《ちゅうちょ》する理由のひとつは、グループの意見と異なる意見を述べることはグループに反対することにならないかと恐れるからである。その結果、グループ全員がしばらくさまよい、お互いに腹の探り合いをし、誰かがあえて旗幟《きし》を鮮明にする前のコンセンサスができ上がるまで待つ。グループにコンセンサスができかけたら、個人としての立場ではなくて同僚のひとりが〝グループの意見〟として「〝われわれ〟の立場は……であると私は思う」というような言い方で述べる。グループの名において述べられた意見があまりどぎつくない形で発表されると、あとで、得たりかしこしと付和雷同する連中がそれに飛びつき、その結果、そうした一定の立場がよりもっともらしくなり、いかにも説得力ありげに述べられることになる。

前述の自動車会社の経営幹部が説明した状況と、ジョンが説明した状況との間には相違があることに注目してほしい。前の例では、人々は上司が一番初めに意見を述べることを期待している。後者の場合には、グループのメンバーがコンセンサスができるまで待っている。人間関係の力学がいずれも異なっている。しかし、両者の根底にある共通点は、人々が自分の心にあるものをほんとうに自由には話さなかったということである。そのことがマネジャーに正しい意思決定をさせることをいっそう困難にしているのだ。

もしメンバーの一人ひとりが自信を持つならば——こうした自信はひとつには経験から、また考慮している問題に精通することからも生まれてくるが、同僚グループ症候群を克服することができる。しかし、自信というものは結局のところ、誤ったビジネス上の意思決定をしたり、不適切な行動を取ったり、提案などを上から否決されたりしても、それで死んだ人間はいないじゃないかと腹をくくるところからたいていは生まれてくる。そして、仕事に携わる全員がこの点を理解すべきなのである。もし同僚グループ症候群が明らかに現われており、しかも会議に正式な議長がいない場合は、その問題に最も深くかかわっている人が責任者となるべきである。もしそれがうまくいかなければ、コントロールしてもらうために上級者の出席を求めることはいつでもできる。その人は当面の問題に関してはグループのメンバーよりもエキスパートではないかもしれない——実際にはエキスパートでないほうがずっと多い——が、ゴッドファーザーとして、また、どのようにして意思決定がなされるかについての知識の宝庫として行動し、グループに意思決定をするために必要な自信を与えうるはずである。

知識パワーと地位パワーの両方の所有者をも麻痺させて身動きをできなくさせるものがひと

つある。それは実は単純なことなのだが、〝何か言うとばかだと思われはしないか〟という恐怖心である。上級者は、そのために自分が当然尋ねねばならない質問を自ら抑え込んでしまうことになりやすい。同じような恐怖がもとで、他の参加者はみんなに聞こえるようにはっきりとは物を言わずに、個人的に自分の頭の中で考えるようになる。せいぜい、言うべきことを隣の人にささやく程度である。マネジャーとしては、洞察力とか事実が差し控えられ、適切な質問が抑え込まれるたびに、意思決定のプロセスは当然あるべき形よりは悪くなっているものと考えておかなければならない。

これに関連して、会議の参加者が管理階層の低いレベルの人々の場合、それに影響を与える現象がある。こうしたグループの人々は、提案や意見が上から〝否決される〟のではないかという恐怖心と、それにより気まずい思いをする恐れに打ち勝つべきだ。つまり、もしグループの他のメンバーや上級のマネジャーが下級者を否定したり、その提唱している立場に反対すれば、下級のマネジャーは同僚の面前で面子を失うかもしれない。この恐怖は、制裁を受ける恐怖とか、場合によっては職を失うという恐怖以上に大きなものなので、それが下級の人々を躊躇させ、上級者に意思決定のあるべき方向を決めてもらおうとさせるのである。

しかし、問題によってはそれが非常に複雑なので、意思決定をするために召集された人々がどんな感情を持っているかなど、正直なところ本当に確かめることはできない。知識のパワーと地位のパワーが分かれているとき、この不確実感はことに鋭くなる。なぜなら、知識のある人々は、意思決定に影響する、純粋に事業の部分にのみかかわる要因だけでは満足しない場合が多いからである。しばしば耳にすることは、「会社（あるいは事業部あるいは部）がわれわれに何を求めているのかわからない」ということばである。同じように、地位のパワーを持っているマネジャーは、正しい意思決定に到達するための技術上の細かい点までは充分に知っていないことを認識しているので、何をすべきかがわからない。だが、そのような障害に打ちのめされてはならない。われわれは英知を授けられ、意志力に恵まれている人間存在なのである。うっかり口を開くとばかだと思われはしないかという恐怖とか、上から否決される恐怖とかを克服する上で、われわれは英知と意志力を活用できる。英知と意志力こそが議論を始めさせ、一定の立場を抱きながらも話合いの第一線へと出るようにさせるのである。

アウトプットへの努力

時によっては、いくら討論の回数を重ねてもコンセンサスが生み出されないことがある。しかも意思決定すべきときが明らかにやって来ているという場合である。こういったときには、これまでグループを指導し、コーチし、誘導してきた上級マネジャー（すなわち〝同僚プラス1〟）が自分自身で意思決定するよりほかはない。もし意思決定プロセスがこの時点にまで正しく進行してきていれば、上級のマネジャーは、自由討論の利点を充分に生かした意思決定を伝えることになる。地位のパワーから来る偏見から解放されて、見解、事実、意見、判断などのすべての問題点が表に出るからである。いいかえれば、もし明らかに意思決定段階に到達していれば、たとえコンセンサスが生まれていなくても、上級者が地位のパワーを使うことは正しいことである——事実、時には避けられない。だがそれより早い段階でそのパワーを振るうことは正しくないし、現にそれは破壊的ですらある。しかし、これは多くの場合なかなかむずかしいことである。アメリカ人は意識的に明示の形で地位のパワーを行使することを躊躇しがちである——命令をするということはそんなに「かっこうの良い」ものではない。だからといって、上級マネジャーのそのような躊躇は、意思決定プロセス——とくに自由討議という第一段階を長引かせ、はては最適時点を過ぎてもなお意思決定が延期されることになりかねない。

もし意思決定段階に早く入りすぎるかあるいはあまり待ちすぎると、自由討議の利点をフルには引き出せない。こういった際に従うべき基準はこうである……機が熟さない状態では、意思決定を強引に求めないこと。会議の初期段階では、とかく出がちな表面的なコメントよりも、ほんとうの問題点に耳を傾け考慮したかどうか確認すべきである。しかし、問題のあらゆる側面が洗い出され、すべて聞くべきことは聞いたと感じたならば、コンセンサスを強く求めるときである——そして、コンセンサスを得ることができなかったら、介入して意思決定をしなければならないときである。時には自由討議はコンセンサスを求めるための果てしのない探求となってしまう。そういう事態になったら、せっかく正しい方向に接近はしているのに、正しい意思決定に到達するチャンスは少なくなって、あるべきコンセンサスから離れて漂い動くことになる。したがって、正しいときに意思決定をするように動き出すことは不可欠である。

基本的には、マネジャーが行なう他のことと同じように、意思決定には〝アウトプット〟が伴う。この場合アウトプットとは意思決定そのものである。経営管理上の他のプロセスと同じように、マネジャーが期待していることを当初に正確に述べておけば、意思決定は、高品質のアウトプットを時期よく産出する可能性がいっそう高い。いいかえれば、経営管理の重要な課題のひとつは、事前に次の6つの重要な質問を自問自答してみることである。

■どのような意思決定をする必要があるのか?
■それはいつ決めなければならないか?
■誰が決めるのか?
■意思決定をする前に相談する必要があるのは誰か?
■その意思決定を承認あるいは否認するのは誰か?
■その意思決定を知らせる必要がある人は誰か?

私がかかわった最近の意思決定で、これら6つの問いかけがいかにして行なわれたか、実例をあげて説明しよう。インテル社では、フィリピンの製造工場を現状の生産能力の約2倍に拡張することをすでに決定していた。次の問題はどこに建てるかであった。既存工場の隣接地で利用できる用地はごくかぎられていた。しかし、他の条件が五分五分の場合、そこに工場を建てれば、一般管理費と通信設備を共有することができ、2つの工場間の輸送費は実質的にはゼロに等しく、従業員はひとつの工場から他工場へきわめて容易に異動させることができるので、最も好ましいことであった。それに代わる案は相当離れた場所でもっと安い土地を買収するというものだった。そうした土地は安いばかりではなくて充分な広さもあり、そこなら比較的安く1階あるいは2階建ての建物を建設することが可能であった。既存工場の近くの土地を買収すると、必要な床面積を確保するために高層にしなければならないが、高層の半導体製造工場はとても能率的とはいえない。そのことがわれわれをためらわせた。だが、すでに所有している土地の隣接地に第二の建物が持てれば素晴らしいことだ。あれや、これや、行ったり来たりの討議が重ねられた。

ここで6つの質問をあてはめてみよう。〝どのような〟意思決定が必要なのかは明白である。既存工場の隣接地に高層の建物を建設するか、新しい遠隔地に1、2階建ての建物を建設するかである。〝いつ〟という質問については、われわれの長期計画に従えば、2年あるいは2年半先に新工場が必要になる。もし時間について逆算するならば、意思決定は1カ月以内に行なわなければならない。これが〝いつ〟に対する答えである。

〝誰が〟決めるのか。施設兼建設担当者か、それとも製造工場を管理するグループか、答えは容易ではない。前者は建設コストと建設の困難さには敏感なので、おそらく新しい場所を選ぶ方向に傾くだろう。工場管理グループは、2つの工場が隣接することによって得られる操業上の利点を知っているので、おそらく高層を選ぶだろう。したがって、意思決定機関は、極東地域建設部長、その上司である本社の建設部長、極東地域製造工場長とその上司である本社の上級製造部長により構成された。会議は、2つの組織から、それぞれ同列の地位の人々を参加させるものとなった。異なった利益集団がただひとつの意思決定をしなければならないことをめぐる微妙なむずかしさは、実際の企業活動ではごくありふれたことである。このような会議では、両者がほとんど同等な立場で発表させることが重要である。このようなバランスを取ることによってのみ、公平な意思決定が出てくるからである。参加者個人はそれぞれ事前に部下スタッフと相談し、それに関連のあるあらゆる知識と見解を集めていた。

〝誰が〟その意思決定を承認し、あるいは否認するのか。両組織の上級マネジャーの直属上司は私自身である。また、これは社長自らが関与すべきほどの大きな問題であることも事実である。さらに私はフィリピンの拠点のこと、既設の工場のようなものがどのように操業しているかもかなり詳しく知っていた。そこで、その意思決定を承認するか否認する人間として私が選ばれた。

この意思決定を〝誰に〟知らせる必要があるか。私は取締役会長であるゴードン・ムーアを選んだ。彼はそのとき考慮中の製造工場などに直接的なかかわりを持つ人ではない。しかし、極東に工場を毎日ひとつずつ建てるわけでもない。したがって、彼も何が起こっているのか当然知るべきである。

これが意思決定の仕方であった。地図、建設計画、コスト、土地代、交通網を研究し、数度にわたって、重要と考えられるあらゆるものを考慮した上で、担当グループは、既存工場の隣接地に第二工場をつくるが、4階建てができるような工場面積だけを確保するという意思決定をした。それを越えると、コストが急上昇するからである。これは、前章で説明した議題と一緒にすべての関連事項を含めて、会議の場で私に説明された。私はグループが考慮した代替案の説明に耳を傾け、なぜこちらを選択したかの理由を尋ね、一連の質問を投げかけて両方のグループの情報とその思考過程の両方を検討し、その意思決定を承認した。したがって、私はゴードン・ムーアに結論を知らせた。読者がこれを読むころには、工場は建設中か、あるいはすでに操業中のはずである。

意思決定がなされるにあたって、首尾一貫した方法を採用することは、単に意思決定自体をはかどらせるだけではなくて、それ以上の価値がある。意思決定に到達するために、人々は大変なエネルギーを費やし、情熱を傾ける。その後になって、重大な権限を持つ人間、つまり諾否する権利を持つ人間が当の意思決定を知ることもある。もし彼が否認すれば、後から出てきてせっかくの意思決定をくつがえす嫌なやつと見なされるだろう。もちろんそのようなことが起これば、長い間そのために苦労した人たちをがっかりさせることになる。そこでだしぬけに否認されればそれがどんなにメリットがあり正当性があっても政治的に操作をしたという印象は避けがたい。政治的操作やそう思われるものは、たとえそれが何であっても、そしてどんな犠牲を払ってでも払拭すべきである。そして、意思決定プロセスをまっすぐに推し進めるには、〝事実が発生する前〟に、前述の6つの質問が課している組立て方を適用することほど良い方法はないと思うのである。

最後にもうひとつ。最後の決定が意思決定プロセスに参加した人々の期待とは大幅に違ったとき（たとえば私がフィリピンの工場計画をすべて中止した場合）、発表はすべきであるが、それだけでその問題から逃げ去ってはならない。人々は、調整し、なんとか納得し、一般にはもう一度鳩首凝議《きゅうしゅぎょうぎ》する上で、時間が必要である。その場では散会させ、参画した人々が挫折感から回復する機会を得たあとで会議を再開したときに、その意思決定についての意見を求める。これは全員が予期せぬことを受け入れ、我慢するのを学ぶことに役立つ。

もし良い意思決定過程が複雑なものに思われるならそれはまさにそういうものなのであり、ずっと長期間複雑だったものなのである。生涯、意思決定に明け暮れていたアルフレッド・スローンのことばを引用しよう。「グループによる意思決定は必ずしも容易に得られるものではない。時にはわずらわしい討論というプロセスを経ずに自分で意思決定をしたがる指導的地位にある幹部も出がちである」。実際そのプロセスは面倒であるがために、人々は時にはそれから逃げ出そうとする。私がかつて知っていたひとりのミドル・マネジャーはある有名なビジネス・スクールを卒業し、われわれが「ジョン・ウェイン」型と呼ぶ精神構造を持っていたが、インテル社の意思決定プロセスに嫌気がさして辞めていってしまった。彼は、ある会社の採用面接で、「うちの会社では個人個人が自由に意思決定し、実行することを奨励している」と雇用側が保証したので、その会社に入社した。4カ月後、彼はインテル社にもどってきた。彼はその理由をこう説明した。もし自分が誰にも相談せずに意思決定ができるならば、他の誰もがまた、それができるはずなのでと。

6章　計画化《プランニング》――明日のアウトプットへの今日の行動

計画策定方式《プランニング・プロセス》

たいていの人は「プランニング」はマネジャーにとってとくに高尚なる職責のひとつであると考えるが、それは――われわれはみな、「マネジャーは計画し、組織し、統制するものである」などということをどこかで学んだからである。しかし実際のところ、プランニングなどはごく日常的な活動なのである。それは誰しもが個人生活や職業生活において、格別鳴り物入りではなくていつでもやっていることなのである。たとえば、朝、車で通勤する人は、ガソリンが必要かどうか見きわめる。まず、タンクの中にどれだけガソリンがあるかをメーターで見る。どれだけの距離を走る必要があるか見積もる。そして事務所への往復にはどれだけのガソリンが必要か大雑把な推定をする。心の中でガソリンの必要量と現在量を比較して、ガソリンを補充するためにガソリンスタンドに立ち寄るべきかどうかを決める。これだってプランニングの簡単な一例なのである。

プランニングの力学《ダイナミックス》は、基本的な生産原則に立ちもどって理解するのが最良であろう。2

章で学んだように、工場の将来のアウトプットをコントロールする主要な方法は、需要を予測するシステムを利用することであり、またそうした予測システムを構築することである。われわれは現在の、また予想される注文を満たすために工場を操業している。われわれの仕事は工場のアウトプットを特定時における注文とマッチさせることである。もし予想したアウトプットが予想した市場需要とマッチしなければ、追加生産を始めるか、逆に生産過剰のときには生産を減らすかのどちらかである。したがって工場における計画方法を要約すれば、次のようになる。

ステップ1——製品への市場需要を見きわめる。ステップ2——調整をしない場合なら工場は何を生産するか決める。ステップ3——生産計画を調整することによって、市場需要の予想と工場の予想アウトプットとを一致させる。

マネジャーの一般的なプランニング・プロセスは類推思考から成り立っている。ステップ1は予想したニーズあるいは需要を決めることである。つまり、自分に対し、あるいは自分のビジネス、あるいは自分の組織に対して要求される環境要件は何かをである。ステップ2は現状を把握することである。つまり、現在生産しているものは何か。今、パイプラインの中に入っているプロジェクトが完了したら何を生産しようとするのか。これをいいかえれば、現在やっていることと異なったことをまるでやらないなら、自分のビジネスはどこへ行き着くのか。ステップ3はステップ1とステップ2を比較し調和させることである。すなわち、環境が要求するものを生産するためには何をどれだけ多く（あるいは少なく）する必要があるのか。それぞれのステップをもっと詳細に考えてみよう。

ステップ1――環境が要求するもの

とにかく、環境はどうなっているか。組織の中のあなた自身のグループを独立した会社だと仮定してみよう。あなたの環境は、自らしていることに直接影響する他の同じようなグループから成り立っていることがわかる。たとえば、もしその会社の郵便物取扱い室《メール・ルーム》のマネジャーであるとすれば、その環境は、あなたのサービスを必要とする顧客（会社の他の全部門）、一定の処理能力（郵便料金計量器、郵便カート）を提供する仕入れ先の供給業者、そして最後に競争相手から成り立っている。もちろん、社内には競争相手はいない――しかし、業績を判断し、標準を設定する方法として、ユナイテッド・パーセル社のような宅配業者とあなたのサービスを比較することができる。

環境を検討するときには、何に目をつけるべきか。顧客側の期待と、あなたのサービスのやり方と実績についての認識の度合を見きわめるべきである。また、電子メールなどの技術進歩や他の代替的処理方法に関しても後れを取らないようにしなければならない。さらに、供給業者の能力を評価すべきである。あなたが所属する組織の他のグループの遂行能力や業績もまた評価すべきであろう。（輸送部門のような）他のグループは自分の仕事を達成する上でどの程度の好影響を与えているか。そのグループはあなたのニーズを満たせるのかなど。

環境を構成する要件を見きわめたら、2つの時間枠でもってそれを検討しなければならない。

つまり、現在と将来の時点――1年後といっておこう――の2つである。そこで次の質問が出てくる。顧客は現在何を要求しているか。自分は顧客を満足させているか。今日から1年経ったら、何を期待するであろうか。必要なのは、環境が現在要求するものと、今日から1年後に要求すると思われるものとの差異を浮きぼりにさせることである。このような〝差異分析〟は不可欠である。なぜなら、もし現在の活動が事業面での現在課せられた要求を満足させるだけのものならば、それ以上のものや新しい何かを考える場合には、その差異を埋めるようにしなければならないからである。この差異に〝対応すること〟が実際上、プランニング・プロセスにおける主要な成果なのである。

この段階で必要なのは、現実に問題を処理するための実際的なステップは何であるかを考えることだろうか。否《いな》、それは問題を混乱させるだけである。たとえば、マーケティング部門が、ある製造部門の生産引渡し能力を勝手に評価したものを基準にして需要予測を調整するとすれば、工場はどうなるであろうか。もしマーケティング部門が、ある品物を月に100個販売できることを知っていながら、製造部門が10個しか生産しえないと考え、10個という需要予想を提出したとすれば、製造部門は〝真実の〟需要を満足させるための機械器具の設置や整備をしないだろう。

ステップ2――現状把握

プランニングの第二のステップは現状を判断することである。現在の能力と仕掛りのプロジェクトをリスト・アップすることによってこれが可能となる。この説明をするときには、同じ条件、たとえば需要の説明の際に使われたような「同一通貨単位」を使うべきである。たとえば、もし需要が完成されたプロダクト・デザインという表現でリスト・アップされているなら、仕掛り品は部分的に設計ができ上がっている製品設計として表記すべきであろう。また、タイミングを見る必要もある。すなわち、これらのプロジェクトはいつ「パイプライン（処理工程）」の中から出てくるのかを自問してみることだ。現在動いているプロジェクトは、すべて完了できるのか。いや、いくつかは廃棄されるとか流される可能性がある。こういう要因を予想のアウトプットに割り込ませておくべきである。統計上では、半導体製造における原材料の最終製品化の歩留りは80パーセントである。同じように、すべての場合に正確であるということは不可能なので、経営管理プロジェクトとしては一定比率のロスを考慮しておくだけの慎重さがあったほうがよい。

ステップ3――ギャップを埋めるためになすべきこと

プランニングの最終ステップは、環境が要求するものと現在の活動によって生み出されるもののギャップを埋めるために、新しい仕事《タスク》に着手するとか古いタスクを修正したりすることである。それには次のような質問をしてみることだ。第一は、ギャップを埋めるために何をする〝必要〟があるか。第二は、ギャップを埋めるために何が〝できるか〟。それぞれの質問を個々に考え、それから、あなたの活動がギャップを狭める上で〝どんな影響〟を〝いつ〟与えられるかを評価しながら、実際に何をするかを決めることだ。こうして決めた一連の行動があなたの〝戦略〟なのである。

何が戦略であり、何が戦術かについては多くの混乱がある。それを明確に区別することにはあまり実際的な意義がないかもしれないが、有益であると思われるものをここにひとつあげておこう。何をやるか計画したことをことばで公式化するに際して、それら意義がある諸活動を煮詰めて最大限に抽象化し、要約したものが戦略である。その戦略を実行に移すために取る行動が戦術である。ある経営管理レベルにおける戦略は、それより高位のレベルでは往々にして戦術となる。前述の郵便物取扱い室の例にもどろう。本社の通信担当マネジャーが、全製造工場間に電子メール・サービスを導入しようと決めたと仮定しよう。これは彼の戦略である――工場間のコミュニケーション能力を改善しようとする計画である。そこで、郵便物取扱い室のマネジャーは電子メール設備が導入されたときにサービスを提供するための一定のことをしなければならない。たとえば、その戦略は郵便取扱い室にプリンターを設置し、ビル中どこへでも印刷されたコピーを配達するサービス・システムを確立することかもしれない。この場合、郵便室マネジャーの戦略は、本社の通信担当マネジャーにとっては戦術なのである。

実例をあげると

ブルースはインテル社のマーケティング・マネジャーである。現在自分の置かれた環境と状態を分析してみると、膨大な量の手持ちプロジェクトを処理できそうな人間は部門内に3人しかいなかった。望ましい将来の状態を考えると、どのプロジェクトももれなく完成させなければならないという結論が出た。もしひとつでも完成できなければ、かなりのコスト増になる上、後でもっと手がかかると判断したのである。しかし、予算上はこれ以上の人を採用する余裕がないので、ブルースは完全にジレンマに陥った。そして、自分にできることは、せいぜいギャップを少しばかり狭めることだと悟った。プロジェクトとグループの能力とを歩み寄らせることくらいであり、このギャップを完全に埋めてマッチさせることは不可能だった。

ブルースは多くの、さして重要でない仕事をできるだけ会社内の他のグループ——自分の部下に比べて資格要件が低く、しかもあまり忙しくないグループ——に移そうと決めた。また自分のマネジャーと相談して、夏期休暇中の学生を使い、やさしい内容の仕事の手助けをさせようとした。それから、彼のグループの業績を細かくモニターしようと決心した。また、たとえば、一部の仕事を完成させる職務を会社内の他の同じようなマーケティング・グループと分担して両者間の重複し合った活動をなくすなどというように、より長期的に見て役に立つ他の道をも探し始めた。最後にブルースは自分の組織の規模を拡大する要請をし始めた。彼の計画——それに、その仕事と処理能力をフルに結合させても、これ以上は無理をしても一歩も進めないという現実が明らかになったこと——がこうした要請をすることの基本となったのである。

もうひとつ別の例をあげよう。前に述べた、わが社の製造工程エンジニアであるミドル・マネジャーのシンディは、工場で複雑なマイクロ・チップを生産する工程の保全と改善の担当である。彼女は自分の置かれた環境を「(いろいろな) 客観的対象(物《もの》)」と「(いろいろな) 影響（要因）」の集合体として考えている。「客観的対象（物）」とは、これまで生産現場でテストしたことがない新しいプロセスとその製造工具である。「影響（要因）」というのは、彼女の仕事に直接あるいは間接的に影響を与える人間のことである。たとえば、開発エンジニアは、開発した新しいプロセスの導入を決める前に彼女からの実験や文書作成《ドキュメンテーション》の要求が〝少ない〟ことを期待する。ところが、製造エンジニアはその同じ新しいプロセスについて実験と文書作成《ドキュメンテーション》が〝多い〟ことを期待する。そして最後に、チップの出荷に専心し、そのために彼女の援助が必要な製品《プロダクト》エンジニアがいる。彼らは製造チームの他のメンバーと一緒になって、できるだけ早く新しいプロセスが製造可能となり、新しい製造工具を使用できるようにと、彼女にプレッシャーをかける。シンディはコンサルタントのような行動を取り、製造可能かどうかについて彼女に影響を与えるグループにアドバイスする——いわば、製品、プロセス、工具をスムーズに流すのに必要な事柄を設定する首席調整者である。彼女の「顧客」は、生産現場それ自体である。そして彼女の「供給業者《ベンダー》」は製造、開発、プロダクト・エンジニアリングからなる技術グループである。

シンディが現状をよく分析したところ、開発グループからもらう必要な実験データがいつも不完全な形で来ることがわかった。その問題をさらに調べてみると、完全なデータを提供し、スケジュールを守ることは、開発エンジニア側が設定した優先順位として必ずしも高くないことがわかってきた。彼女としては自分が目指すべきところを定めるにあたっては、すべての将来の新プロセスおよび生産機械がテストされ、欠陥が除かれ、実際に試運転していなければならないことは明らかであった。そして最も重要なことは、それが、製造エンジニアによって、受け入れられ使用されるための必要なデータを伴っていることである。彼らは、過去に問題があったため、それを強く要求するようになっていた。

シンディはそこに到達するための戦略——活動計画——を明確に規定した。そして、新しいプロセスを導入し、工具を使用する前にどんなステップが完了していなければならないかを正確に明示した。計画全体が適時に完了するためにいつどのステップが必要か決める際には、時間の相殺法《オフセット》（朝食工場を思い出していただきたい）を使用した。次は、開発エンジニアのマネジャーに彼女の詳細なスケジュールに同意させることであった。お互いに同意した目標を達成するために自分と相手が何をしなければならないか——そして、いつまでに——を話し合った。最後に、順調に進んでいることを確認するため、「供給業者《ベンダー》」のすべてを週1回を基準としてモニターすることを決めた。また、カギとなる日付（インディケーター）に間に合うように動機づけをし、潜在している問題を知らせる（ブラックボックスの窓）目的で、日程に照らしての遂行実績を公表することにした。

プランニング・プロセスのアウトプット

ブルースとシンディの活動の基本は、そのプランニングが、〝将来〟の出来事に影響を与えるために〝現在〟達成しなければならない仕事《タスク》を生み出した点にある。私がこれまで見たところでは、今日のギャップを認識してそれを埋めるために、懸命に意思決定しようとしている人々があまりにも多い。しかし、今日のギャップは過去のいつかの時点で計画したときの失敗を表わしている。今日の問題を改めるのに必要な意思決定に集中することを強いられるのは、比喩的にいえば、車のガソリンが切れてしまって慌てておたおた走り回っているようなものだ。早目に満タンにしておくべきだったことは明らかである。このような運命に陥るのを避けるために、計画するときに解答しなければならない問いがあることを思い出そう。それは〝明日〟の問題を解決するために〝今日〟何をなすべきかについてである。

このようにプランニング・プロセスの真のアウトプットは実行に移すべき一連の仕事《タスク》なのである。たとえば、インテル社の年次計画のアウトプットは、全組織を通じてなされた思考の結果として取られた行動と提案され実施された変更事項である。私自身、最終的にまとめられた『年次計画書』などといわれる部厚い報告書はほとんど見もしない。いいかえれば、プランニング・プロセスのアウトプットはプロセスの結果としてなされた〝意思決定〟と、取った〝行動〟なのである。

計画担当者はどのくらい先まで見るべきなのか。インテル社では、年次戦略長期計画を論じる場では今後5カ年先までのことを検討する。しかし、ここで実際に影響を受けるものは何か。それは〝翌年〟であり、それ以外にはない。われわれは、翌年の長期計画会議において再度、5カ年計画を練り直すこともできる。その際にはその年が第二の5カ年計画の最初の年となる。したがって、自分が実行しているのは、現在と次の検討時との間の時間帯の中に存在する計画の一部分だけだということを心に留めておく必要がある。ほかのすべてのことはあらためて見直す機会があるのだ。また、われわれはあまり頻繁に計画を立てぬよう心がけなければならない。自分たちの意思決定の影響を判断し、その意思決定が正しい軌道に乗っているかどうかを判断する時間的余裕を持つべきなのだ。別のことばでいえば、次回の計画にとって欠くべからざるフィードバックが必要なのである。

プランニング・プロセスには誰が参画すべきか。組織の中の実施担当マネジャーである。それはなぜか。というのは、計画立案者が計画を実行する人と異なっていてもかまわないとする考え方は通用しないからである。プランニングはひとつの独立した専門職《キャリア》ではありえないものであり、むしろ、カギになる経営管理活動であり、組織の将来の業績に大きな影響を与えるテコなのである。しかしこのテコ作用は、プランニングと実行がよく組み合わされ、まっとうに協力してこそ実現できるものなのだ。

最後に、次のことを忘れないでいただきたい。プロジェクトに対して、あるいは一連の活動、あるいは何に対してでも「イエス」と言うことは、その他のことについては「ノー」と暗黙のうちに言うことになる。ひとつの約束をするたびに、何かそれ以外のことを約束する機会を喪失するのである。もちろん、これは避けがたく逃れがたいものであるが、有限の資源を配分する以上当然のことである。計画を立てる人間は、なんらかのプロジェクトを発表するばかりでなく、なんらかのプロジェクトをやめるわけだから、「イエス」と笑って答えるばかりではなくて、「ノー」と頭を振る気迫、正直さ、規律を身につけていなければならない。

目標による管理——日常業務にプランニング・プロセスを適用すると

目標管理システムは、われわれの持つ関心事はとかく短期的なものになりがちなので、環境が自分に何を要求しているかよく知らねばならないという仮定から出発している。したがって、目標管理（MBO）はプランニング・プロセスの第二、第三段階に集中していて、それらを具体的なものにするのに大変な努力が払われている。MBOの背後にある考えはきわめて簡単なものである。つまり目的地を知らずして、そこへ行き着くことはできないということ。いいかえれば、昔のインディアンの諺のように、「目的地を知らないなら、どの道を通ってもそこに行き着く」ということなのである。

MBOシステムが成功するには次の2つの質問に答えさえすればよい。

1 わたしはどこへ行きたいか？ （その答えが〝目標〟になる）

2 そこへ到達するためには自分のペースをどう決めるか？ （その答えがマイルストーン、すなわち〝主要成果《キー・リザルト》〟になる）

目標とキー・リザルトを説明するために、次のようなことを考えてみよう。私は1時間以内に飛行機に乗るために空港へ行きたい。それは私の目標である。そこへ到達するために、A、

B、Cという3つの町を通ってドライブしなければならないとしよう。わたしのキー・リザルトは、A、B、Cの町にそれぞれ10分、20分、30分で到達することである。もし20分間ドライブしても、まだA町に到達しなければ道に迷ったのである。高速道路から降りて、方角を誰かに尋ねなければ、飛行機には間に合わなくなろう。

MBOシステムが焦点をあてる期間はどのくらいであるべきか。MBOは現在行なっている特定の仕事《タスク》に関連するフィードバックを提供するために考案されたものである。それは〝どんな〟進み具合か、調整が必要なら〝どんなことを〟調整すべきかを教えてくれるべきものである。たとえば、必要ならば高速道路から降りて道を尋ねるなどさせるものである。フィードバックが効果的であるためには、それが測定している活動が起こったならただちにわかるようにしておかなければならない。したがって、ひとつのMBOシステムは、比較的短時間の目標を設定しなければならない。たとえば、われわれが1年を基準として計画するならば、これに対応するMBOの時間枠は少なくとも四半期ごとか、あるいは月に1回ということにもなる。

MBOシステムの特筆すべき長所のひとつは、焦点が絞れるということである。これは目標数を少なくすることによって可能である。が、実際は、なかなかできない。そして、ごたぶんにもれず、われわれは「ノー」と言えないことの犠牲になってしまう。そういう場合は、目標があまりにも多すぎるのが欠陥となる。われわれは、すべてに焦点をあてようとすることは、どこにも焦点をあてないのと同じだと悟り、この認識の上に立って行動しなければならない。ごくわずかの厳正に選んだ目標だけが、われわれが何に「イエス」と言ったのか、あるいは

「ノー」と言ったのかについての状況報告《メッセージ》を明確に伝えてくれるのだ――そしてこのメッセージこそ、MBOシステムが働くために持たなければならないものなのである。

2つの事例

MBOになじむために、コロンブスの新大陸の発見をひとつの事例として検討してみよう。もっとも、私の話は、小学校の教科書に出ていることを私流にかなり勝手に説明したものではあるが……。1491年の年次プランニング・プロセスのおかげで、スペイン政府は、もし武器や弾薬の購入資金が入手できなければ戦争――その戦争は誰でもまったく必要だと感じていた――を継続することはできない、という結論を出した。スペイン領土からムーア人を駆逐することは、イザベラ女王の政府の最高目標であったので、女王はそのための資金を調達する必要があった。女王はスペインの外国貿易収支を大幅に改善することによって資金を得ようと決心した。そこで、臣下であるクリストファー・コロンブスに話し、その目的を知らせた。コロンブスは女王の望みを達成する様々な方法を考えることを承知した。やがて、いくつかの提案を持って、ふたたび女王の前に赴いた。その提案の中には、海賊に荒らされない英国行き航路の発見と、おそらく東洋への新航路の発見も入っていただろう。イザベラとコロンブスはすべての問題を自由に討論し、ついに彼が東洋への新航路を探すという明確な意思決定に到達した。

決断が下されたので、コロンブスは自分の意図を達成するためにやるべきことをあれこれ考え始めた。MBOの用語でいえば、女王は〝自分で〟自分の目標（スペインの富を増加する）

を設定した。続いてコロンブスと女王は〝彼の〟目標（東洋への新航路発見）について同意した。コロンブスはそこで自分のペースを設定するためのキー・リザルトが何かを編み出そうとした。何隻かの船の手配、乗組員の訓練、試験航海の実施、そして出帆などなど、いろいろなことをそれぞれ指定の期限を決めて行なった。

イザベラ女王の目標とコロンブスの目標の関係は明白である。女王は国富増大を希望し、コロンブスは東洋への安全貿易ルートの発見を望んだ。そして、われわれはそれぞれの上下関係をなす目標が入れ子状に次々にうまく納まるヒエラルキーがそこにあるのがわかる。もし部下の目標が達成されれば、監督者の目標もまた達成されることになる。

さて、キー・リザルトはゼンマイ仕掛けのように規則正しく生み出されもするが、なおかつ目標を達成しそこなうこともありうる。コロンブスにとって、キー・リザルトは比較的容易に達成できるものだったが、中国への新しい貿易ルートを発見できなかったことはほぼ間違いない。つまり、彼は自分の目標を達成することに失敗したことになる。

厳密な意味でのＭＢＯでいえば、コロンブスは失敗したわけだが、業績を正しくあげたことになるのだろうか。彼は新大陸を発見した。そしてそれはスペインにとっては計りしれない富の宝庫となった。このように、たとえ特定の目標は達成できなかった部下でも、優れた成果をあげ、正しく評価されることは可能である。ＭＢＯシステムの意図はひとりの人間のペースを設定すること――ひとりの人間が自分の手にストップウォッチを持ち、自分の業績を測定できる――にある。それは考課の基準となる公的文書ではなくて、個人がいかに正しく行動するかを判断するためのひとつのインプットにしかすぎない。もし監督者が機械的にMBOシステムに依存して部下の業績を評価したり、あるいは、部下が杓子定規《しゃくしじょうぎ》にMBOを使用し、指定された目標あるいはキー・リザルトでないからといって、めぐってきた機会を利用しないとすれば、両者ともまったくつまらない、プロらしからぬやり方をしているといえよう。

次に、インテル社のフィリピンにおける工場拡張の意思決定を例にとって、MBOシステムの作用を説明しよう。極東建設部長は「フィリピン工場拡張に関する意思決定を得る」という内容の目標を持っていた。その目標を支持するキー・リザルトは――(1)6月までに現工場隣接地ないし他の受け入れられる地域での土地の入手可能性に関する調査をすること、(2)操業コストはもちろんのこと、用地コストや建設費など、2つの地域に関係するあらゆるコストのトレードオフを示す財務分析をすること、(3)結果を工場立地検討委員会に提出し、決裁を得ること、(4)10月までにグローブに決裁を承認させること、である。

それぞれのキー・リザルトが達成されて、目標は達成された。目標が比較的短期のものであり、またキー・リザルトもきわめて明確なので、それらが期限どおりに完了したかどうかが誰にでも間違いなくわかる点に注目していただきたい。キー・リザルトが有効であるためには、具体的なことばによる表現と日づけが必要なのである。よって、期限が訪れたときにはあいまいさが立ち入る余地はない。

想像していただけると思うが、極東建設部長の監督者の目標は「すべての工場拡張プロジェクトがスケジュールどおりに行なわれることを確認する」という一文である。この目標を果たすために、彼にもひとつのキー・リザルトが生まれてきた。それは部下の〝目標〟と同じように、「10月までにフィリピン工場拡張の決裁を得る」ことである。

イザベラの政府とインテル社の仕事がいかに類似しているかおわかりのことと思う。マネジャーの目標はキー・リザルトの適切な組合わせである。マネジャーの目標はそのまま上司の目標と結びついている。マネジャーが自分の目標を達成するならば、マネジャーの監督者も自分の目標を達成することができるのである。しかし、MBOシステムはコンピュータによって機械的に運用されるものではない。MBOシステムには、それを支えるための一連の上下関係を持つ目標とキー・リザルトを組み合わせる判断力と常識が必要である。判断力と常識は、MBOを使って日々の仕事をするときのガイドとなるものである。

第 3 部
チームの中のチーム

TEAM OF TEAMS

7章　朝食工場の全国展開へ

われわれの例の朝食工場は非常な成功を博したので——事実、大当たりを取ったので、かなりの費用をかけて連続卵ゆで設備を設けなければならなかったというところまでお話ししてある。その設備によって、これまで前例がなかったような画一性のある朝食の生産が可能になった。さらに、その卵ゆで設備を生産能力いっぱい使える点まで販売量の拡大もできたので、群を抜いた自信作である朝食の提供コストも徐々に下がっていった。その節約分のなにがしかを顧客にお返ししたので、やがてわれわれの朝食の評判は広がっていった。

優れた企業家がそうであるように、万事がうまくいっているのがわかったので、町の反対側に「朝食工場《ブレックファスト・ファクトリー》（社）」（現にそう名づけたのである）の支店を新たに開店した。これがまた大きな成功を収めた。やがて、発行部数の多い全国誌の『ネイバーフッド・グルメ』に会社の記事が掲載された。そこで好機を見定めて「朝食工場」を全国的にフランチャイズ化した。そして当社の朝食にふさわしい人口特性を持った地域に次々と進出し、やがて「朝食工場」は広大なネットワークを張ることになった。

しかし間もなく、そのネットワークには、レストラン1店舗を運営するのに必要なものとはかなり違った仕事のやり方や技能が必要であることがわかった。その中で最も重要なことは、地元の企業家を組織し各フランチャイズの運営にあたらせ、生まれる利点を利用可能な莫大な規模の経済性を失わずに活用する方法を考え出すことだった。現地のマネジャーは自分の住む近隣のことをよく知っているので、自分の業務をそこに適応させることができる。したがって、最大限の利益を得るようなフランチャイズの運営が期待できる。

一方、「朝食工場」を100店以上も擁するにいたって、わが社の購買力も巨大なものになった。ある種の活動は集中化することによって、各フランチャイズが個別に行なうよりも、はるかに安価で高水準のことを数多く達成できる状況になったわけである。そして、これが何よりも重要なのだが、これまでの成功の主因が朝食の質の高さなのだから、われわれは第一級の食品とサービスを提供しているという評判の維持に細心の注意を払わねばならない。いいかえれば、「朝食工場社」のどの地域にあるどの支店でも、われわれの事業の本当の秘訣である良いイメージを危険にさらすようなことは許されないのである。

事実、集中でいくか分散でいくかというあれかこれかの問題はいたるところで顔をのぞかせ、ネットワーク運営上の最も重要な課題のひとつになってきた。たとえば、広告は地域別にしたほうがいいのか、全国一律にやったほうがいいのか、その地域での広告の管理は地元のマネジャーに任せるのか。こちらは地方の『日刊ブラット《おしゃべり》』紙を誰が読むのかわからないが、地元の店長ならおそらく知っているだろう。また、人事上の採用解雇権も与えたほうがいいのか。自分のところの給料基準も決めさせるのか、それとも全国一律にするのか。労働市場は地域ごとにかなり異なるので後者はあまり意味がない。しかし、高度な自動機械は本社で一括購入したいと思った。これまで、適当な納入業者を開拓したり、納入される機械がこちらの要求する条件を満たしているかどうかテストする能力をつけるのに、ずいぶんと時間を費やしてきた。現在はそれだけを専門にしているかなりの人数の担当者がシカゴにいる。だから、各支店あるいは地域で、こうした努力がダブらないようにしたかったのである。

しかし、卵までシカゴで一括購入すべきだとは思わなかった。卵には新鮮さが必要であり、このデリケートな商品を全国にトラック輸送などはしたくはない。その反面、各支店が、入手する卵の検査業務を独自に行なうことも望まなかった。ここである種の妥協が意味を持ってくる。たとえば、ある地域すべてのフランチャイズ店に数時間でトラック輸送できるように、各地域に卵購買センターを設ける。そして、統一した高品質の基準をどのフランチャイズでも保ってもらいたいので、各フランチャイズがその基準を守るように監視する。いいかえれば、われわれは、はっきりした全国的な品質管理基準を課することを望んでいるのである。

メニューの内容はどのようにすべきだろうか。一般論でいえば、同じ主要品目がどこでも載っていることが望ましい。「朝食工場」に食事に来る客には、いくつかの基本的な選択ができるようにすべきである。しかし、料理の味の地域差を認めないわけにもいかない。したがって、ある種の自由裁量度を個々のフランチャイズに残しておかなければならない。

不動産についてはどうか。「朝食工場」が現地で入居できるどんな貸ビルにも自由に入るのを認めるべきなのだろうか。あるいは、建築スタイルを統一して、それぞれ基礎建築から建て始めるべきなのか。おそらく、シカゴ（本部）で設定した所定の基準に合致するものならば、入居できる建物は何であっても使うべきだろう。

什器や調度備品についてはどうだろう。完全に統一すべきなのだろうか。シカゴが全支店の調度備品を購買すべきなのだろうか。食器類についてはどうか。人間は自分が食べるものを食器や朝食から連想しがちだから、食器類は地域を問わず全国で同じものを使用すべきだろう。ということは1カ所で全品を購入するのがよいということである。しかし、モンタナの支店が壊れた皿を何枚か補給するためにシカゴに請求したりするのはばかばかしい。そこで、食器類がすばやく配送されるよう、地域別の倉庫を2、3カ所に持つべきだろう。

それぞれの都市部での新しいフランチャイズの立地をどのように選ぶか。シカゴで意思決定をすべきなのか。私が「朝食工場本社」のトップ経営者として決定すべきなのか。本社スタッフが現地支店マネジャーに決定させるべきか。おそらく当該地域に関しては、本社スタッフや私よりも地元のマネジャーのほうがよく知っている。したがって、彼に相談した後、シカゴが決定すべきなのだろう。

事態は非常に複雑になってきた。時々、私は、本社の大きなデスクのところに座りながら、自分でゆで卵とトーストをつくりコーヒーを注いだ昔に帰りたいと思うこともある。さもなければ、「朝食工場」を1店だけ経営していた時代、みんなの名前を覚えていて、山ほどある賛否両論の意見と苦闘することなく自分で意思決定ができた時代が懐かしいと思う。当時は間接費《オーバーヘッド》というものもまったくなかった。現在は、本社の人事マネジャーがいる。また、地域センターから個々のフランチャイズへの卵の流れを最適化するためにコンピュータを購入したいという輸送マネジャーがいる。彼はそれにより同日配送を可能にしつつ、しかも輸送費を極少にすることができるという。こうしたコンピュータがあれば、食器類の在庫を最低水準に抑えられるとも主張している。不動産取得のための本社マネジャーを任命するのもそう遠いことではないだろう。まったく複雑になってきたものである。

先に、経営というゲームはチームでやるものだということをはっきりさせておいた。マネジャーのアウトプットは、彼の監督下あるいは影響下にある組織のアウトプットである。そうかといってマネジメントが単なるひとつのチーム・ゲームではないこともわかっている。多くのチームがありながら、それをひとつのチームとして束ねるゲームであり、そこにはいろいろの個々のチームがそれぞれ適切な形で、しかもお互いに支援関係をもって存在していなければならないのである。

8章 ハイブリッド組織

朝食工場で起こったことは、かなり大きな組織なら必ず起こるはずであり、あるいはすでに起こっていることである。

ミドル・マネジャーの大多数は、大きな組織の一部門を運営している。彼らが監督する「ブラックボックス」は、朝食工場が互いに連結されて本部につながっているのと同様に、他のブラックボックスと連結している。

そこで今度は、もっと小さな単位《ユニット》で構成されている組織内で発生する事柄を、さらに注意深く観察することにしよう。

実際はおおむね両方が混じっているのだが、組織は、2つの典型的な形態に分けられる。完全な〝使命中心〟の形態と〝機能別〟編成形態である。「朝食工場社」の場合だと、図8－1のようなひとつの形あるいはもうひとつの極端な形で組織化できる。完全に分権化された、使命中心型の（a）では、個々の事業単位が、自らのやるべきこと、つまり使命のみを追求し、他の単位との絆はあまり強くない。ここでは、各々の「朝食工場」が、その操業のあらゆる構成要素に対して責任を負う。つまり、店の用地設定にはじまり、ビルの建設、自主的商品化計画《マーチャンダイジング》、

(a)

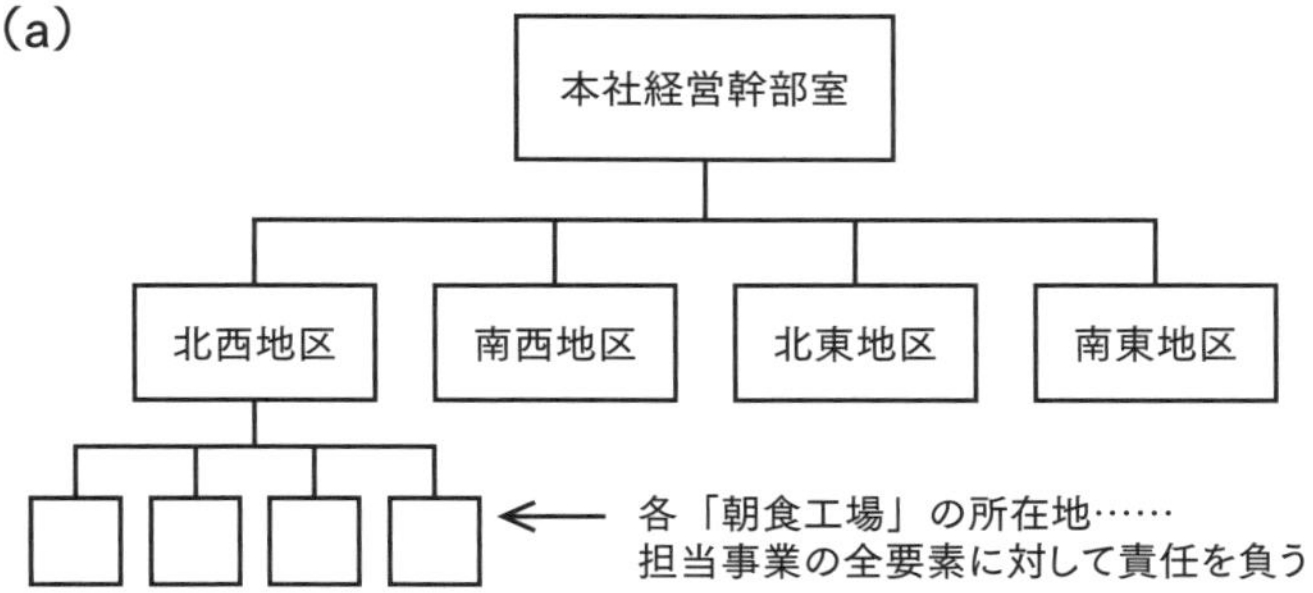

(b)

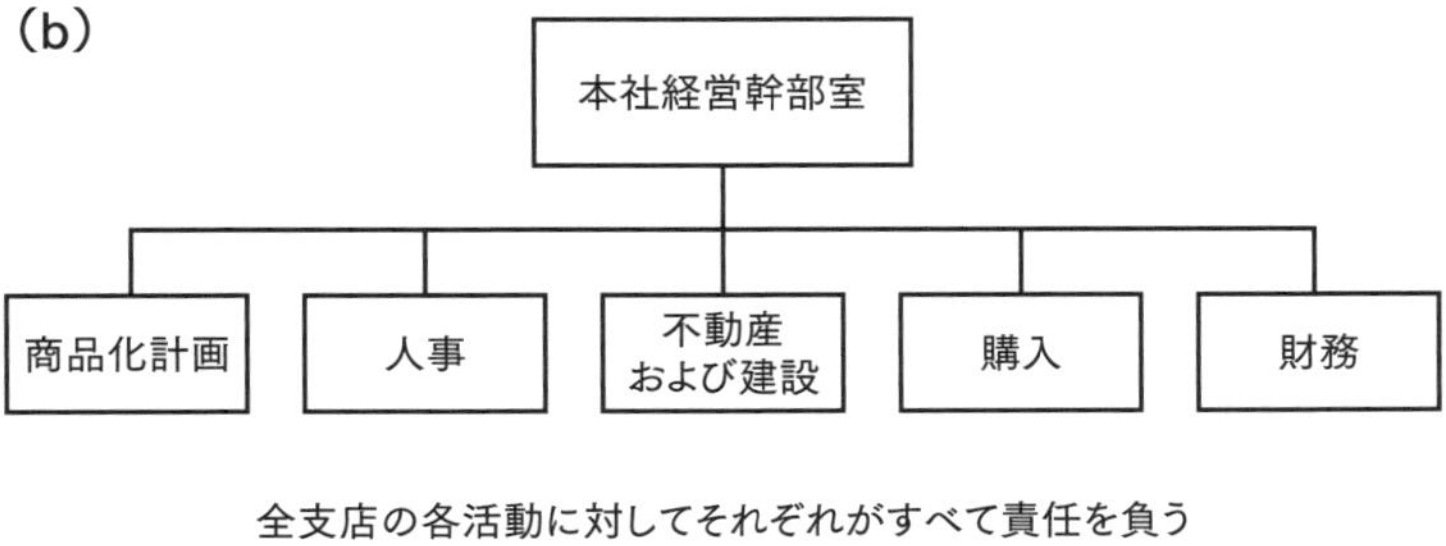

図8－1　完全に使命中心（a）方式と完全に機能別（b）方式で組織化した「朝食工場」ネットワーク。

従業員の確保と維持、そして購買活動を含む一切に対してである。そして最後に、各工場は毎月、財務諸表を本社経営幹部室に提出する。

これと対照的なのが、完全に中央集権化された、まったくの機能別編成の組織形態（b）である。この方法によって設立された「朝食工場社」の例では、本部の商品化計画部門が、〝全店〟で取り扱う商品に対して責任を持ち、人事部のスタッフが、〝全支店〟の従業員の採用、解雇、人事考課を行なうなどということになる。

各店長に地元の事情に応じた権限を与えたいと思えば、使命中心型の組織のほうへと気持ちが傾く。だが、規模の経済の活用と、各業務分野に蓄えられる専門知識のテコ作用増大を会社全体にわたって求めるという、これまた筋の通った要求は、逆に、機能別編成へと心をなびかせる。もちろん、現実の世界では、この両極端の間に妥協点を求めることになる。事実、この適当な妥協点を見つけることに、まことに長い間、マネジャーは気を取られていた。アルフレッド・スローンは、数十年間のゼネラルモーターズ社での経験を、こう語っている。「経営管理《マネジメント》の成否は、集権化と分権化との調和にかかっている」と。つまり、即応性とテコ作用の最善の組合わせを求めてバランスを取る行為がカギだともいえる。

今度は、図8－2に示した、インテル社の組織形態を検討してみよう。これは〝ハイブリッド〟組織になっている。このハイブリッドという特性は、会社組織全体が、各事業部門、つまり使命中心の部課と機能別編成の部課の2つの混合から成り立っているという事実が基礎となっている。私の考えによれば、これは、軍隊組織とかなり似ている。事業部門は、さしずめ機

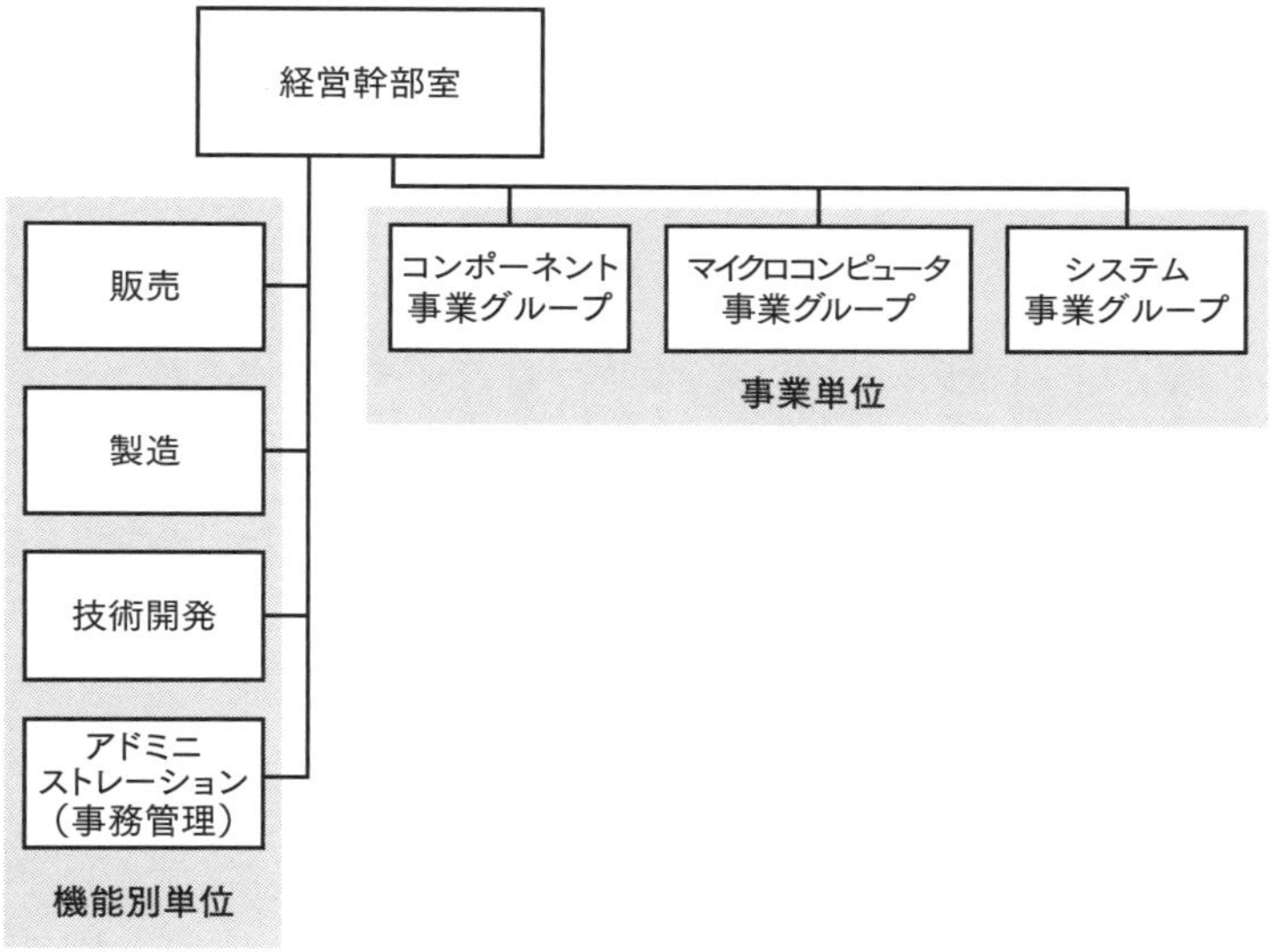

図8－2　インテル社はハイブリッド組織である。即応性とテコ作業が、最善の組合わせになるようにバランスを取っている。

能別編成組織による毛布、給料、空中偵察、情報などのサービスを受ける個々の戦闘部隊に相当する。後者の機能別組織は、こうしたサービスをすべての戦闘単位に供給するのが仕事である。各戦闘部隊は、自らの支援部隊《サポート・グループ》を持つ必要がないので、戦って前方の丘を奪取するというような特定の使命に専念できる。かくて、各戦闘部隊は、必要な行動の自由と独立性をすべて保持することになる。

　機能グループは、社内の下請け業者だと考えればよい。営業組織を例に取ってみよう。多くの会社が外部の販売代理業者を使っているが、社内の者を使えば、おそらく安い費用でもって、より適切に対応できるはずである。同様に、製造、財務、データ処理の部門は、すべての事業単位にサービスを提供する、内部の下請け業者ともいえる機能グループだとみなすことができる。

インテル社従業員の約3分の2が、こうした機能別単位の中で働いていることそのものが、その非常な重要性を物語っている。会社をこうした機能グループに組織化する利点は何か。まず第一に、規模の経済が実現できることである。コンピュータ情報処理の場合を見てみよう。複雑なコンピュータ装置は非常に高価で、大型電子機器はあらゆる事業単位に利用されてこそ、その性能をフルに発揮できる。もし事業単位ごとにコンピュータを備えていれば、この高価な装置は、たいていの場合、遊休化してほこりをかぶることになる。

もうひとつの長所は、全社的な優先順位の変更に対応して、社の資源を移行し再配分できる点である。たとえば、製造部門は機能別に編成されており、全社的観点からとらえたニーズに最も適するように、その製品ミックスを変えることができる。もし、事業単位ごとに製造するとしたら、ある事業単位からその能力を取り上げて別の事業単位に移すことは、面倒でやっかいな問題を引き起こす。

さらに、その長所として、テクノロジー開発部門の研究技術者のような、ノウハウ・マネジャーの専門的知識や技術を、会社の隅々にわたって使用でき、それらの知識と仕事に強いテコ作用を与えてくれる点がある。最後に、インテル社の機能グループのおかげで、各事業単位は自分たちの特定の業務のマスターに専念でき、コンピュータ、製造、テクノロジーなどのことで考えわずらうこともなくなる。

インテル社の相当部分を機能別に組織化していることには、短所もある。最も重要なのは、さまざまな各事業単位からの要請に応えなければならないときに、過重な情報負担が機能グループにのしかかるという問題である。ニーズや要請の伝達ですら、往々にして大きな支障をきたす。機能グループ内の意思決定に影響を与えるには、各事業単位は数多くの管理階層を経由してゆかなければならない。

それが最も端的に表われるのが、生産能力とか、コンピュータ使用時間、あるいは共用ビルのスペース配分といった、集中化され限定されている会社の資源の一部を確保するための交渉のときである。実際、事態はしばしば交渉の域を超えて、機能グループがコントロールしている資源をめぐる事業単位間でのあからさまで激しい競争を引き起こす。この際の最低限の判断基準としては交渉も競争も会社のアウトプットや全体的な利益になんら貢献しないのだから、双方にとって時間とエネルギーの無駄だということである。

会社の大部分を使命中心形態に組織化する長所は何なのだろうか。それはただひとつしかない。つまり個々の集団や単位が、絶えず自分の事業あるいは製品分野に対するニーズと接触を保ち、こうしたニーズの変化に対して迅速に対応できるという点〝だけ〟である。他のすべての点については、どう考えても機能別編成の組織化のほうに軍配が上がる。しかし、どんな事業でも、その本務は環境からの需要とニーズに応えることであり、この即応できるか否かがきわめて重要なカギとなる。したがって、どんな組織にも、使命中心の集団をグループとして形成させている。

数え切れないほどのマネジャーが、この2つの組織形態の最善の組合わせを求めて努力してきた。インテル社も例外ではなく、上級マネジャーの間で、また何百人ものミドル・マネジャーの間で、自分の監督するグループの組織化を改善しようとする試みが時に応じてなされてきた。しかし、考えつくかぎりの組織形態を検討しても、いつも出てくる結論はハイブリッド組織構造に代わるものがない、ということだった。

したがって、インテル社では今日、ハイブリッド組織となっている。ハイブリッド組織が不可避の形態であるという私の主張をさらに敷衍《ふえん》して論証するために、最近読んだ新聞発表をご一考願いたい。週刊の業界紙に出ている何ダースもある記事のひとつを、名前だけ替えてそっくり掲載しておこう。

ABCテクノロジー社の再編

〈カリフォルニア州サンタクララ発〉創立3周年を迎えたABCテクノロジー社は、3つの製品事業部門に組織化し直された。スーパーシステム部副社長兼事業本部長は、前副社長兼技術部長で、会社の創始者でもあるジョン・ドーである。副社長兼ウルトラシステム部の事業本部長は、前セールス&マーケティング担当副社長のウィリアム・スミス。副社長兼ハイパーシステム部事業本部長は、前製品設計部長であるロバート・ワーカー。

これら3事業部門の本部長が、ABCテクノロジー社の社長で、最高執行責任者であるサムエル・サイモンに直属する。この3事業部門は、製品のマーケティングと製品開発の責任を負うものの、セールスと製造の責任は、新たに任命されたセールス担当副社長アルバート・エイベルと、製造担当副社長のウィリアム・ウィアリーの指揮を受け、本社に残ることになっている。

この組織改正が、われわれが要約し分析してきたパターンにどんな形で従っているかを考えてみよう。会社が成長し、その製品ラインが拡大されるにつれて、会社がマークしておくべき事柄が次第に増えてくる。そのため、各製品ラインに対して役に立つ組織の設置が、ますます意味を持つようになる。3つの製品部門がつくられたのもそのためである。だが、ニュースが示すところによれば、ABCテクノロジー社のセールスや製造といった主要機能組織は、中央に集中されたままで、3つの使命中心型組織の業務遂行にサービスを提供することになっている。

ここで、「グローブの法則」を提示したい――「**共通の事業目的を持つすべての大組織は、最後にはハイブリッド組織形態に落ち着くことになる**」

「朝食工場」、軍隊、インテル社、そしてABCテクノロジー社が、その良い例である。私の知っているほとんど〝あらゆる〟大会社、大企業もまた、ハイブリッド組織を採用している。ある教育機関を取り上げてみると、数学、英語、工学などの使命中心型の学部があり、その他に各学部が各々機能するのに必要な、共通資源を供給することを全体として担当する人事、警備、図書館業務などからなる管理部門がある。

もうひとつ、かなり変わったハイブリッド組織の例として、全国的な活動をしている「ジュニア・アチーブメント」（訳注：高校などでの実践的ビジネス研究会組織）などの組織があげられる。ここでは、各地方支部が何を売るかを決め、実際に販売し、その他事業のあらゆる局面を監督して、事業の運営を図っている。それにもかかわらず、個々の事業の構成の仕方、書類作成上の要件、好成績を収めた活動に対する褒賞制度など、地方支部が従うべき業務方法については全国組織が管理している。

ハイブリッド組織形態が取られるのは、事業規模の大きさや活動内容次第とは必ずしもいえない。私の友人に、中規模の法律事務所に勤める弁護士がいる。彼は、同僚と共有する資源、つまり速記者の溜りとか事務室スペースなどをめぐって生じる問題や争いを、事務所がどのように処理しようとしたかを話してくれた。結局のところ運営委員会を結成したのである。その運営委員会は、一人ひとりの弁護士の持つ法的な（使命中心の）仕事には介入せず、共有資源の取得と割当てだけを取り扱うものだった。これは、ハイブリッド組織形態の運用を示す、ささやかな事例である。

ハイブリッド組織の普遍性に対して何か例外があるだろうか。私が思いつくかぎり、唯一の例外は、完全な使命中心形態の典型といえるコングロマリットだけである。では、なぜコングロマリットが、われわれの原則の例外となっているのか。それは、この組織が共通の事業目的を持っていないからである。この場合、種々の事業部門（すなわち会社）は完全に独立し、コングロマリット全体としての損益計算書の枠を越えるような関係は存在しない。しかし、コングロマリットの各事業単位部門内では、ハイブリッド組織を原則にして組織編成されているのが普通である。

もちろん、仮定として考えた極端な場合の機能別組織と使命中心組織との間には、相違点が無数にあるので、それぞれのハイブリッド組織自体は独自のものである。事実、個々の組織は両極間を行き来しているともいえる。その動きは実践性を考慮した結果によってもたらされている。

たとえば、不適切なコンピュータを備えた会社は、大型最新のコンピュータを購入し、集中化による規模の経済を実現しようと考える。その反対に、別の会社は、規模の経済性を失わずに、さまざまな使命中心集団の中に容易に据えつけられる小型で安価なコンピュータに切り替え、大型機を廃止する。これが企業の適応の仕方である。だが、考慮すべき最も重要な点はこうである。2つの型の組織の間の行き来は、個々の単位を動かすマネジャーの業務運営のスタイルと適性に見合った形で始めることが可能であり、そうすべきものなのである。

すでに述べたように、遅かれ早かれ、相当大きな組織はすべて、ハイブリッド組織の運営上の固有の問題に直面しなければならない。そういう組織が抱える最も重要な課題は、会社資源の最適かつ時宜を得た配分と、この割当てをめぐって生じる争いを能率的に解決するということである。

この問題は非常に複雑かもしれないが、「配分担当者《アロケーター》」が中央にあるオフィスでその仕事をするということでは確かに答えにはならない。私が実際お目にかかった、最もはなはだしい非能率の例が、昔住んでいたハンガリーで数年前に起こっていた。この国では、何を、いつ、どこで生産するかは、中央の計画機構が決定する。この計画化に対する論理的根拠は実に確固たるものだが、現実には消費者の真のニーズからはるかにかけ離れている。ハンガリーにいたとき、私はアマチュア写真家だった。冬にはハイ・コントラスト・フィルム（訳注：陰影の差がはっきり写るフィルム）が必要だったが、どこにも売っていない。それが夏になると、普通のフィルムは払底しているというのに、ハイ・コントラスト・フィルムのほうはどっさりありあまっている始末だった。毎年毎年、中央計画機構の意思決定がきわめてずさんなため、完全に予測可能な需要の変化に対してすら対応できなかったのである。

われわれの企業風土においては、共有資産の配分と独立事業単位相互間の競合するニーズや要求の調整は、理論的に考えれば本社のマネジメントが行なうべきことだということになる。しかし実際のところ、こうしたやりとりの量は1カ所で扱うには重すぎる。インテル社でも、すべての争いの解決と資源配分を会社トップが処理しようものなら、たちまち、ハンガリー経済を動かす例のグループの二の舞いを演じることになろう。

そうするのではなくて、答えはミドル・マネジャーにある。第一、社内のミドルには全業務範囲をカバーするのに充分な人数がいる。次に、われわれが話題にしている問題、つまり内部資源をつくり出し、それを消費するという問題に最も身近に位置している。ミドル・マネジャーがこの高いテコ作用を有する仕事に成功するには、2つのことが必要である。まず、会社活動に従事するつもりならば、ハイブリッド組織が不可避なものであることを認めなければならない。第二に、ハイブリッド組織を運営していくのに必要な実際上のやり方を開発し体得していかなければならない。これが次章の主題となる〝二重所属〟制度である。

9章　二重所属制度

人間を月に送り込むため、NASAはいくつかの大手請負業者と多数の下請業者に対し、それぞれが異なる側面からプロジェクトに協力してくれるようにと要請した。この月ロケット打上げの予期せぬ副産物が、組織化のための新しいアプローチであるマトリックス経営管理《マネジメント》の開発だった。この方法によれば、ある場所でトラブルが発生しても全体のスケジュールに支障をきたさないように、いろいろな業者の仕事を調整・コントロールできる。たとえば、能率の下がった組織の遅れ時間を補填するために、強力な組織から資源を転用できるのである。

マトリックス・マネジメントは、なかなか複雑な代物である。このテーマで本も数多く出版されているし、専門の教育コースも開設されている。しかし、この考え方の眼目は、ある会社内集団の作業に関して、その会社に属さない外部のプロジェクト・マネジャーが、その会社の経営陣と同等の影響力を行使できる点にある。こうしてNASAは、大規模な事業における二重所属制度の原則をつくり上げた。実際、この基本的な考えは、長年にわたって目立たないが着実に根を広げ、「朝食工場」のフランチャイズはもちろんのこと、近所の高校からアルフレッド・スローン率いるゼネラルモーターズまで、あらゆるタイプのハイブリッド組織を機能させている。インテル社がどのようにしてこの二重所属制度を採用するにいたったか、その過程を再現してみよう。

工場保安係はどこに所属すべきか

会社が創設間もなくで小さかったころ、この二重所属制度の問題にまったく偶然にめぐり会ったのだった。スタッフ・ミーティングの席上、われわれは、離れたところに新しくできた工場の保安要員が誰に所属すべきかを決定しようとしていた。案は2つあった。ひとつは、その従業員を工場長に所属させる。しかし、その経歴からして工場長は典型的な技術者か製造畑の出身であり、保安の問題に疎《うと》かったり、関心が少ない。別の一案は、その従業員を主力工場の保安管理者に所属させることである。何よりもまず、彼こそその保安要員を採用した者であり、会社全体を通じて保安担当者が守るべき保安基準を策定する専門家だからである。さらに、新設工場の保安手順および実務は、一定の全社的基準に合致しなければならない。

後者の方法には問題がひとつだけあった。保安管理者は、本社勤務で、新設工場に常駐するわけではない。もし主力工場以外の保安要員がそもそも出社しているのか、また遅刻したり、その他まずいことがあったりしたら、それをどのようにして知るのか。知ることはできない。しばらくこのジレンマに苦しんだあげく、ふと浮かんだのが、保安要員は、本社の保安管理者と、現場の工場長の〝双方〟に所属させたらよいのではないかという考えであった。前者は、保安職務をどのようになすべきかを指定し、後者は、毎日、作業がどのように遂行されたかを監視することになる。

この措置は一石二鳥と思われたが、スタッフは必ずしも納得しなかった。われわれはこう自問する羽目になった。「人は、上司を必要とする。この場合、誰が上司なのか」。従業員は、事実上2人の上司を持つことができるのか。答えは一応「イエス」だった。こうして2カ所に報告する考え方、つまり、二重所属という組織の行動様式《カルチャー》が生み出されたのである。難産の末の産物だった。

しかし、二重所属制度の必要性は実際上ごく基本的なものである。しばらく、マネジャーがどうなるかを考えてみよう。人の職歴の第一歩は、たとえばセールスパーソンのように、個人として寄与することである。自分が優秀なセールスパーソンであることを実証すれば、セールスパーソンは営業部長《セールス・マネジャー》のポストに昇進させてもらえる。この場合、彼は部下を機能上の本務である営業について監督することになる。営業部長としてのズバ抜けたスーパースター的才能を認めさせれば、今度は、地域総括営業部長にふたたび昇進できる。

インテル社で働くとすれば、彼は単にセールスパーソンを監督するだけでなく、技術的事項については明らかに自分以上に知っている現場の担当技術者をも監督しなければならない。この大物《スーパースター》管理者が特定の事業部の事業本部長《ゼネラル・マネジャー》になるまで昇進は続く。特筆すべきは、この新しい事業本部長には製造経験がまるでないことである。したがって彼は、職務上、より全般的な視点から製造部長を監督できる一方で、技術的側面については部下に任さざるをえない。営業

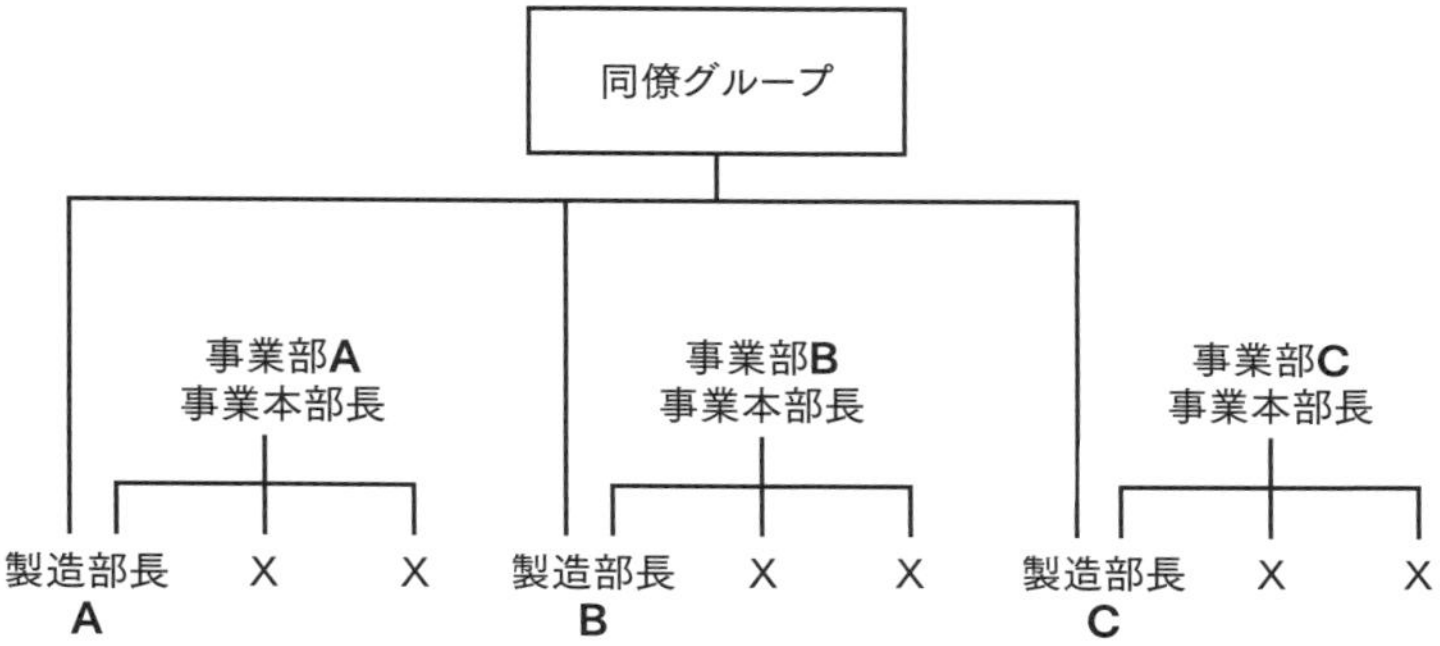

図9－1　製造部長は2人の監督者に属している。ひとりは事業本部長で、ひとりは同僚グループである。

畑出身の彼には製造に関する知識背景が一切ないからである。他の事業部においても、技術および財務出身の上司に製造部長が所属することもある。

ある人を上級製造部長に任命し、すべての製造部長を、事業本部長にではなくこの上級製造部長に所属させることで、問題を処理できるかもしれない。しかし、これをやればやるほど、われわれはまったくの機能別編成の組織形態の方向に動いてゆく。事業本部長はもはや、財務、マーケティング、技術、製造各グループの活動を、市場のニーズに応えるという単一の事業目的へ向かって調整することができなくなる。事業本部長に要求されるのは、技術上の監督関係と同様に、即応力を持つことと業務遂行上で何を優先させるかである。その解決策が二重所属制度なのである。

しかし、技術面の監督者の役割はひとりだけで果たさなければならないものだろうか。答えは「ノー」である。インテル社の通常のある1日から取った次のシナリオをご一考願いたい。ひとりの製造部長が、カフェテリアでコーヒーを飲んでいる。そこへ別の事業部の製造部長（上司である事業本部長は財務関係の出身）が来る。2人はお互いの部門の現状についておしゃべりし、共通の技術的問題を数多く抱えていることに気づく。ひとりよりは2人で考えるほうがましだという原則にのっとって、2人はその後もちょくちょく会うことにする。結局、2人の話合いは定期的に行なわれるようになり、他部門の製造部長もこの2人に加わり、共通の問題について意見を交換するようになる。間もなく、対等な同僚から構成される委員会や協議会《カウンシル》が、共通問題解決のために結成される。要するに彼らは、自分達の上司である事業本部長が助言しようのない技術上の問題を取り扱う場をみつけたわけである。こうして事実上、彼らは、製造に関してまともな能力を持つ事業本部長が本来行なっているはずの監督業務を、〝同僚グループ〟の監督で代行させたのである。つまり、製造部長は2人の監督者に所属している。この同僚グループとそれぞれの事業本部長がそれで、それは図9－1に示すとおりである。

こうした組織を機能させるには、〝個々の意思決定権をこのグループに自発的に委ねること〟が必要である。そのメンバーになった人間は、もはや完全な個人行動の自由は持てない。なぜなら、たいていの場合、同僚グループの決定に足並みをそろえなければならないからである。ちなみに、あなたが、別のカップルと一緒に休暇を取ることにしたカップルのひとりだと仮定しよう。グループ行動となれば、ほんとうにやりたいときにやりたいことをやる自由はないが、それでも一緒に行くのは、自由が少なくなってもグループ行動のほうがもっと楽しいだろうと思うからである。これを仕事にあてはめていえば、個々の意思決定権を委ねることは、同僚グループが取る行動の妥当性を信頼するかどうかで決まる。

信頼というものは組織原則とはまったく無関係だが、企業文化のひとつの特徴を表わしている。この企業文化なるものに関しては、最近、多くの論評が書かれている。簡単にいえば、それは、会社の抱いている価値と信念の総体であり、同時に社内で物事がどう処理され、また、どう処理されるべきかをみんながよく知っていることである。要は、二重所属制度と同僚による意思決定がうまく作用するためには、強力で積極的な企業文化が、絶対に必要だということである。

このシステムでは、マネジャーの日常の行動様式があいまいになる。たいていの人は、そんなあいまいさを嫌う。しかしながら、このシステムが、ハイブリッド組織を活動させるためには必要なのである。人はもっと単純明快なものを求めようとするだろうが、現実にはそんなものは存在しない。厳密な機能別編成組織は、概念的には明確だが、技術と製造（あるいは、社内の同種のグループ）を、ほんとうに顧客が望むものがわからないままに市場から引き離してしまいがちである。逆に、高度に使命中心型の組織は、明快にピシッと規定された所属関係と明確であいまいさのない目標を絶えず持つことはできるかもしれない。しかし、その結果生じる物事の分断状態は、非能率と、全体としての不充分な業績をもたらす。

インテル社がハイブリッド組織になったのは、あいまいさが気に入っているからではない。他のこともすべて試みてはみたが、他のモデルでは、あいまいさこそ少ないものの、とにかくうまく機能しないのである。ハイブリッド組織とそれに付随する二重所属制度の原則は、民主主義と同じで、それ自体が偉大なわけではない。たまたま、組織化が必要などの事業においても、それらが最善の方法であるにすぎない。

ハイブリッド組織を働かせる

ハイブリッド組織を機能させるには、機能別編成グループの資源が、使命中心集団のニーズを満たす形で割り当てられ供給されるように、両者をうまく調整する方策が必要である。内部監査部長《コントローラー》がインテル社で仕事をするやり方を考えてみよう。

その専門的な方法、実務、基準などは、その属する機能グループ、つまり財務部門が決定する。したがって、特定の事業単位のコントローラーは、機能別編成の組織と使命中心の組織の両者に、つまり異なるニーズを反映させうる方式の監督権を持つ両組織の責任者に報告する義務がある。事業部の事業本部長は、コントローラーに対し、使命に基づく優先順位を示し、特定の業務上の問題について動いてもらうよう依頼できる。財務部長は、コントローラーが自分の役目を技術的に手慣れたやり方で遂行できるよう訓練を積んでいるのを確認し、彼の専門的業績を検討・監視して、首尾よく本分をまっとうできれば、いずれもっと大きく複雑な部門のコントローラーの地位に昇進させるなど、財務部門内での職歴づくりの面倒をみることになる。図9－2に示すのが、ハイブリッド組織を働かせる二重所属制度の経営原則《プリンシプル》である。

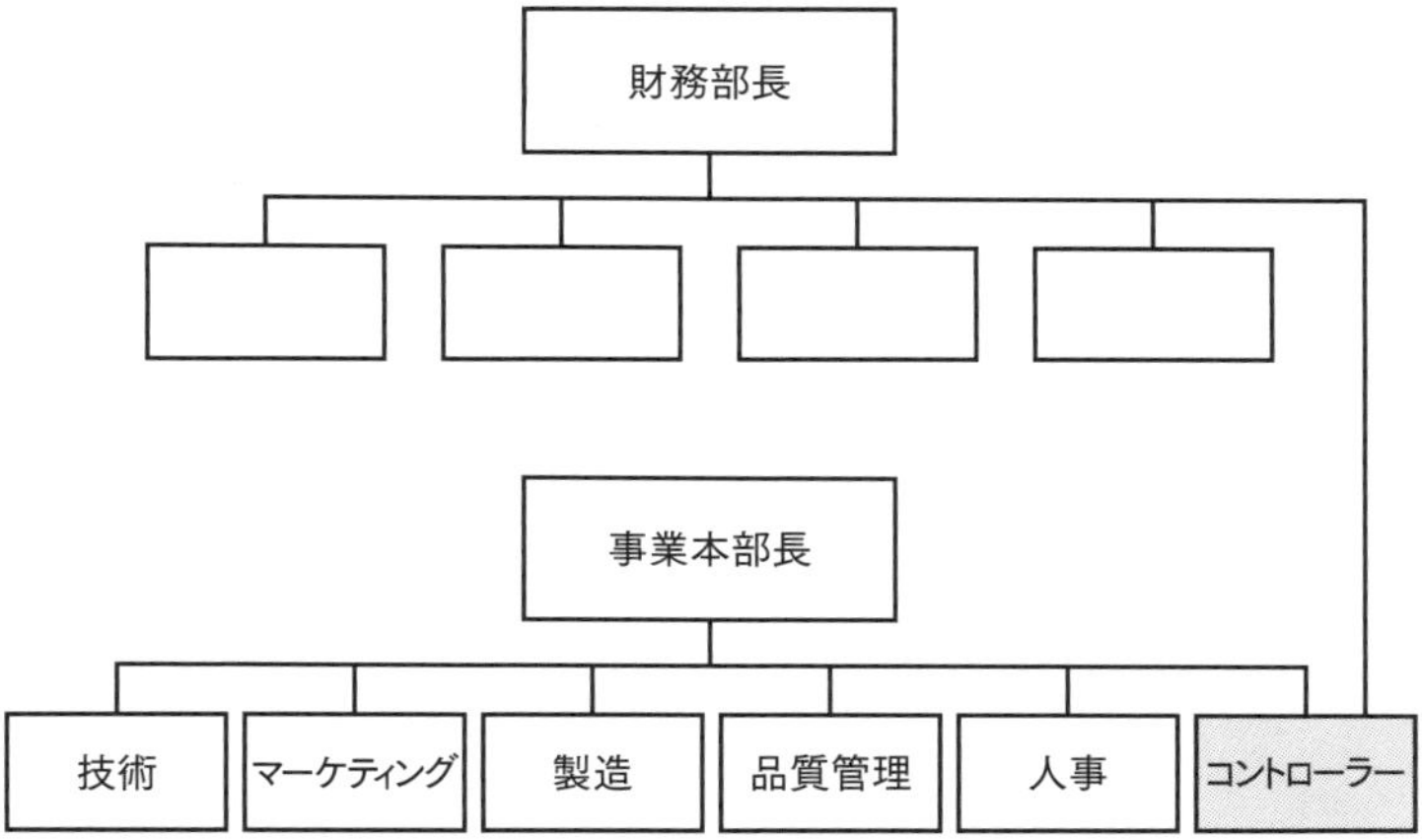

図9－2　ある事業部のコントローラーを監督する組織は2つある。

これと似た事例は、会社機能全体を通じて随所に見受けられる。広告の例を考えてみよう。事業部はそれぞれ自分たちで広告キャンペーンを工夫し、追求すべきなのか。それとも、一括して、本社を通じて扱うべきなのか。これについては前述のような賛否両論がある。各部門が自分の戦略を熟知していることは明白であり、その広告メッセージをどういうものにして、誰を対象にすべきかを一番理解していると思われる。この見地に立てば、広告は各事業部門の管轄下に置くべきであろう。

他方、各事業部の様々な製品がすべて、ある特定市場のニーズに応じるものの場合が往々にしてあり、それらは個々の部門から供給するよりは総合して扱ったほうが、はるかに完全な形で顧客のニーズに応えるものとなる。この場合、すべての広告が、一貫した、調和の取れたやり方で進められれば、顧客、ひいてはメーカーにとって明らかに利益がある。それに広告とは、単に特定商品を売るだけでなく、会社全体を売り込むことも目的なのである。広告は、誰から見ても正当な一貫したイメージを反映すべきものだからである。少なくとも、一部門が勝手に自分たちの広告代理店をみつけて使うといったことを認めてはならない。

ハイブリッド組織の場合と同様に、ここでも最善の解決策は二重所属制度の採用である。事業部門のマーケティング部長は、自分たちの広告メッセージを最大限に監督《コントロール》する必要がある。しかし、様々な事業部のマーケティング部長で構成され、おそらく本社の商品化計画部長が議長役を務める同僚間の調整委員会が、すべての構成員に対して必要とされる機能上の監督役を果たすべきであろう。たとえば、この委員会が広告代理店を選択し、〝あらゆる〟事業部別広告が共通基準として従うべきグラフィック・イメージを決定する。また、調整委員会は各事業部のマーケティング部長が代理店と交渉する方法をも決定することで、広告用の紙面の集中買取りによって、経費を節減できる。しかし、個々の広告により伝達される特定の販売用メッセージは、主として各事業部の所属スタッフに任されることになろう。

二重所属制度がマーケティング部長にいっそうの忍耐を強いることは間違いない。同僚のニーズや思考過程をも理解する必要に迫られるからである。しかし、個々の製品情報を伝達し、こちらの言わんとすることを売り込み、コーポレート・アイデンティティ（CI）を維持することが同時に必要とされるかぎり、現実にはそれに代わる方法はない。

われわれは、あらゆる組織がハイブリッド組織形態をとるようになるのを見てきた。これはまた、二重所属制度を発展させることでもある。次に掲げるのは『ウォール・ストリート・ジャーナル』紙に載ったオハイオ大学に関する記事だが、これについて考えてみていただきたい。〔〔〕内は私の注〕

大学の管理とは奇妙なものだ。学長はこう語っている。「管理部《アドミニストレーション》〔機能組織〕と学部〔使命中心の組織〕との間には、明らかに、意思決定上の共同責任がある」厳しい予算削減という事実に直面して、かぎられた資源の配分〔最も困難な共通の問題〕を討議するために学部と管理部の代表を混じえた大学計画諮問評議会〔同僚グループ〕が設置された。ひとりの評議員が言う。「われわれはそう仕込まれたせいか、学校全体を考えるくせがついています。私は学生部を代表しており、今年もいくつかのプロジェクトの審議をお願いしてあります。しかし、新しくブルドーザーを買うことは〔学生部の問題ではないけれども〕大いに弁護しました」

別の角度から見ると、このハイブリッド組織は、会社、大学、その他何であれ、大組織の一員であるという恩恵を被っていることから来る必然的結果なのである。確かに、この形態にせよ、二重所属制度の必要性にせよ、いたずらに多忙を装うための口実ではない。また、すべての仕事において不必要な官僚的邪魔物をバッサリと切り捨て、仕事の簡素化を実行し、調整や相談のための既定の要件などといった代物を絶えず常識のはかりで検証する必要がある。しかし、所属制度をいじるだけで、複雑さから逃げられるなどと期待してはいけない。好むと好まざるとにかかわらず、ハイブリッド組織は、組織生活をめぐる根本的な現象なのである。

もうひとつの妙案——二面組織

どうも自分の日常業務ではない調整という仕事にかかわるようになると、そこで必ず出食わすのが二重所属制度の微妙な変形ともいうべき形態である。

特定の製造工程の保全と改善の責任を持つ、ノウハウ・マネジャーのシンディのことを覚えているだろうか。シンディは統括エンジニアに所属し、さらにその統括エンジニアは工場の技術部長に所属する。毎日のシンディの仕事は、製造設備の操作、工程モニター装置の監視、さらに必要なら調整を施して、作業が円滑に進むようにすることである。しかし、シンディにはもうひとつ別の仕事がある。他の生産工場の同僚と月1回定期的に会い、それぞれの工場でお互いが責任を負う工程に関する問題点を確認し、討議し、解決を図ることである。この調整グループはまた、すべての工場の工程標準化のためにも働いている。シンディのグループの作業は、他のグループのものと同様に、上級グループ（技術部長連絡会と呼ばれる）の監督下にある。この上級グループは、全工場の技術部長で構成されている。

シンディの所属関係は、図9－3のようになる。図9－3でおわかりのように、彼女の場合、生産工場の工程担当エンジニアとしてその仕事の時間の80パーセントを費やす一方で、統括エ

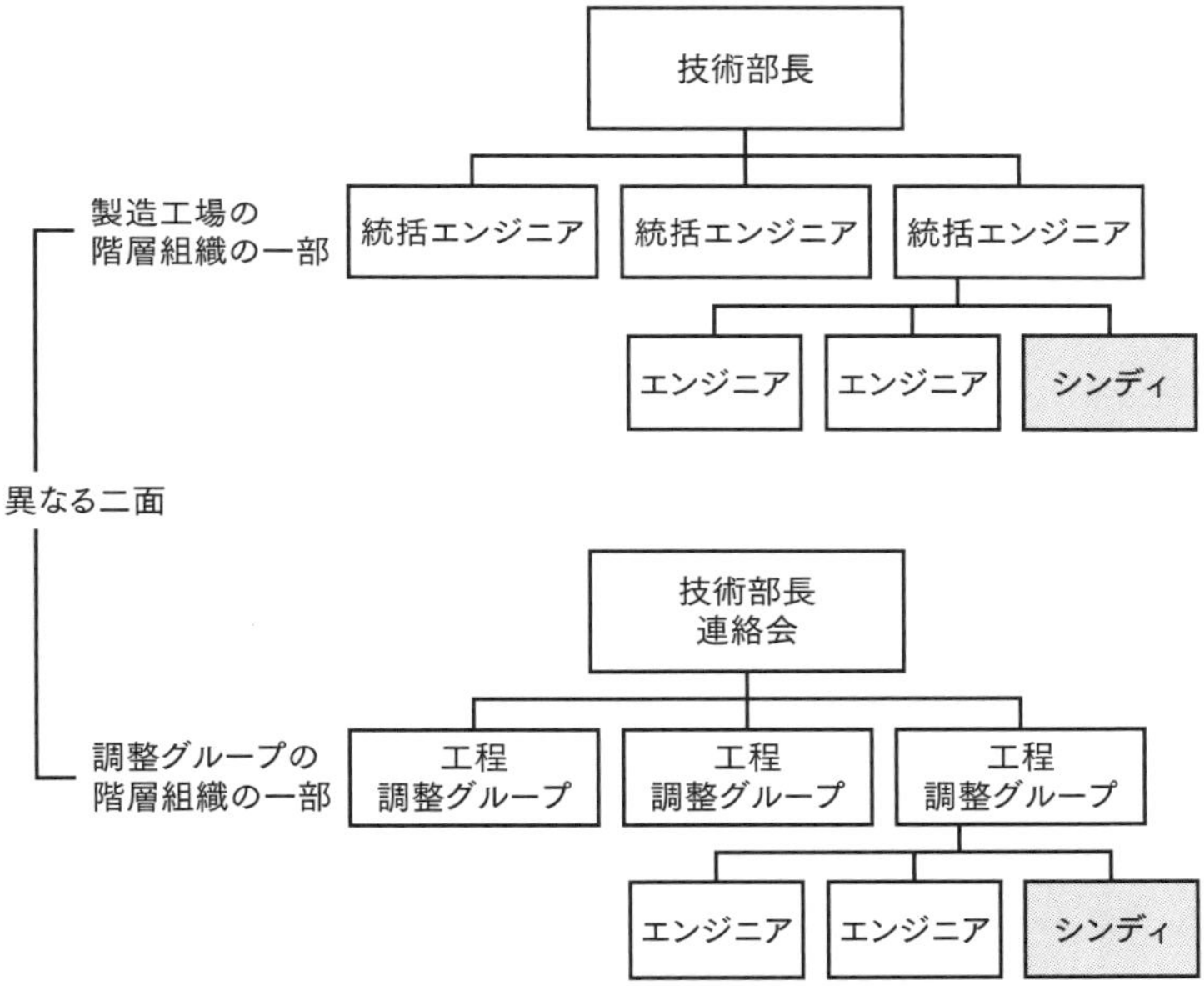

図9－3　シンディの名前は2つの組織図上に現れている。調整グループというのは、ノウハウ・マネジャーがテコ作用を強化する手段である。

ンジニア、および彼を経由して工場の技術部長に対しても、誰が見ても明々白々な所属関係ができている。しかも工程調整グループのメンバーとして、グループ長の監督も受けている。そこで、ひとつは生産工場の操業、もうひとつは、さまざまな工場の業務の調整という2つの異なった目的に対応して、2つの組織図にシンディの名前が載ることになったのである。シンディは2人の監督者を持つことになり、ここでも、二重所属制度の例を見ることになる。

　シンディの2つの責任は、ひとつの組織図だけでは適切には表わせない。調整グループについては、異なる組織図に、つまり異なる平面に存在していると考えるべきである。これは一見複雑なようだが、そうでもない。シンディが教会に所属していれば、インテル社の社員であると同時に、教会のメンバーだとみなされるだろう。いわば、そこでの監督者は地元の牧師であり、牧師は教会の階層組織のメンバーになっている。このように、それぞれが別の階層組織を持つ、明らかに別々の平面で活動する2つの役割については、誰も混乱することはない。またシンディが、同時に両方のメンバーであっても誰にも迷惑はからない。シンディが調整グループの一員であることは、彼女が教会のメンバーであるのに似ている。

2つの異なる関係におけるシンディの技量とノウハウを引き出して、彼女にインテル社でもっと大きなテコ作用の行使も可能である。主要業務では、彼女の知識が特定の工場内の仕事に影響を及ぼす。第二の仕事では、工程調整グループでの発言を通じて、〝すべての〟工場の仕事に影響を与えられる。そこで、こうしたグループの存在は、マネジャー、とりわけノウハウ・マネジャーにとって、自己のテコ作用を強める方法となる。

この二面式の概念は日常の組織生活の一部でもある。たとえば、人々は、日常の運営業務に携わるほかに計画も立てる。会社の企画《プランニング》組織階層は、現業グループを対象とするものとは別の面上にある。その上、もしある人が、2つの平面で働けるとすれば、3つの平面でも働けるわけだ。シンディは、彼女の専門的知識を必要とするような、特定の成果を目指すタスク・フォースに名を連ねることもできよう。これはちょうど、シンディはインテル社で働き、教会に所属し、市営公園課のアドバイザー業務を行なっている、というようなものである。これらは、シンディが自分の時間を配分する上では競合するだろうが、それぞれの役割の面で対立し合うことはない。

ひとつの平面では部下・上司の関係にある人々が、他の平面では逆の関係になることもありうる。たとえば、私はインテル社の社長である。しかし、別の面では戦略企画グループの一員であるが、ここでは、ある事業部のコントローラーが務める議長が上司である。これは、まるで私が予備役の一員で、週末の演習の際、指揮を執る連隊長を見たら、たまたま社の事業部のコントローラーだったというようなものである。現場の第一線にもどれば、私は彼の上司、あるいは上司の上司だが、予備軍では、あくまで彼が私の指揮官なのである。

肝心なのは、2つの（あるいは複数の）面を持つ組織が大いに役立つという点である。それがなければ、たとえ自分のかかわることすべてに責任を負わされていても、（実際には一部しか責任はないのだが）私はただ単に参加するだけで、それ以上のことはできない。とてもそんな時間的余裕はないのである。また、私がそれを指揮する最適任者でないこともよくある。複数の面を持つ組織により、そのほうが適切で有益ということなら、私は将軍としてではなく一兵卒として働くことができる。それが組織にとって大切な柔軟性を与えてくれるのである。

ここで話題としているグループの多くは、暫定的な組織である。タスク・フォースなどは、ある目的のために特別に設置されるものだし、他の機関も一緒に働く仲間が特定の問題を解決するために設けた非公式な人の集まりにすぎない。いずれも問題の片がつき次第、ただちにグループとしての活動を停止する。われわれの直面する課題の性質が多様となり、身辺の事情の変化が早ければ早いほど、事態に対処するには、特別に設けられた〝暫定チーム〟に依存しなければならなくなる。エレクトロニクス事業の分野で、急激に進歩するテクノロジーの歩みに追いつこうとしても、たぶん公式組織の改変ではついていけない。こうした暫定的なチームを働かせるには、ハイブリッド組織を動かすための、2つの技法――二重・多重所属制度および同僚グループによる意思決定――を習得することが必要となる。すべての問題に共通のカギともいうべき要因は、文化的価値をいかにコントロール方式として使うか、ということである。次章でこのことを考察してみよう。

10章 コントロール方式

われわれの行動がコントロールされ、影響を受ける過程を考えてみよう。たとえば、あなたの車に新しいタイヤが必要だとする。あなたは、街に出かけて、店に陳列してあるいろいろな商品を見てみる。次に、おそらく街の他の店にも足を運んで、同業者がどういうタイヤを売っているか調べるであろう。選択の手助けとして、消費者向け雑誌に目を向けるかもしれない。結局、あなたは、ひとつのことに基づいて意思決定する。そのひとつとは、〝自分自身の利益〟である。最も安い費用で自分のニーズにぴったりのタイヤを買いたいのだ。この際、タイヤ業者に対して抱く個人的な感情などはまったく念頭にないはずである。〝業者の〟福利などを気にかけているわけではない。だから、タイヤ代をもっと多く自分に請求しろなどとわざわざ言い出すこともない。

さて、タイヤを装着して、ドライブに出かける。しばらくすると赤信号にぶつかる。車を止める。これについて考え込むだろうか。いや何も考えない。赤信号で止まるのは、一般的に社会が定めた法律であり、誰でも疑問も持たずにこれを受け入れて従い、身を処している。赤信号で停止するという（暗黙の）〝契約〟を全ドライバーが結んでいなければ、交通は大混乱に陥ることだろう。交通巡査は、法規の遵守を監視し、違反者を処罰する。

信号が変わると、路上を前進し続け、やがて大きな事故の現場に出くわしたとしよう。大いにありうることだが、あなたは高速道路上の停車を禁止する法規とか自分自身の利益を忘れて、事故の犠牲者の救出にあたり、その間、いろいろな危険危機に自らを曝《さら》すこともいとわないかもしれない。このときの気持ちを動かしているものは、タイヤを買おうとしていたときや、赤信号待ちのときの気持ちとは全然違う。つまり、自分自身の利益とか法の遵守ではなく、他人の生命に対する気づかいだといえる。

同様に、われわれの職場環境での行動も、3つの、目に見えないが誰もが知っている方法でコントロールされうる。その3つの方法とは、次のようなものである。

■自由市場原理の力
■契約上の義務
■文化的価値

自由市場原理の力

タイヤを買ったときのあなたの行動は、価格を基本とする自由市場原理の力によって左右されていた。商品とサービスは、互いに自分の側を豊かにしようと努める2つの実体（個人、組織単位、あるいは会社）の間で交換される。これはきわめて単純な、「私はできるだけ安くタイヤを買いたい」対「私はできるだけ高くタイヤを売りたい」という問題である。両当事者はここで、相手が破産するかどうかを気にもしないし気にする素振りも見せない。これはタイヤを売買する上できわめて能率的なやり方である。誰もが自分の利益に公然と奉仕しているので、その取引に目を光らせる者を必要としない。

ではなぜ、いつでも、またあらゆる状況下で、この市場原理の力が通用することにならないのだろうか。なぜなら、それが働くには、売買される商品やサービスが非常に明確に決定された金銭価値を保有しなければならないからである。自由市場では、タイヤのような単純な物の値段をたやすく設定できる。しかし、ひとつの労働環境や事業環境の中で次々と人手を経ていく他の多くの物については、価値設定がむずかしいのである。

契約上の義務

会社間の取引は普通、自由市場によって規定される。売手から商品を購入するとき、われわれはこれをできるだけ安く買おうとし、逆に売手はできるだけ高く売ろうとする。しかし、価値が容易に決定しえないような物の場合はどうなるか。たとえば、ある仕事を完了するのに人間の〝集団〟を必要とする場合はどうだろう。その集団の業務が製品に付加する価値に対し、各人はどれだけ貢献しているのだろうか。

問題は、技術者がグループ内でどんなに価値があるのかは、自由市場に訴えるだけでは明示できない点である。事実、もしわれわれがエンジニアリングの仕事を「ビット」単位で買うとすれば、仕事による貢献額そのものを決めるより、各ビットの貢献度を決めるのに大いに手間取るのが関の山だろう。この場合、自由市場の概念を使おうとすれば、はなはだ能率の悪いことになる。

そこで、技術者にはこう告げることになる。「わかった。きみのサービスを1年間、一定の金額で引き取ろう。その代わり、きみは一定の仕事をやってくれ。これで契約を交わしたことになる。個室と端末装置を提供しよう。きみは業務の遂行に最善を尽くす旨、約束してくれ」

ここでは、コントロールの性質は契約上の義務に基づいており、その義務が仕事の種類とそれを決定する基準とを定めている。日々行なうべきことを事前に逐一指定しておくことはできない相談だから、私はある程度一般的な形で技術者の仕事に対する権限を持っておく必要がある。したがって、雇われた人間は、契約の一部として、自分の仕事をチェックし、査定し、場合によっては訂正する権限を私に認めなければならない。2人はその他の指針にも同意し、双方が守る規則をつくることになる。

こちらが赤信号で止まる代わりに、他の運転手も同様に停車すると期待しうるし、青なら走ってもよい。しかし法律違反者に対しては警察官が必要だし、監督者の場合同様に、それには間接（一般管理）費が必要となるわけである。

契約上の義務の例として他にはどんなものがあるだろうか。税金制度を見てみよう。われわれは収入の一部に対する権利を放棄し、その対価として、一定のサービスを期待する。われわれの税金申告を監視・監査するには、膨大な一般管理費が必要となる。公益事業がもうひとつの良い例を見せてくれる。その代表者が州政府の有力者のところへ出かけてこう言う。「建設や電力販売を他社に一切やらせないと約束してくれれば、当社は3億ドルの発電所を建設し、州のこの地域に電力を供給する予定です」。州側は、「なるほど、それはけっこうですな。だが、われわれは、貴社が発電する電力に対して貴社のご要望どおりの料金を消費者に支払わせることはさせませんよ。公益事業委員会という監視機関を創設し、ここで貴社の消費者への請求金額や貴社の利益をどれほどにするか決めてもらうつもりです」。こうして、独占の代わりとして、契約により、会社は価格設定と利益に関する政府決定を了承せざるをえなくなる。

文化的価値

規則を変えるのが追いつかないほど環境の変化が急速なとき、あるいは、一連の状況があいまいで不明瞭なため、あらゆる可能性を想定し含めようという両当事者間の契約が成り立たないほど複雑化してしまったときは、文化的価値に立脚する別のコントロール方式が必要になる。その最も重要な特徴は、ある個人が属している大きな集団の利益のほうが、彼個人の利益に優先するということである。こうした価値観が働くとき、感情的な含みを持つ様々なことば——たとえば〝信頼感〟というようなことば——が前面に出てきて、その役を担うようになる。なぜなら、人は自分自身を守るための自己の能力をグループに委ねているからである。そして、そうした動きが起こるようにするためには、われわれ全員が〝価値〟を共有し〝目標〟を共有し〝手段〟を共有していることを信じなければならない。逆に、これらの価値、目標、手段は、多くの共通・共有体験を通してのみ発展させられるものである。

マネジメントの役割

市場原理の力の作用を監督するのに、マネジメントの助けを借りるには及ばない。ノミの市での売買を監督する人は誰もいない。契約上の義務の場合には、規則の設定や修正、その遵守についての監視、履行と実績の評価と改善などの点でマネジメントの果たすべき役割がある。文化的価値については、マネジメントは信頼感が生き続けるのに不可欠な、共通した一連の価値観、目標、手段を開発育成しなければならない。そのひとつの方法としては〝明瞭に表現すること〟がある。つまり、これらの価値、目標、手段を詳細に明示する方法である。もうひとつは、もっと重要なことなのだが、〝模範〟を示す方法である。われわれの職場での行動が、自らが公の場で口にする価値と矛盾がないとみなされるなら、それは集団の文化の発展を大いに助長してくれる。

最も適切なコントロール方式

私は、ここで文化的価値と名づけたものを理想的なコントロール法だと考えたい誘惑に駆られる。なぜなら、それはとても「素晴らしく」、ユートピア的でさえあり、おそらく誰しもが共通の利益に対して注意を払い、そのためには私利私欲を投げ捨てようと考えるからである。

しかし、これが、あらゆる状況において最も能率的なコントロール法だというわけではない。タイヤを買うときの基準にはならないし、税金の仕組みもこのようには働かない。だから、ある特定の条件が与えられれば、その下での〝最もふさわしい〟コントロール法があるわけで、マネジャーはそれを見つけ出して利用しなければならない。

どのようにそれをやるのか。これについては2つの違った方法が考えられる。まず、個人の動機づけによる方法、次に、その人の職場環境の性質による方法である。想像上の総合指標を使い、環境の複雑さ（Complexity）、不確定さ（Uncertainty）、不明確さ（Ambiguity）を測定することができる。これを〝CUA要因《ファクター》〟と呼ぶことにする。

工程エンジニアであるシンディは、取扱いに慎重を要するテクノロジー、新式だが、まだフル稼動はしていない設備、彼女の考えとは反対のほうへそれぞれ引っ張ろうとする開発エンジニアや製造エンジニアなどに囲まれている。要するに、その職場環境は〝複雑〟なのである。

マーケティング・マネジャーのブルースは、はなはだしい職員不足を補うために、増員の許可を上司に求めるが、上司は言を左右にするだけ。そのため、新人を採用するＯＫがもらえる

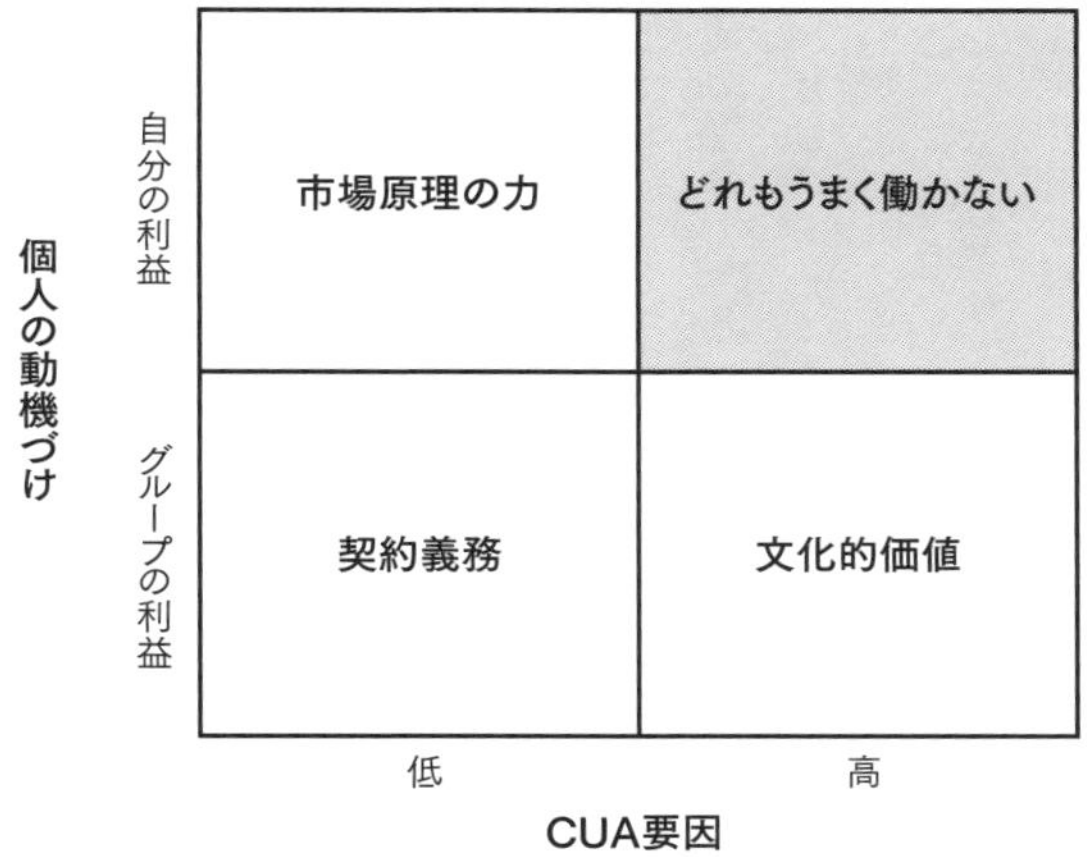

図10－1　どのコントロール方式が最も適当かを確認するのが、マネジャーとしてのわれわれの仕事である。

のか、そうでなかったらいったいどうするつもりなのか、さっぱりわからない。彼の職場環境は〝不確定〟なのである。

また本書中では初めて紹介する、インテル社の配送担当課長のマイクは、無数にあるきりのない委員会、協議会、各部製造部長との応対などに対処しなければならず、しかもどれが終わったのやらなんやらわかったもんじゃない。彼はこうした職場環境の〝不明確さ〟に耐えられず、とうとう辞職してしまった。

次に、4象限に分けた簡単な図10－1を考えてみよう。個人の動機づけ《モチベーション》は、「自分の利益」から「グループの利益」に移行し、また、職場環境のCUA要因は、低と高の間を変動する。では、各象限について、最良のコントロール法を探してみよう。「自分の利益」が高く、CUA要因が低いときは、タイヤ購入の決定のように、市場方式が最適である。個人的動機づけが「グループの利益」のほうへ向かうと契約方式が適切となる。赤信号停止がその例である。「グループの利益」への志向とCUA要因がいずれも高い場合、文化的価値方式が最善の選択となる。これで、事故現場にあった時、われわれが被害者の救助にあたったわけが説明できる。最後に、CUA要因が高く、個人の動機づけが「自分の利益」に基づくときは、〝いかなる〟コントロール方式もうまく働かない。この状態は、沈没する船上でみんなが自分だけは助かろうと争うのと同じで、〝混乱〟が生じるだけである。

われわれが考えた図式を、ある新入社員の仕事にあてはめてみよう。その動機づけ《モチベーション》は何だろうか。かなり高い「自分の利益」に立脚している。そこでCUA要因の低い、明白に規定された仕事を与えるべきである。それをうまくやり遂げたら気が楽になり、自分のことをくよくよ気に病まないようになり、もっと自分のチームのことを考えるようになる。

もしボートに乗っていて前進しようと思うのなら、真っ先にへさきに駆けつけて逃げ出そうとするより、漕ぐのを手伝うほうがよいと気づくわけである。そうなったら、新入社員にも、もっと複雑で不確定かつ不明確な仕事を与えることができる（そのほうが給与は上がる）。そして時間が経つにつれ、彼は、組織の他のメンバーと共有する仕事の経験をどんどん増やし、ますます複雑であいまいな、また不確定な業務にも進んで取り組めるようになる。だからこそ、内部昇進が強力な企業文化を持った会社に好まれるアプローチ方式となるのだ。若い人に、比較的低レベルの、CUA要因の少ない明確な仕事をやらせると、次第に、同僚、上司、部下との業務体験を積み、やがて組織の価値、目標、手段などを学んでいく。複数の上司や対等な同僚による意思決定という込み入った世界を徐々に受け入れ、さらに活躍して才能の花を開かせることさえある。

しかし、何か別の理由で、社外の年配の人を採用することになったときはどうだろう。他の新規採用者同様、彼も高い「自分の利益」を抱いて入社してくることだろう。だが彼には、難問を抱えた組織を与えて管理を任せるしかない。なんといってもわれわれが外部からスカウトしたのは、そのためだったのだから。したがってこの新しいマネジャーは、きびしい仕事に直面するだけではなくて、その職場環境は非常に高いCUA要因を抱えていることになる。その間、組織の他のメンバーとの共通の体験という基盤もなく、自分の仕事の手助けとなる手段についての知識すらない。われわれにできるのは、せいぜい幸運を祈り、彼が「自分の利益」を早く忘れ去り、なるべく早くCUA要因を減らして本務をこなしてくれるよう望むことくらいである。それができないなら、おそらく彼は幸運に見放されることになろう。

仕事のコントロール方式

通常は、前記の3つのコントロール法のいずれかひとつがわれわれの行動を規定するが、日によっては、3つ全部に影響されていることがある。ちょっとボブのコントロール法をたどってみよう。マーケティング担当課長のボブは、昼食をカフェテリアで購《もと》めているが、これは、市場原理の力を受けている。彼の選択は、何を買いたくて何にお金を払うつもりかに基づいて決定される。次に、彼が会社に通勤してくるということは、そもそも契約義務に左右される取引関係を表わしている。彼は自分の最善を尽くすことで一定額の給与をもらっており、これには出社することも含まれている。また、戦略企画活動に参加したいという彼の意志には、文化的価値が働いている。これは、契約に定められた彼の「正規の」職務以外の仕事であり、特別な努力を必要とする部分である。なおかつ彼がそれを行なうのは、自分の寄与できる事柄を会社が必要としていると思えるからにほかならない。

では、ある作業のプロジェクトの実施中に進行する事柄について考えてみよう。ご存じのように、バーバラの部署は、その事業部の製品のセールスにあたるセールスパーソンの訓練に対して責任を負っている。彼女が訓練プログラムで使う教材を購入する場合、望ましい品質のバインダーを最も安い値段で購入するなど、市場原理の力が支配している。しかし、訓練用プログラム自体、仕事における契約上の義務のひとつの例を表わしている。セールスパーソンは、各部門ごとに、定期的な訓練プログラムを実施してくれるよう〝期待〟している。このプログラムは正式の方針説明書の中ではっきり明示の形で委託されている要件ではないが、その根拠は契約的なものである。というのは期待感も法的文書同様に拘束力を持つからである。

多くの事業部が同じセールスパーソン部隊を共有する場合、各部門は製品の販促のためのセールスパーソン養成への一種の既得権を持つ。同時に、各部門が共通の利益のためにお互いの「自分の利益」を犠牲にしないと、せっかくの訓練の場が支離滅裂な参加自由の会合になってしまい、みんなが困る事態に陥る。そこで、各部門に共通する調整された方針をつくる必要があるが、それは会社全体としての価値観によって決定される。こうして、実際のセールスパーソン訓練では、3つのコントロール法のすべてが働くことになる。

最近、工場のマーケティング・マネジャーのグループから、社のセールスパーソンは「自分の利益」だけで動かされているという苦情が出された。その意見によると、セールスパーソンは最高の手数料や報奨金《ボーナス》が取れる品物を売ることばかりに血道を上げているという。いら立っており、また少々身勝手なマネジャーたちは、営業現場の同僚諸君より自分たちのほうが、会社の共通の利益を気にかけていると感じたのである。

しかし工場のマーケティング部門自体が、こういう事態を起こす怪物を招いたのである。セールスパーソン部隊に特定の製品に力を入れさせるため、事業部は、報奨金やら普通ではちょっと行けないような土地への旅行など、様々な賞品をつけたコンテストをしばらくの間、催していた。マーケティング・マネジャーたちは、セールスパーソンの時間という有限で価値のある資源を互いに奪い合ってきたのである。セールスパーソンは、ただ単にそうした期待に応えただけにすぎない。

しかし、セールスパーソンは、これとは対照的な方法で行動することもできる。かつて、ある事業部は深刻な問題を抱え、セールス・エンジニアたちの売る商品が1年近くなかったことがある。彼らはインテル社を辞めて、どこか別の会社で別の職につき、すぐに手数料をかせぐこともできたはずだが、結局はだいたいにおいて残ることにした。それは、会社を信じ、最後には事態が好転すると信じたからである。信条や信念というのは、市場コントロール方式の単なる局面ではなくて企業の文化的価値を守ることから出発しているのである。

第4部
選手たち

THE PLAYERS

11章　スポーツとの対比

私は前の個所で、あるケースを取り上げ、次のような文章に要約した。「**マネジャーのアウトプットはその監督下または影響下にある組織のアウトプットである**」と。

これを別のいい方で表わすと、経営管理はチーム活動であるという意味になる。だが、チームというものは、いかによくまとまっていても、またいかによく指示を受けていても、それを構成する個人個人の力と同じぐらいにしか遂行しないし、業績も上げられない。いいかえれば、われわれがこれまで考察してきたことは、チームの構成員たちが絶えず最善を尽くそうと努力しないかぎり、すべてが無益になる。そこでマネジャーが各人から最高の成績を引き出すために使える手段がある。これから本書で取り上げるのは、そのことについてである。

人が仕事をしていないとき、その理由は2つしかない。単にそれができないのか、やろうとしないかのいずれかである。つまり、能力がないか、意欲がないかのいずれかである。どちらかを決めるのに、簡単なメンタル・テストを用いることができる。その仕事に生活がかかっているとすれば、それができるか。答えが「イエス」ということであれば、本人はやる気がないのである。答えが「ノー」であれば、これは能力がないということになる。

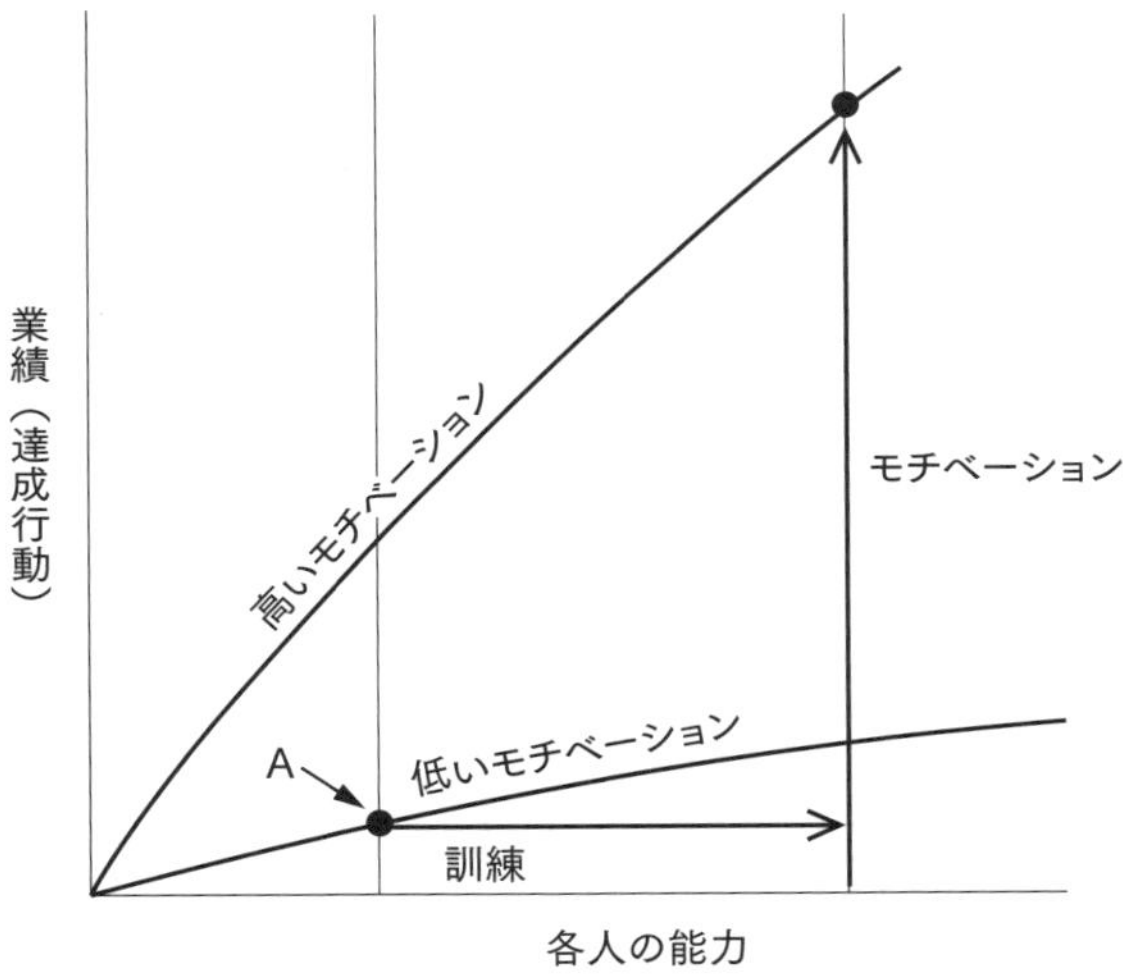

図11－1　マネジャーには業績を上げる方法が2つある――それは訓練とモチベーションである。

私の場合は、たとえ生活がかかっていても、客のリクエストに応じてバイオリンを弾くことはできない。だが、1マイルを6分で走らねばならないとなれば、たぶんできるだろう。それがやりたいことではなくとも、生活がかかっているということになれば、たぶんできるに違いない。

マネジャーの最も重要な仕事《タスク》は、部下から最高の業績を引き出すことである。したがって高いアウトプットの妨げとなるものが2つあるとすれば、マネジャーとしての問題の取組み方は2つあることになる――それは〝訓練〟と〝動機づけ《モチベーション》〟である。それぞれが図11－1に見るように業績を上げることができる。本章での主要関心事は、後者のモチベーションである。

マネジャーはどうやって部下にやる気を起こさせるか。一般的に、このことばには、何かを他人にさせるというような含みがある。だが、私にはそういうことができるとは思えない。モチベーションなるものは人間の内部から発するものだからである。したがって、マネジャーにできることは、もともと動機づけのある人が活躍できる環境をつくることだけとなる。

より良いモチベーションというのはとりも直さず業績が良くなることであって態度や気持ちの変化ではないのであり、部下が「自分はやる気が起きた」などということにはなんの意味もない。大切なのは、環境が変わったために〝業績（遂行行動）〟が良くなるか悪くなるかである。態度というものはひとつのインディケーターとして、人間のモチベーションという「ブラックボックスに切り込んだ窓」になることはあるが、それはわれわれの望む成果でもアウトプットでもない。われわれが望むのはある特定の技能水準における遂行業績向上ということである。

「産業革命」の初期以来の西洋史を振り返ると、ほとんどの時代において、モチベーションは処罰への恐怖が一番の基になっていた。ディケンズの時代に人々を働かせたのは、生命を失うという脅威である。というのは、人は働かなければ給料をもらえず、食物が買えない。しかも食物を盗んで捕まれば吊るされたのだ。間接的ではあったが、処罰の恐怖がそれ以外の場合よりも、人を生産することに駆り立てたのである。

この30年ほどの間に、いろいろな新しいアプローチが現われて、恐怖に的を絞った古いやり方に取って代わり始めた。おそらく、そのような新しいモチベーションへの新しい人間主義的アプローチはその由来をたどって行くと、筋肉労働の相対的重要性の低下と、これに対応する形でのいわゆる知識労働者の重要性の増大ということになろう。筋肉労働者のアウトプットは簡単に測定ができ、期待値からはずれればただちに見つけて、手を打つことができる。ところが、知識労働者の場合には、期待値自体を正確に述べるのが非常にむずかしいので、そういった期待値からはずれたかどうかの判断に時間がかかる。いいかえれば、コンピュータ設計技術者に対しては、ガレー船の奴隷と同じようには恐怖が役に立たないのである。したがって、モチベーションに対する新しいアプローチが必要となったのである。

何が人に仕事をさせるかということについての私の説明は、モチベーションに関するエイブラハム・マズローの理論を強いよりどころにしている。その理由は単に職業生活に関する私の観察がマズローの概念と一致しているからにすぎない。マズローにとって、モチベーションは〝欲求《ニーズ》〟という観念に密接に連結しており、それは人々に〝心理的動因《ドライブ》〟を起こさせ、やがてそれが〝モチベーション〟になる。欲求は一度満たされれば欲求ではなくなり、したがってモチベーションの源泉でもなくなる。簡単にいうと、われわれが高度のモチベーションを起こさせて持続させようと思えば、いくつかの欲求はいつも満たされないままにしておかなければならないことになる。

もちろん、人には様々な欲求が同時に起こるものであり、その欲求の間には必ず強い弱いがある。そしてその強いものが主として各人のモチベーションを、したがって、その業績遂行行動のレベルを決定する。マズローは図11－2に示すように、階層的に並ぶと考えられる一連の

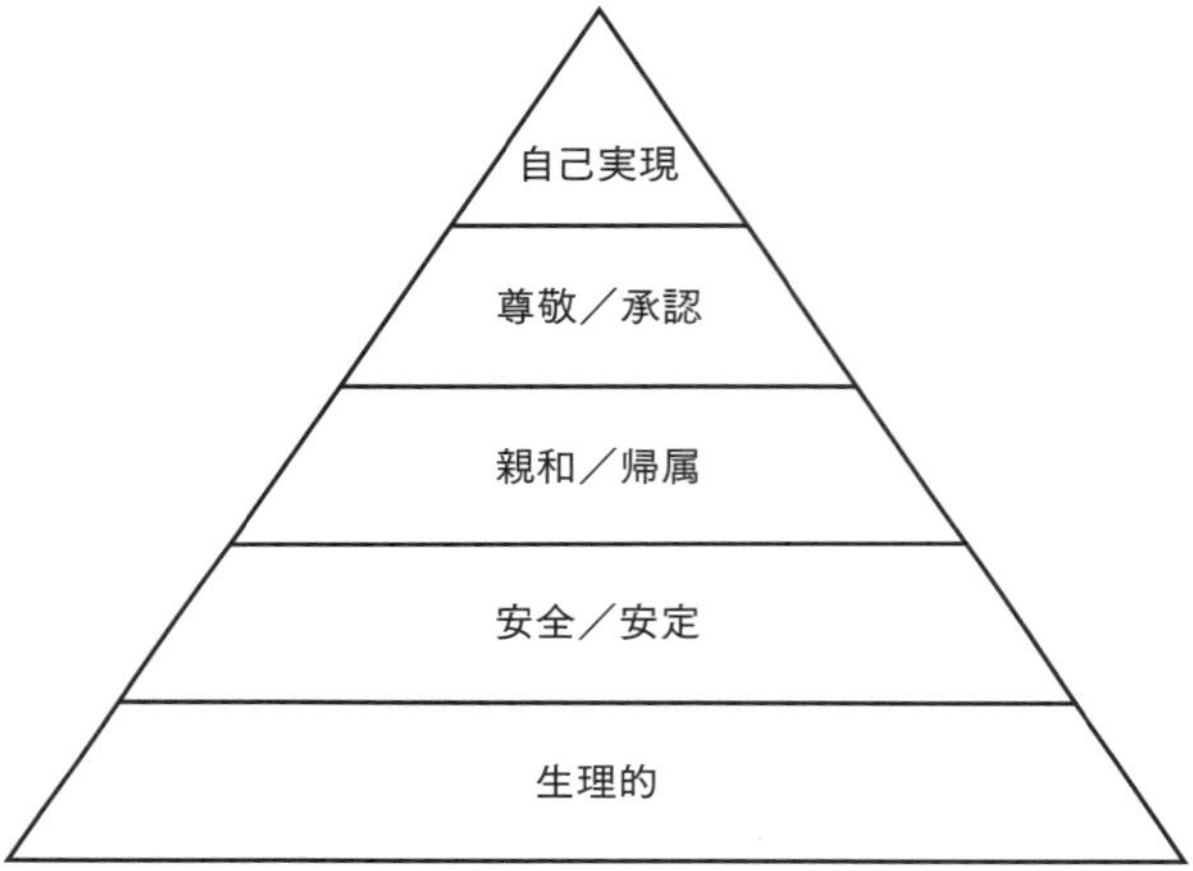

図11－2　マズローは一連の欲求が階層的に並んでいるとした。下位の欲求が満たされると、その上の欲求がこれに代わる。

欲求を規定した。そして下位の欲求が満たされると、そのひとつ上の欲求がこれに代わる傾向があるとした。

生理的欲求

この欲求は、食料、衣料、その他基本的な生活必需品のような、金銭で買える物からなっている。この種の欲求には恐怖が伴う。つまり、人は食料や衣料、その他を奪い去られることを恐れるのである。

安全――安定への欲求

この欲求は、基本的必需品が奪われる状態に逆もどりしないために、自分を守ろうとする願望から発している。安全や安定への欲求が満たされるのは、たとえば医療保険が、医師や病院の料金を支払うと破産するのではないかという心配に対して従業員を守ってやるというようなときである。こうした利益の存在は従業員のモチベーションの源にはならないが、そうした便益が存在せず、従業員がそういったことを心配しなければならないと、業績達成行動に大きな影響があることは疑いのないところである。

親和――帰属への欲求

親和への欲求は、なんらかのグループに所属していたいという人間固有の願望から発している。だが、どんなグループでもよいというわけではない。構成メンバーが自分と何か共通のものを持っているグループを望んでいるのだ。たとえば、エキサイトしている人、度胸のある人、幸福な人は、同じくそういった人々の中に加わりたがる。逆に、不幸な人はどういう仲間でもよいというのではなく、不幸な人々を仲間に持ちたがる。不幸な状態にいて、幸福な人と交わりたがる人はいない。

親和への欲求は非常に強い。私の友人のひとりは長年家事に従事した後、仕事にもどることに決めた。彼女はあまり家計の足しになりそうもない給料の低い仕事についた。長い間私には、なぜそんな仕事をやっているのかわからなかったが、やがてわかった。仕事場の仲間が欲しかったのだ。仕事に行くということは、好きな人々のグループに入るという意味だったのである。

親和への欲求が強いというもうひとつの例は、若いエンジニアのジムである。大学を卒業してジムが最初に就職したのは由緒のある非常に大きな会社だった。一方、大学時代ルームメートだった2人の仲間はインテル社に来た。ジムはそのまま同居していたので、インテル社での仕事について聞かされることになった。その上、ルームメートの職場の友人たちは同じように若く、独身で、卒業してから1年か2年ぐらいなのに、ジムの職場の人間はほとんどが既婚者で、少なくとも10歳は年上だった。ジムは除け者にされたように感じ、会社の仕事が非常に楽しかったにもかかわらず、もっと居心地の良いグループに入りたくなって、辞職し、インテル社に移って来たのである。

生活の環境あるいは状態が変わると、ある一連の欲求を満たしたいという願望が別の一連の欲求を満たしたいという願望に変わる。インテル社の若手マネジャー、チャックがハーバード・ビジネス・スクールの1年生だったときにこういう話がある。最初は教材やら教授たちや失敗や落第などの心配に圧倒されていた。しばらくすると、他の学生たちもみな同じように心配しているという現実がわかり、不安はなくなった。学生はいろいろな研究グループをつくり始めた。

一応の目的は一緒に集まって教材を調べるということだったが、その本当の目的は自信を強めることだった。チャックが支配されていた欲求は、単なる生存のための欲求、つまり〝生理的欲求〟から、安定と安全を求める欲求に移った。やがて、その研究グループも解散し、学生たちはクラスの別のメンバーと仲間を組み始めた。クラス全体は「セクション」とも呼ばれたが、そこにははっきりと識別のできる特徴が出てきた。間もなくそれはチームとなった。メンバーはチームへの帰属、結合、一体感を楽しみ、教授や他の生徒たちの間でのセクションとしてのイメージ持続に努めた。チャックはそこで帰属への欲求を満たすことになったのである。

もちろん、これが逆行することもありうる。最近のことだが、当社のカリフォルニアの工場にきわめて勤労意欲が高くチームワークの取れた生産担当従業員のグループがいた。それが文字どおり急激にがたがたに崩れ、欲求の5段階の上位を満たす状態から、大量のシリコン・ウェハーや高価な生産設備、はては友人までも放棄するほどになってしまった。地震が工場を襲ったのである。人々は生命の危険にさらされ、一切のものを投げ出して、近くの非常口に駆けていった。あらゆる生理的欲求の中で最も基本的なもの――生き残ること――が全面的に出てきて人々をとらえたのである。

生理的な欲求や安全／安定、親和への欲求により、職場に来るところまで動機づけをすることはできる。しかしその他の欲求、すなわち尊敬や自己実現といった欲求は、いったん職場に着いてから実績を上げる原動力となるのである。

尊敬――承認への欲求

尊敬と承認への欲求は、「近所の人《ジョーンズ》たちと張り合う」という陳腐なことばで明瞭にいい表わされている。世間ではこの種の競争に対して眉をひそめがちだが、「隣人《ジョーンズ》」のスポーツ選手が昨年度オリンピックの金メダル保持者だとすれば、あるいは、「隣人《ジョーンズ》」の俳優がローレンス・

オリビエだったとすれば、誰かの真似をして、そうした人並みになりたいという欲求は、積極的なモチベーションへの強力な源泉になる。あなたが認めてもらいたいと思う人あるいはグループでも、他の人にとってはなんでもないということもある――敬意は見られるほうにあるのでなく、見る人の目の中にあるのだ。あなたが野心に富んだ高校生のスポーツ選手だとして、ある有名な選手がたまたま廊下ですれ違ったとき、「ハロー」と声をかけてくれたとすれば、これは実にすばらしいと思うことだろう。しかし、このような偶然な出会いがどんなにうれしかったかと、家族や友人たちに話そうとしても、ポカンとした視線を受けることが多い。同じ高校の生徒でも熱心なスポーツ選手でなければ、この「ハロー」にはなんの意味もないのだ。

これまで述べてきたモチベーションの各源泉にはすべて本質的な制約がある。つまり、どの欲求も、いったん満たされると、もはやその人に対する刺激とはならないということだ。前もって決めた目標や達成レベルに到達してしまうと、前進しようと思う欲求には切実感がなくなってしまう。私の友人のひとりは、仕事ぶりを認められて会社の副社長に任命されたときに、早くもいわゆる「中年の危機」に突入してしまった。こういった地位は一生をかけての目標だった。それが突然のように手に入ったので、あらためて自分自身のやる気を起こすのに別の道を探すことになってしまったのである。

自己実現への欲求

マズローの場合、自己実現というのは「なりうるものには、ならなければならない」という個人の自覚から生じている。スポーツ選手を扱った映画の題名『マイ・ライバル』は自己実現の意味するもの、つまり、努力分野を選び、その中で個人として最善を尽くしたいという欲求をよくとらえている。ひとたび自己実現がモチベーション源となると、行動に対する人の意欲は無限となる。かくて、この欲求の最も重要な特徴は、他のモチベーション源は欲求の充足とともに消えてしまうのに対して、ひとり自己実現への欲求だけは、より高い行動水準へと、人を推し進め続けてゆくものなのである。

人を駆り立ててベストを尽くさせる内面的な力は2つある。〝能力〟に突き動かされるか、〝達成意欲《アチーブメント》〟に駆られるかである。能力に動かされるというのは、仕事または課業に熟達することと関係がある。来る日も来る日も練習を続けるバイオリンの名手は、明らかに尊敬や承認への欲求以外の何かに動かされている。自分自身の腕を磨き、今度は前よりも少しでもうまくなろうと努力している。ちょうど、ティーンエージャーがスケートボードに乗って同じ技を何回も何回も練習するのと同じである。宿題をやるときには10分と静座していないかもしれないが、スケートボードに乗ると、自己実現への欲求、うまくなろうとする際限のない欲求に駆られて、がむしゃらになるのである。

達成意欲に駆られた自己実現への道は必ずしもこれと同じではない。人によっては――〝必ずしも大多数ではない〃が——何をやるにしてもこれをなし遂げたいという、よくはつかめない欲求に動かされている人がいる。こういった人たちの行動は次のような心理実験で実証された。ボランティア数名を募り、床面のあちこちに杭《ペグ》を立てた部屋に入れる。各人に輪《リング》を数個渡すが、それでどうするかという指示は与えない。人々はついに杭に輪を投げ始めた。たまたま遠くの杭を狙って投げる人もいれば、杭のすぐかたわらに立って上から落とす人もいた。さらに数名はわざわざ杭から遠く離れて、うまく杭に入るように輪を投げることがひとつの挑戦になるようにした人もいた。こういった人々は自分の能力の限界線ギリギリのところで試みていたわけである。

研究員はここでの行動の種類を3つに分けた。最初のグループは、ギャンブラーと名づけられ、高い危険《リスク》を冒すが、出来事の成果に影響力をふるうことはしない。2番目のグループは、慎重派と呼ばれ、危険なことはごくわずかしか試みない人たちである。3番目のグループは、達成者《アチーバー》と呼ばれ、自分でどこまでできるかという限界をテストしなければ気がすまない人たちだった。そして頼まれたわけではないのだが、この実験の勘所をおのずと物語っていたのである。いいかえれば、人によっては単に自分自身を〃テスト〃しなければ気がすまない者がいるということを実証したのである。自分に挑戦しようとして何回も輪投げに失敗するが、やがて続けて入り始めるようになると、満足感を持つと同時に達成感をも味わう。要するに、能力志向の人も達成志向の人もそれぞれ自分の能力の限界いっぱいのところを〃自発的に〃試みていたのである。

伸びようとする欲求が自発的に現われないときには、マネジメントがそれを助成するような環境をつくる必要がある。たとえば、目標管理（MBO）システムにおいては、目標を相当高いところに設定しておき、個人（あるいは組織）がたとえ一生懸命努力したとしても、それをなし遂げる可能性は五分五分というようにしなければならない。すぐには手の届かぬ達成レベルを狙って全員が努力すれば、たとえそれが半分は失敗するとしても、アウトプットは大きなものになるだろう。自分の狙っているものが自分自身や部下からの最高度《ピーク》の業績というような場合には、こういった目標設定がきわめて重要なものになる。

また、達成志向型のモチベーションを養おうと思えば、〝アウトプット〟を評価し強調する環境をつくり出す必要がある。私の最初の就職先はある研究開発機関で、そこの大勢の人たちはきわめて高い勤労意欲を持っていたが、知識中心になりがちだった。知識欲は強かったのだが、それが必ずしも具体的な結果を上げるためというわけではなかった。したがって、実際に〝達成されるもの〟は比較的少なかった。インテル社の価値体系はまったく逆である。抽象的な答えは知っていても、具体的なアウトプット創造のためにそれを適用しないコンピュータ科学で博士号を取った人間はまったくといってよいくらい認められない。代わりに、成果を生み出す若手のエンジニアは高く評価され、尊敬される。そして、これが本来あるべき姿なのである。

金銭およびタスク関連のフィードバック

さて、われわれは金銭が人にどのようにやる気を起こさせるかという問題を考えるところにきた。モチベーション階層の低いレベルにあっては、金銭は明らかに重要で、生活の必需品購入のため必要である。しかし、ひとたび自分の期待を満たすことができるだけの充分な金銭があれば、それ以上の金があっても動機づけへの刺激にはならない。カリブ海の当社組立て工場で働いている人を考えてみよう。当地の生活水準はきわめて低く、わが社の人々は大半の住民よりも実質的に一段高い生活を楽しんでいる。ところが、操業開始のころ、従業員の多くはある期間働いて、わずかばかりの金を蓄えると、仕事を辞めてしまった。彼らにとって金銭によるモチベーションには明らかに限界があった。いくら欲しいとあらかじめ決めたところに達すると、それ以上の金も安定した仕事も、もはやモチベーションにはならなかった。

さて、1000万ドル稼いだ後も相変わらず仕事に精を出して、もう1000万ドルつくりたいというあるベンチャー資本家のことを考えてみよう。生理的欲求、安全への欲求、親和への欲求などはこの場合はとても適用できない。しかも、ベンチャー資本家は成功しても通常はそのことを公表しないので、尊敬や承認への欲求に駆られることもない。したがって、欲求階層の上のレベルでは、人が自己実現意欲を充分に発揮していると、金銭自体はもはやモチベーション源ではなくて、むしろ〝達成の尺度《アチーブメント》〟になる。生理的および安定への欲求で動かされる時の金銭は、その欲求が充足されるまでの刺激にすぎないが、達成尺度としての金銭は際限なく人を刺激し動機づけるのであろう。したがって、この人を動かしているのは金銭に対する実利効用的な欲求ではなく、それが意味している達成度であり、しかも達成したい欲求は無限なものなので、2番目の1000万ドルもベンチャー資本家にとっては、初めの1000万ドルとちょうど同じくらい重要なのである。

モチベーション階層のどの付近にいるかは、簡単なテストを利用して判定ができる。ある個人にとって昇給の絶対額が重要ならば、当人は生理的あるいは安全への欲求内で働いているのである。だが、昇給が他の人の昇給と比べてどうなのかが問題ならば、当人を刺激しているのは尊敬／承認あるいは自己実現への欲求である。この場合の金銭は明らかにひとつの〝尺度〟だからである。

人はひとたび自己実現段階に達すると、進捗度や達成度を測定する尺度が必要になる。最も重要な尺度のタイプは遂行業績に関するフィードバックである。能力を向上しようとやっきになっている自己実現中の人にとっては、フィードバックの機構は当人自身の内部にある。例のバイオリンの名人は、音楽はどう響くべきかを知っているし、正しく響かないときも知っているし、正しい音を出すためにたゆまず努力する。したがって、向上の可能性がなくなれば、練習を続ける希望は消える。私の知合いに、オリンピックのフェンシング・チャンピオンで米国へ移住してきたハンガリー人がいる。最近、彼に行き合ったが、そのときの話では、米国に来て間もなくフェンシングをやめてしまったという。ここでは競争のレベルが低いので相手になるほどの人は出てこない、やればやるほど腕前が落ちるような気がするので、もうフェンシングをやる気にならないのだと話していた。

職場におけるフィードバック機構あるいは尺度にはどのようなものがあるか。最も適当な尺度は、組織の働きと従業員の行動をつなげるものである。目標管理システムにおける遂行業績インディケーターやマイルストーンが個人の行動につながっていれば、その達成度を測定し進歩を増進することになるだろう。マネジャーにとっては、ごくあたり前のことだがきわめて重要な責任は、オフィスの大小とか装飾がどうこうなどのような見当違いで無意味な報酬から部下の目を離させて、適切で有意義な報酬に向かわせることである。こういった〝タスク関連のフィードバック〟の中で最も重要なものは、すべての部下が上司から受ける人事考課である。このことについては後述する。

不安

生理的欲求や安定／安全への欲求が支配するモチベーションにおいては、人は生命や手足がなくなることを恐れ、仕事や自由を失うことを心配する。不安や恐怖は尊敬や自己実現への欲求のあり方と関係があるのだろうか。関係はあるが、この場合は〝失敗への不安〟ということになる。だが、それは積極的な、あるいは逆に消極的なモチベーション源だろうか。それはいずれにもなりうる。特定の仕事《タスク》を与えられた場合、失敗の不安は人の刺激となるが、それが固定観念となると、達成欲求に駆られていた人が単に慎重派になるだけである。例の輪投げにもどって考えてみよう。もし、輪投げに失敗するたびに電気ショックを与えるようにしたら、人は間もなく杭のところまで歩いていって真上から輪を落とし、失敗に伴う苦痛をなくそうとするだろう。

一般に、高いレベルのモチベーションにあっては、不安は外部にあるものではない。その代わり、人を手控えさせるのは、自分を満足させられないという不安である。失敗しないかと絶えず心配していれば、自己実現への欲求で行動しているという状態の中にはいられないのである。

スポーツとの対比

以上われわれはモチベーションの研究を通して、マネジャーが部下から最高の業績《ピーク》——「個《パー》人《ソナル》としてのベスト」——を引き出せるように、何が人にやる気を起こさせるかの理解に努めてきた。もちろん、われわれが真に追求するのは組織全体としての業績であるが、それは組織の中の人がどのくらい技能的に優れ、やる気があるかどうかによって決まる。

したがって、マネジャーとしてのわれわれのやることは、まず、各人を訓練し（図11－1を参照。横軸に沿って移動する）、次に、自己実現への欲求が彼らを刺激し動機づけるような点まで引き上げる——この点に一度到達すれば、モチベーションは自給自足となり無限のものとなるから——ことである。

自己実現の線まで人を引き上げる組織的な方法があるだろうか。それに答える意味で、もうひとつ別の質問をしてみよう。オフィスでの仕事にはそれほど強い関心を持たない人が、なぜマラソンに参加してぎりぎりの限界まで頑張るのだろうか。何が彼をして走らせるのか。「彼は他の人々やストップウォッチを打ち負かそうとしているからである」。これは自己実現の単純な表われ方である。今まで思いもよらないほどの高さまで努力し、少しでも遠くまで、少しでも速くと願いながら走り、汗だくでへとへとになるまで頑張るのである。これは金銭のためにやるのではない。距離に打ち勝ち、時計に打ち勝ち、競争相手に打ち勝つためである。何がジョー・フレーザーをしてボクシングをやらせたかを考えてみよう。

誰かが、なぜボクシングをするのかと尋ねるたびに、ジョーはびっくり仰天して答えていた。「それは俺がやることだからなんだ。俺はボクサーで、それは仕事なんだ。俺は仕事をしているだけなんだ」。そしてジョーは金の魅力は否定しない。「ただで仕事をしたがる者はいない」と言う。だが金よりもっと大事なものがある。「俺はスターになる必要はない。目立つ必要はないんだから。だが、俺はボクサーでありたいんだ。それが本当の姿なんだから。要は簡単なことさ」

マネジャーがあらゆる仕事に競争的スポーツの特徴を持たせることができたら、わが国の生産がどんなに上がるか想像できるだろうか。

こういったことをやろうとすれば、まず文化的な偏見を克服しなければならない。われわれの社会はスポーツに夢中になる人を尊敬するが、長時間にわたって働く人は病人や〝働きすぎ中毒〟のようにみなす。だから大多数の人々は、スポーツは善で面白いが、仕事は単調で、必要悪で、楽しみの源泉にはならない、というような偏見を持っている。

昔からよくいわれることばがある。打ち負かせないならその中に加われ。だから仕事の中に競い合うスポーツの特徴を持ち込もう。そしてその精神を職場に持ち込む最善の方法は、従業員が自らを測定できるようにゲームとしての規則と方法を設けてやることである。最高《ピーク》の業績を引き出すということは、何かあるいは誰かに対抗して上にあがってゆくという意味である。

簡単な実例をあげよう。長年にわたり、インテル社施設保全グループ（ビルの清掃管理に責任がある）の業績は可もなく不可もなしで二流レベルだったが、どのように圧力をかけても刺激を与えても、効き目がなさそうだった。そこでわれわれは新しく計画を立て、「ビルの主《ツァー》」というあだ名の駐在の管理責任者に、各ビルの維持保全状況を定期的に採点させることにした。次にこの採点を別のビルの得点と比較させた。すると、〝全ビル〟の状態が急激に良くなった。他に何もしたわけではない。金や報酬を良くしたのでもない。彼らが手にしたのは競馬場、すなわち、競争の場であった。たとえば、施設の保全が仕事ということならば、その建物が最高点を取ることが強力なモチベーション源になる。これがマネジャーのアプローチと関与に対するカギである。すなわちマネジャーは、その仕事を毎日やる人々が見るように仕事を見ることが必要で、部下たちが「競馬場」（競争の場）のできたのを見られるようにインディケーターを考え出してやらなければならない。

もちろん、これとは逆に、競争が取り除かれてなくなると、それに伴うモチベーションも姿を消す。ある新聞のコラムニストが過去を思い出している例を考えてみよう。このジャーナリストは新聞のコラムで競争相手をたたくことで成功していたが、この仕事の楽しみは「彼の新聞と競争紙が」合併後には漸減し始めた。彼はこう言っていた。「あの合併があった日のことは忘れられない。ぼくは社を出て電車に乗り、こう思った……もうやっつける相手はいないんだ」と。

また、仕事とスポーツの対比は、失敗への対応の仕方も教えてくれる。すでに述べたように、本当に燃えて高度にやる気のある心に対する大きな障害のひとつは、失敗しないかという先入観である。それでもわれわれは、競技であれば少なくとも勝負の50パーセントは負けることを知っている。競技者は誰でもそのことを初めから承知しているが、それでもなお競技の途中で勝負を投げ出す人はめったにいない。

この場合のマネジャーの仕事もはっきりしている――〝コーチ〟である。第一に、理想的なコーチはチームの成功を個人的な手柄とは考えないし、それゆえ、各メンバーはコーチを信頼する。第二に、彼はチームに対して、きびしくタフである。きびしくすることにより、チームのメンバーから最高の業績を得ようと期待する。第三に、良いコーチはかつては自分も良い選手だったであろう。良いゲームをやった経験があれば、良く理解もできることになる。

職場を競技場のように考えてみれば、部下を能力の限界に挑戦する「スポーツ選手」のように考えることができ、それが、チームを不断の勝利者に導くカギとなる。

12章　タスク習熟度

ここでもう一度繰り返すが、マネジャーの最も重要な責任は、部下から最高の業績を引き出すことである。何が従業員にやる気を起こさせるかが理解できたものとすれば、ここでの問いかけは次のようになる――たったひとつの最上のマネジメント・スタイル、つまり、これに勝るものはないといったような良いアプローチが果たしてあるのだろうか。

これまで多くの人々が最適の方法を探求してきた。この問題を歴史的に考えると、最も支持されたマネジメント・スタイルは、その時代に支持されているモチベーションの理論に対応して変わってきたように思われる。20世紀初頭においては、仕事についての考え方も単純だった。働く人はどうせよと言われ、そのとおりやれば金がもらえたし、やらなければクビになった。これに対応するリーダーシップのスタイルもピシッと決まっていて、階層秩序体系も明確であった。命令を与える人、命令を受けて文句も言わずにそれを実行する人がいた。

１９５０年代になると、経営管理の理論が、もっとましな人の働かせ方があるという、人間重視の考え方に変わってきて、好ましいリーダーシップのスタイルもそれに応じて変わってきた。ついに、大学に行動科学の学部が開設され発展していくにつれて、モチベーションやリーダーシップの理論が注意深くコントロールされた実験の対象となった。ところが、驚いたことに、初期のころ直感的に考えられていた推測は、実験による裏づけが取れなかった。厳密に調査した結果、特定のリーダーシップが他のものよりも優れているという事実はなかった。最適のマネジメント・スタイルは存在しないという結論を出すのは避けがたかったのである。

私自身の観察からしてもこのことは裏づけられる。インテル社ではミドル・マネジャーのローテーションを頻繁に行ない、経験を広めるためにグループからグループへと移していった。これらグループはその背景と従事する仕事は類似しているが、アウトプットは大幅に差が出やすかった。マネジャーとそのグループは、生産の高い組もあれば低い組もある。マネジャーの異動はしばしば驚くような結果になる。マネジャーを替えたときマネジャーもグループもそれまでの高生産あるいは低生産の特徴を持続しえないのだ。これは、必然的に、高アウトプットは、ある種のマネジャーとある種の作業員グループの特定の〝組合わせ〟によるという結論を引き出すことになる。これはまた、ある特定な経営管理のアプローチがあらゆる状況で必ずしも効果的ではないことをも意味している。

この分野の研究者の中には、特定な状況ではどのようなマネジメント・スタイルが最善かを示唆する基本的な変動要因《バリアブル》があると主張する人たちがいる。この要因というのは、部下のタス《タス》ク関連習熟度《クレレバント・マチューリティ》（ＴＲＭ）であり、それは、達成《アチーブメント》志向度と責任を取ることへの準備《レディネス》の度合ならびに、教育、訓練、経験の組合わせであるとする。また、これは今手がけているタスクに関連したきわめて個別・具体的なものであり、特定の人または特定のグループの人々は、ある仕事では高いが別の仕事では低いＴＲＭを持つことが充分ありうるのだ。

私が言わんとしていることを、例をあげて説明しよう。われわれは最近、きわめて生産性の高いあるセールス・マネジャーを現場から工場に移し、ある工場部門の責任者にした。２つの仕事は規模も範囲も同程度のものであったが、この経験豊かなマネジャーの成績が悪化し、仕事に打ちひしがれたという兆候を見せ始めた。

どういうことかというと、マネジャーの個人的成熟度は変わらないが、環境、内容、タスクなど、すべてが新しいことだったので、新しい仕事での彼のタスク習熟度が極端に低くなったということなのである。やがて対応するすべを覚え、そのＴＲＭは次第に増加していった。それとともに、成績は前に発揮していた傑出したレベル、つまり、そのゆえに彼を昇格させたレベルにもどり始めた。こういうことは完全に予測できたはずであるが、にもかかわらずわれわれは驚いた。われわれはマネジャーの一般的有能度とそのタスク習熟度とを混同していたのである。

同様に、人のＴＲＭはあるレベルの複雑さ、不確定さ、不明確さを与えられると、非常に高くなることがあるが、仕事のペースが加速されたり、仕事自体が不意に変わったりなどすると、低下する。これはちょうど、細い田舎道では長年の運転経験のある人が、突然、混雑した大都市の高速道路で運転を頼まれるようなものである。自分の車を運転していても、ＴＲＭは急激に低落する。

結論としては、タスク習熟度が変わるにつれて、様々なマネジメント・スタイルが必要になるということである。具体的にいうと、ＴＲＭが低いとき、最も有効なアプローチはきわめて正確詳細な指示を与えるやり方であり、監督者は部下に対し、何を、いつ、どのようにすべきかを指示してやることだ。別のことばでいえば、高度に明確な構造と仕組みを持つアプローチが必要になる。部下のＴＲＭが高くなるにつれて、効果的なマネジメント・スタイルは構造化されたものから、もっとコミュニケーションや情緒的な支持や勇気づけといったものを重視するものへ、そしてマネジャーは当面の仕事よりも個人としての部下に注意を払うといったスタイルに変わってゆく。

ＴＲＭがさらに高くなれば、効果的マネジメント・スタイルもまた変わる。ここでは、マネジャーの介入をできるだけ少なくするが、部下が目指して働く目標は必ず双方の合意によるものとしなければならない。だが、ＴＲＭの高低にかかわらず、マネジャーはつねに部下の仕事を綿密にモニターしなければならない。前にも述べたように、モニタリングを実施するかしないかは、監督者がタスクを〝委任する〟のか、〝放棄する〟のかの差となる。様々なタスク習熟度の部下を持つ監督者に対する効果的なマネジメント・スタイルの特徴を表にまとめると、次のようになる。

部下のタスク習熟度　効果的マネジメント・スタイルの特徴

部下のタスク習熟度	効果的マネジメント・スタイルの特徴
低	明確な構造（仕組み）、タスク志向――〝何を〟〝いつ〟〝どうして〟を示す
中	個人志向――双方向通行的コミュニケーション、支持、お互いの判断力を重視する
高	マネジャーの関与を最小限に――目標を設定し、モニターする

（効果的なマネジメント・スタイルを決定する基本的変動要因は、部下のタスク習熟度である）

ここでひと言注意しておきたいが、明確な構造を持つマネジメント・スタイルのほうがコミュニケーション志向のスタイルよりも価値が低いなどと、判断しないことである。何が「良く」て何が「悪い」ということは、あなたの考え方や行動の中で、いかなる場も占めてはならない。われわれが追究しているのは、何が最も〝効果的〟かという点である。

この理論は、親と子の関係の展開に類似している。子供が成熟してゆくにつれて、最も効果的な親としてのスタイルも変化する。子供の「人生・生活習熟度」、つまり年齢とともに変わってゆくのだ。よちよち歩きの子供には、親は壊れるような物や怪我をしそうな物に触れないよう教えてやらなければならない。子供は、手に取って遊びたいと思う花びんが家宝だとは理解できないが、「やってはいけない」ということばは理解できる。だんだん成長してゆくにつれて、自分自身の発意で物事を、つまり、親が、怪我からは守りたいと思いながらも、子供に勧めたいと思うことをし始めるようになる。

たとえば、子供に三輪車の代わりに自転車を薦めるかもしれない。だが、親は子供に単に好き勝手に外へ出すわけではない。側につき添って自転車が倒れないように保護しながら、道路での安全について話してやるだろう。子供の成長がさらに進めば、親は細かい指示を省けるようになる。子供が自転車に乗って出かけるときも、長ったらしい安全規則を聞かせる必要はなくなる。最後には、子供の生活習熟度が充分に進み、子供は家を離れ、大学に入ることも考えられる。この時点になると、親子の関係は再度変わり、親は単に子供の進歩の度合いをモニターするだけとなるだろう。

万一、子供の環境が突然一変し、生活習熟度が不適切となったような場合（たとえば、非常に深刻な学業不振に落ち込んだときなど）、親は初めのころのスタイルにもどらなければならないこともありうる。

親の（あるいはマネジャーの）監督が明確に構造化されたものからコミュニケーションへ、さらにモニタリングへと移っていっても、子供の行動を規制する構造化の度合が一変するわけではない。ティーンエージャーは交通量の多い州際幹線道路を自転車で横断することが危ないことは〝知っている〟し、親ももはやそれをしてはいけないなどと言わなくてもよい。構造化は〝外部から課せられるもの〟から〝内面的に与えられるもの〟へと移ってゆくのである。

もし親（または上司）が子供（または部下）に正しい物事のやり方（正確に業務を処理する上での価値規準）を早くから伝えていれば、やがて子供は親と同じような意思決定をすることになろう。事実、実践上の価値観、優先順位、好みなどを共有していること、つまり、いかにひとつの組織が一致協力しているかということは、経営管理上のスタイルが進歩していくことを望むならば、必須の条件である。

このような共有化がなければ組織はすぐに混乱を生じ、目的意識を失ってしまう。したがって、共通の価値観を伝えてゆく責任はまさに監督者にかかっている。いずれにしても、彼は部下のアウトプットに対して責任があり、また、価値観を共有していなければ、監督者は仕事を有効に委任することができない。

いつも傑出した仕事をしていた私の同僚のひとりがある若手を雇い、古い仕事の一部を任せて自分自身は新しい仕事にかかることにした。その部下は仕事がうまくできなかった。その同僚の考え方はこうだった。「彼は自ら間違いを経験しなければならない。そうして次第次第に覚えてゆくものなのだ」と。この場合の問題は、部下の授業料を顧客に払わせていることにある。これは絶対に正しくない。部下に物事を教える責任は必ず上司が負わなければならないし、組織の内外を問わず、顧客が支払うべきものではない。

マネジメント・スタイルとマネジャーのテコ作用

監督者としてわれわれは、明らかに現実的な理由からして、部下のタスク習熟度をできるだけ速く伸ばしてやらなければならない。TRMが高い従業員にかなったマネジメント・スタイルは、きめ細かく構造化された監督の仕方ほどは時間を必要としない。その上、業務運営上の正しい価値判断を一度学び取り、かつ、TRMが充分に高くなれば、監督者はその部下に仕事を委任することができ、その結果自分の〝管理のテコ作用〟を増大できることになる。最後に、TRMが最終レベルに到達すれば、部下の訓練はたぶん完璧であろうし、モチベーションは内部から、つまり、マネジャーが利用しうる最も強力なエネルギーと努力源である自己実現への欲求から発生するといえよう。

すでに述べたように、人のTRMは特定の作業環境によって左右される。環境が変われば、TRMも変わり、それに応じて監督者の効果的なマネジメント・スタイルも変わってくる。無事平穏なある軍隊の陣地での生活を考えてみよう。指揮を執っている軍曹は部下を一人ひとり充分によく知るようになり、だいたいにおいて相互に打ち解けた関係が保たれている。日常やることは決まり切っているので、誰にもいちいちどうしろという必要はないし、グループとしてのTRMの高さに応じて、軍曹は部下の行動をモニターするだけで満足している。ある日ジープに乗った敵兵が現われ、丘を越えて、陣地に攻撃を仕掛けてきた。軍曹はたちまちスタイルをもとにもどし、構造化されたタスク中心のリーダーシップ・スタイルになった。一人ひとりに対してどなりつけるようにして、何を、いつ、どのように、しろと言いつけた。しばらくして、もしこの小競り合いが続き、兵士が2カ月も同じ場所から応戦を継続するようになると、これも最後には日常の出来事になってしまう。そうなると、新しい仕事（戦闘）に対するグループのTRMが高くなってくる。軍曹は一人ひとりにどうしろというのを次第に緩和できるようになる。

別のいい方をすると、コミュニケーションや相互理解に基づくスタイルでマネジャーが行動できるかどうかは、そのための時間が充分にあるかないかで決まってくる。モニタリングは、理論上はマネジャーの最も生産的なアプローチではあるが、われわれは現実世界においてもそれに相応するように独自の方法を切り開いていかなければならない。それがうまくできたとしても、突然事情が変われればまたもとの「何を－いつ－どのように」のやり方にすばやくもどさなければならない。

開けたマネジャーはこういううるさいやり方は使うべきでないように考える。結果として、手遅れになってどうにもしようがなくなるまでそれを取り上げようとしないことが多い。マネジャーはこういった偏見と戦い、特定の作業環境における部下のTRMがわかっているとしたら、マネジメント・スタイルの良し悪しをではなく、それが効果的か効果的でないかの判断を学ばなければならない。こういうわけで、リーダーシップの研究者にはマネジャーが使う唯一最良の方法が見つからないのである。それは毎日のように変わるし、時々刻々変化するのである。

良いマネジャーになるのは容易ではない

部下のTRMを判定するのは容易なことではない。その上、たとえそのTRMがわかったとしても、自分としての個人的な好みに走りすぎるため、マネジメント・スタイルを論理的かつ適切に選ぼうとしない傾向がある。たとえば、あるマネジャーが部下のTRMを「中」（前の表参照）と判断したとしても、実際には「構造化の度合の高い」あるいは「最小限」のマネジメント・スタイルを選ぶ可能性がある。いいかえれば、マネジャーは部下の仕事にはまり込んで代わりに意思決定をしたいか、あるいは、完全に放り出してわずらわされたくない、のいずれかと考えているのである。

これに関連のあるもうひとつの問題は、マネジャーの自己認識である。われわれは実際以上に、もちろん部下たちが考えている以上に自分自身のことをコミュニケーションの良い人、権限委譲をよくする人だとみなしがちである。この結論については実はテストしてみた。数名のマネジャーに上司のマネジメント・スタイルを判定してもらい、さらにその上司に自分のマネジメント・スタイルを尋ねたのである。監督者の約90パーセントは自分のマネジメント・スタイルについて、部下が考えている以上に、良くコミュニケーションを行ない、権限委譲をしていると考えていた。この大きな食い違いの原因は何か。部分的にはマネジャーが自ら完全な権限委譲者と思い込んでいるからである。だがまた、マネジャーが部下に対して提案や示唆のつもりで投げかけたものが、部下のほうでは前へ進めの命令だとして受け止めることもあり、それがこうしたパーセプション上の差を広げているのである。

あるマネジャーがかつてこう言ったことがある。彼の上司は有効なコミュニケーション・スタイルのマネジメントを実行している、なぜなら彼と一緒にスキーに行ったり飲み歩いたりしているからだと。このマネジャーは考え違いをしている。社交的な関係と、部下の〝仕事〟にかかわり合いを持つコミュニケーション型の〝マネジメント〟の間にはきわめて大きな差がある。仕事を離れたときの親密な関係が仕事上にも同じような関係をもたらすこともあるが、この2つを混同してはならない。

私が知っている2人は、上司・部下の関係にあった。彼らは毎年2人だけで1週間ほど遠隔地に行き、釣りをして過ごした。釣りをしているときは絶対に仕事の話をしなかった——仕事のことは会話には乗せないという暗黙裡の了解があった。不思議なことに、2人の仕事上の関係は離れたままだったが個人的な友人関係はそれになんの影響も及ぼさなかった。

このことから、われわれは昔からいわれている質問、上司と部下との友情は良いものかどうか——という問題を考えてみよう。一緒に働く人との間に社交的な関係が入ってくるのは絶対に認めないと、ためらわずに主張するマネジャーもいる。事実、それにはプラスもあればマイナスもある。部下が個人的な友人の場合、上司はコミュニケーション中心のマネジメント・スタイルにたやすく移行してゆけるが、例の「何を - いつ - どうして」のやり方が必要なときでも容易にそれにもどれなくなる。友人に命令を出すのは嫌なものだ。私は上司が部下兼友人にけじめをはっきりつけてスタートラインにもどさざるをえなかった例をいくつか知っている。

友人関係が壊れた例もあるし、社交的関係が強かったおかげで、部下が上司の求めているのは専門の仕事に関することだと感じ取り、上司の処置がうまくいった例もある。

人は誰でも、それぞれの場で自分にとっては何が専門の仕事で、何が適切かを自分で決めなければならない。このようなときは、友人に対しきびしい考課を自分が実施しているところを想像すればよい。こうした考えには到底ついていけないと思うだろうか。そうだったら、職場に友人をつくってはならない。それでも胃がなんともないような人であれば、たぶん、個人的関係が仕事関係を強化するようなタイプになれよう。

13章 人事考課——裁判官兼陪審員としてのマネジャー

なぜ、悩むのか

なぜ人事考課や勤務評定はたいていの組織のマネジメント・システムの一部になっているのか。そして、何のために経営管理者は部下の業績を評価するのか。私はこの2つの質問をあるミドル・マネジャーのグループに投げかけたところ次のような答えを得た。

部下の仕事を査定するため
業績を改善するため
動機づけのため
部下にフィードバックを与えるため
昇給の妥当性を裏づけるため
業績に報いるため
規律を引き締めるため

仕事の方向を示すため
企業文化を身につけさせるため

次に、そのグループに自分たちが部下を考課している場面を想像して、そのとき自分がどんな気持ちになるかを尋ねた。その答えをあげると、

プライド
怒り
心配
不安
罪悪感
共感／気づかい
困惑
欲求不満

最後に、私は同じグループに彼らが受けた考課を思い出し、考課がおかしいと思ったことがあったかどうか尋ねた。答えはすぐ出て、しかもたくさんあった。

考課のコメントがあまりにも一般的
考課内容に矛盾がある（とくに評点とか昇給額との間に矛盾がある）
改善の仕方についての指示がない
否定的なことが避けられてある
上司が私の仕事を知らない
ごく最近の業績だけが考慮されている
予期せぬ意外な評価でビックリ

この回答を見ても、考課とは、非常に複雑でむずかしい仕事で、マネジャーにとってもなかなかうまくこなせないものであることがわかるだろう。

しかし、実のところ、そのような考課をすることこそ、管理・監督者が部下に提供できる〝タスク関連フィードバックの中でたったひとつの最重要な方式〟なのである。それは、いかに部下の業績水準を査定し、その査定をいかに個別に部下に知らせるか、またどのように報酬――昇進、昇給、従業員優先持株権など――を配分するか、ということである。前に述べたが、考課は部下の業績――良い面でも悪い面でも――に長い間影響する。そして、それはマネジャーが最高のテコ作用を発揮したかどうかの査定ともなる。要するに、考課はひとつのきわめて強力なメカニズムであり、また、それにからまる意見や感情が強くて、かついろいろ違いがあることは少しも不思議でない。

しかし、その基本的な目的は何か。私の右の質問に対する回答はどれももっともではあるが、その中に最も重要なものがひとつある。それは部下の〝業績を改善すること〟である。考課は通常2つのことに使われる。第一に部下の〝技能水準〟、つまり、どんな技能に欠けているか、その欠陥を矯正する方法は何かを発見すること。第二に、同じ技能水準の中でより高い業績水準に押し上げるように部下の〝モチベーション〟を強めること、である（図11－1を参照）。

考課プロセスはまた、制度化されたリーダーとしての仕事の中で最も公式的なものである。このときにかぎって、マネジャーは裁判官として陪審員として行動するように定められている。部下について公正な判定を下し、その判定を部下に面と向かって伝えることを、マネジャーは自分を雇っている組織から要求されているのである。

管理・監督者のこの責任は明らかにきわめて重い。管理・監督者はこの仕事を適切にやるためにどんな準備をしてきたのだろうか。私が思いつくのは、かつては自分たちも考課を受け取る側だった、ということぐらいである。一般にアメリカの社会では面と向かっての対決を避けることを重視する。「論争《アーギュメント》」ということばにさえ、眉をひそめる。これについては、もうずっと昔のことになるが、私がハンガリーから米国に初めて来たとき、知ったことがある。「論争」ということばは、ハンガリー語では意見の相違を描写することばとして始終使われていた。私は英語を習い始めて「論争」ということばを使った。すると、「論争のことではないでしょう。討論《ディベート》のことでしょう」とか「君の言っているのは議論《ディスカッション》のことかもしれないね」などと、ことばの違いを直された。友人や同僚とは意見の相違や対立をもたらすかもしれない政治や宗教などについて討議しないものとされている。フットボールの得点、庭づくり、天気のことなどは話題にしてもよい。お行儀の良い人は感情的になりそうな問題はそっと避けて通るものだと教えられてきている。要するに、正しい人事考課をすることは、われわれの文化的背景とわれわれの専門職としての訓練のことを考えると、まことにユニークな行為なのである。

考課は大組織にだけ適用されるものとは片時も考えてはならない。それは2人のアシスタントしかいない保険代理店から、教育、政府、非営利組織にいたるまでいかなる業務、いかなる規模の組織にも適用される経営管理業務の一部なのである。これをかいつまんでいえば、業績が業務遂行上問題となるかぎり、考課は絶対に必要なのである。

考課の2つの側面——業績の査定とその査定内容を伝えること——は両方とも同じようにむずかしい。それぞれをもう少し詳しく見てみよう。

業績の査定

専門職の従業員の業績を厳密に客観的な態度で判定することは、専門職の従業員の仕事を完全に測定し特徴づけるピシッと決まった方法がないので、非常にむずかしい。たいていの仕事は評価の対象となる期間内にアウトプットが出る活動とはかぎらないものが多い。それでもなお——本当に客観的に測定できるものはアウトプットだけだから、われわれは必ずしも客観的でありえないとはわかっていても——他人の業績を査定する上では、そのような活動に適当なウェイトづけをしなければならない。だから、専門職を監督する人は誰でも綱渡りをするようなものだ。客観的でなければならない。しかし、たとえ判断なるものは、その本質からして主観的なものであっても、それを下すことを恐れてはならない。

査定のむずかしさを弱めるためには、管理・監督者は部下に何を期待するかを事前に自分の心の中で明確にし、それから部下がその期待どおり実行したかどうかを判断してみることである。考課における最大の問題は、管理者が通常部下に何を期待しているかをはっきり決めていないことである。前にも述べたが、自分が望むものを知らなければ、どうして確実にそれを得ることができようか。

経営管理の「ブラックボックス」というわれわれの考え方を振り返ってみよう。それを使うと、業績を〝アウトプット（出てきたもの）の測定〟と〝内部的なものの測定〟とに特徴づけることができる。前者はブラックボックスのアウトプットであり、完成されたデザイン、セールス割当ての達成、工程における産出高の増加など、図表で表わせるものを含んでいる。内部的な測定というのは、ブラックボックスの内側に起こる活動、つまり考課期間内にアウトプットを起こすように働いたもの、そしてまた、将来アウトプットを出すためのお膳立てをするものすべてを考察することである。現在の生産目標を達成するのはよいが、2カ月後に生産担当従業員のグループから不満が出はしないか。自分の部門は現在の仕事を将来も処理できるように人材を配置し育成しているか。全体としてうまく運営されている部門となるようにあらゆることを実施しているか。アウトプットの測定と内部的測定の重要性を相対的に比較する厳密な公式はない。適当なウェイトづけは、状況によって、50／50、90／10、10／90となることもあり、それが毎月変動することさえある。しかし少なくとも、どの2つの変数が互いにトレードオフされるものかを知っておくべきだろう。

同じようなトレードオフが、長期志向業績対短期志向業績のウェイトづけにあたっても考慮されなければならない。製品設計に携わっているエンジニアは、収益をあげるために、厳密に決められたスケジュールに沿って、プロジェクトを完成させる必要がある。それと同時に彼は、将来同じような製品の設計がたやすくなるような設計〝方法〟を研究しているかもしれない。このエンジニアは両方の活動を評価し検討してもらうことが明らかに必要である。どちらがより重要か。このような質問のウェイトづけに役立つものに、財務で使用する「現在価値」という考え方がある。将来志向の活動はどれくらいの期間でペイするか、そしてそれは現在価値に直すとどのくらいの価値があるのか。

時間要素も考慮する必要がある。考課対象期間の部下のアウトプットは、同期間内の彼の活動のすべてと関係があることもあるし、部分的であったり、まるで関係がないこともある。したがって、管理・監督者は部下の活動とその活動から生じるアウトプットとの間の時間のずれ《オフセット》を考慮すべきである。この点について私はかつて苦い経験から教訓を得たことがあるので、事例をあげて説明しておきたい。私の所属下にあったマネジャー数名のうちのひとりの組織が、ある年度、とびきりの業績をあげた。アウトプットを測定してみると、すべての面で優秀だった。売上げは増加し、利幅も良く、製品も良かった。彼の上司としては優秀な考課を下す以外、何も考えられないほどだった。しかし、私は何か心もとなさを感じた。彼のグループは、あるべき水準よりも転退職率が激しく、従業員たちの不満も非常に多かった。他にもかすかながら危険な兆候があったが、具体的に測定できる業績が優れているとき、誰がそんなつかまえどころのない兆候に信を置くだろうか。だから、そのマネジャーは非常に良い考課結果をもらった。

翌年、彼の組織の成績は急降下した。売上げの伸びは姿を消し、利益率は低下した。製品開発は遅れ、部下の間の混乱も深まった。私はこのマネジャーの次期の考課を準備しているとき、何が起こったのか分析するのに大変苦労した。マネジャーの業績は、彼の組織のアウトプットの尺度が示しているように、突然悪化したものなのか。いったい何が起こったのか。私は結論として、状況はまるで良くないようだが、マネジャーとしての業績遂行行動は第二年度には改善されつつあるものと判断した。問題は彼の業績遂行行動がその1年前に良くなかったことであった。アウトプットのインディケーターは、いわば遠い星からの光のように、数年前に行なわれたことを示しているにすぎず、それが前回までは高かったのである。マネジャーの仕事と彼の組織のアウトプットとの間の時間のずれは約1年であった。非常に当惑はしたが、前年、彼に優れた考課を与えたことは、残念ながら完全に間違っていたと結論した。たとえアウトプットのインディケーターは秀であっても、考課の対象となった年の実態を反映していないのだから、直感という内部的な尺度を信じてそのマネジャーをもっと低く考課すべき判断と勇気を持つべきだったのだ。

活動とアウトプットの間の時間のずれは、また反対の場合にも適用できる。インテル社が設立されて間もないころ、まったく無の状態から生産施設を設営したある部下の考課をすることになった。その部署ではまだ何も製造してはいなかった。しかし、もちろん目に見えるアウトプットが現われるまで考課を待つこともできなかった。私は具体的なアウトプットの記録のない人を監督した経験はなかった。この場合、アウトプットは不確定のままではあるけれど、その部下に良い評点をつけた。マネジャーは業績がはっきりしているときにだけそれを見て記録するのではない。目に見えない業績を〝判断する〟ことも求められているのである。

最後に、マネジャーを考課するときに判断すべきなのはその業績なのか、それともその監督下のグループの業績なのか。その両方を判定すべきである。最終的に追求しているのはグループの業績であるが、マネジャーはなんらかの方法で〝価値を付加する〟ためにそこにいるのである。考課者はそれが何であるかを決めなければならない。したがってこう自問すべきである。彼はグループと一緒に何かをしているか。新人を雇っているか。部下の訓練をしているか。将来そのグループがアウトプットを改善できるように、何か手を打っているか。専門職の業績を決めるときの最も困難な問題点は、この種の問いを投げかけて判定を下すということにある。

避けなければならない大きな落とし穴は、「可能性《ポテンシャル》という罠」である。いつでも可能性でなくて実績を評価するよう努力するべきである。「可能性」とは実質以外のものをいう。私はかつて、ひとりの事業本部長《ゼネラル・マネジャー》に関して、その年、前の上司が下した高い考課を承認してくれるように求められたことがある。そのマネジャーはある事業部門の責任者だったが、赤字を出し、収益予測が毎月はずれ、エンジニアリング・スケジュールを守れず、全般的に見てアウトプットは貧困で、内部的な尺度でもその年は悪かった。したがって、私はそうした考課を承認できなかった。すると、その上司はこう言った。「しかし、彼は優秀なゼネラル・マネジャーです。知識があり、自分を上手に管理できます。うまくいっていないのは彼の組織です。マネジャー自身ではありません!」。これは私にとっては説得力のない説明であった。なぜなら、〝マネジャーの考課を、彼の組織に与える考課より高くすることはできない〟からである。重要なのは、実際の業績を査定することであって、外見を見ることではない。つまりほんとうのアウトプットを評定することが大切なのであって、良い外形を評定することではないのだ。このマネジャーに高い考課をつけたら、さらに実績をあげるためには、この良きマネジャーのごとく「行動」し、この良きマネジャーのごとく話し、この良きマネジャーを見習わなくてはならないが、この人のように実績をあげなくてもよいということを、インテル社全体に対して伝えていることになるのだ。

昇進についての意思決定は、当然のことながら、考課と結びつく。誰を昇進させるかの選択ほど、明確に大声でもってマネジャーの価値観を組織に対して知らせるものはないことをわれわれはよく認識しておかなければならない。誰かを引き上げることで、われわれは、実質的に組織内の人々に対する役割モデルをつくり出しているのである。古い諺《ことわざ》に、「最良のセールスパーソンをひとり昇進させてマネジャーにすると、良いセールスパーソン1名をだめにし、悪いマネジャーを1名つくる」というのがある。しかし、よく考えてみると良いセールスパーソンを昇進させる以外選択のしようがないことがわかる。万一最悪のセールスパーソンがマネジャーの職を得たらどうなるだろうか。われわれは最良の人を昇進させることによって、部下に業績が物をいうことを知らせているのである。

部下の業績を査定することは非常にむずかしいことであるが、われわれはまたその業績の〝改善〟にも心がけなければならない。ひとりの部下がいかによく仕事をしたとしても、なお改善を示唆しうる道は発見できるはずである。そういうことに対して、気まずい思いなど少しもする必要はないのだ。たとえ後知恵であったとしてもまともな目で見れば、部下ができたかもしれないことに対し、何をやったかを比較することができる。そして、その差異は将来どうしたら改善できるかの方法をわれわれに教えてくれるはずである。

査定の内容を伝えること

考課の内容を伝えるとき、心に留めておくべき、Lの頭文字のことばが3つある。それは、Level（相手のところまで降りていって率直に）、Listen（相手の話をよく聞き）、Leave yourself out（自分を圏外において、客観的に見ること）である。

マネジャーは部下と「率直に《レベル》」話をしなければならない――考課システム全体への信頼性と誠実さが認められるかどうかは、管理・監督者が完全に率直であることによって決まる。そして人を率直なやり方で褒めることは、嫌な思いをしないで人を批判するのと同じようにむずかしいと気づいても、驚くにあたらない。

「人の話をよく聞く《リスン》」ということばには、ここでは特別の意味がある。コミュニケーションの目的は、Aという人の頭から、Bという人の頭へ意思を伝達することである。Aの頭の中の意思は初めことばに転換され、発音されて音波によりBの耳に達する。それは神経インパルスとしてBの脳まで進み、そこでふたたび意思にもどされ、おそらくは記憶される。Aという人はレコーダーを使って、考課の時に使うことばを確かめるべきだろうか。答えははっきりと「ノー」である。ことばそれ自体は手段にすぎない。正しい意思をコミュニケートすることが最終目的である。おそらくBは非常に感情的になり、誰にとっても完全に明瞭なことですら理解できないかもしれない。また答えを考え出そうと気を取られるため、Aの言うことに本当に耳を傾けたり理解できないこともある。耳を貸さなかったり、耳が痛いので逃げ道として魚釣りのことを考えたりしていることもあろう。そういういろいろなことが起こりうるし、現に起こってもいる。とくにAのメッセージが意見の不一致を含んでいれば、それだけそうした可能性も高い。

それではあなたの言うことを完全に聞いてもらうためにはどうすればよいか。どんなテクニックを使うべきか。部下にあなたの使うことばを彼のことばにいいかえさせれば充分なのか。そうは思わない。あなたがしなければならないことは、あなたの感覚能力の〝すべて〟を使うことである。話を聞いてもらっていることを確かめるためには、話しかけている相手をよく〝観る〟べきである。問題が複雑であればあるほど、コミュニケーションは伝わりにくい傾向がある。部下はあなたが言うことに適切な応答をしているか。あなたの言わんとしていることを受け入れようとしているか。もし彼の反応——ことばによる表現でも表情などのことば以外のものでも——から、あなたの言っていることが完全には伝わっていないとわかったなら、相手がよく耳を傾け、理解したという満足感が得られるまで、根気よく話し続けることが〝あなたの責任〟である。

私が「人の話をよく聞く《リスニング》」というのは、こういうことなのである。あなたの言いたいポイントが部下の頭で正しく解釈されるために全感覚機能を使うことである。あなたが正しい考課を準備するためにせっかくありとあらゆる知性と誠実さとを傾けても、こうならなければ、何も生み出さない。もう一度繰り返すが、あなたの使用する武器は全面的《トータル》なリスニングである。

良い教授は教室でも同じ方法で教える。自分の言っていることが生徒に理解されるときのことをわかっている。もし生徒が理解していないと思ったら、注意してもう一度同じことを説明するか、異なった表現で説明し直す。誰でも経験がおありだろうが、黒板ばかり見つめてもぐもぐ話し、生徒たちと視線が合うのを避ける教授もいる。こういう教授は、自分の授業がわかりにくくて理解できないことを知っているので、その点をわざわざ自分の目で確認することを避けるために、生徒から視線をそらすわけである。だから、考課を伝えるときは、そんな教授の悪例を真似してはならない。部下があなたの言わんとすることを聞いていると全力を傾けて確認し、彼が受け入れたことがわかるまで、考課の伝達を中止してはいけない。

三番目のLは、「自分を圏外で、客観的に見ること《リーブ・ユアセルフ・アウト》」である。考課はあなたの部下のためのものであると理解することが重要である。したがって、自分自身の不安感や罪悪感など、心の中にあるものすべてを忘れてかからねばならない。問題になっているのは部下のことであって、管理・監督者自身のことではない。部下のための審判の日なのである。誰でも人を考課する場に臨むと、ちょうど俳優でも舞台であがるといわれるように、考課の内容を伝える前や伝えているときは気持ちが高ぶりがちである。あなたはそのような感情を抑制し、考課を伝える仕事に影響させないようにすべきである。考課というものは何回やってもそうした気持ちは湧いてくるだろうが、注意が肝要である。

さて、次に考課の3つのタイプを考えてみよう。

「一方では……他方では……」

たいていの考課は、この範疇《はんちゅう》に入り、肯定的な査定と否定的な査定との両方を含んでいるものである。ここで共通して問題になるのは、皮相的な意見、決まり文句、無関係な観察事項などの長たらしい羅列である。これらはすべて部下を当惑させ、本来の目的である将来の業績改善に役立たない。この種の考課を伝える上で役立つ方法をいくつか提案しよう。

カギはあなたの部下が、たいていの人と同じように、事実や問題や提案を処理する上で一定の〝有限能力〟しかないと認めることである。あなたは彼の業績について7つの本当の事実を知っているかもしれない。しかし、彼の能力が4つしかないならば、他の3つについて熱心に話しても徒労に終わるだけだろう。悪くすれば、部下を感覚的にこれ以上は受けつけない状態にして放り出すことになり、部下は考課から何も得ないで立ち去ることになろう。人間には一時に吸収できるメッセージに限界があるということは事実なのである、とくに自分自身の考課を受け止める場合はそれがあてはまる。考課の目的は、部下を観察して得た〝あなた側の〟真実を洗いざらい出すことではなくて、〝彼の〟業績を向上させることである。そこで、述べることは、少なければ少ないほど良いといってよい。

では、どうしたらいくつかの重要領域に焦点をあてられるか。最初は、できるかぎり部下の業績をめぐる多くの側面を考慮すべきである。たとえば進捗報告、四半期目標対実績、ワン・オン・ワン・ミーティングのノートなどのような資料にさっと目を通す。それから、白紙を手にして座る。部下の業績を考えるときは、あらゆることを紙に書き込む。頭の中で〝編集〟してはならない。すべてを書き出したからといってそのすべてを話すのでないことを承知しつつも、全部書き込む。大きなこと、小さいこと、つまらないこと、別に順序はないが、すべてが含まれるべきである。書き込むべき項目がなくなったら、その他の関連文書はもう見なくてもよい。

さて次は、そのワークシートから、いろいろ列記した項目間の関係を見つけ出す。おそらく、ひとつの現象を異なったことばで表わした項目があることや、〝なぜ〟一定の強みや弱みが存在するのかを示す証左があることに気づき始めよう。そのような関係が発見できたら、それらを部下への「メッセージ」と命名してもいいだろう。この時点で、ワークシートは次のページに記載したものに似たものになろう。さて、ふたたび、ワークシートから結論とそれを支持する具体例を引き出す。リストが完成したら、伝えようとしているメッセージを部下が全部〝覚

人事考課ワークシート

プラス面

- 企画プロセスがはるかに良くなった（スタートが早い！）
- 「資材委員会」へのレポートが良い
- 「購買」コスト分析プロジェクトを支援した

マイナス面

- スペック・プロセスのほうは……ゼロ！
- 社内のディベート研究会でまったく迫力に欠ける
- スペック訓練の開始が下手
- ~~コンピュータ使用について混乱~~
- ~~同僚（たとえば製造グループ）の話を聞くことはしない~~

伝えるべきこと

1 プラニング・システムについて好成果をあげた（分析的／財務的背景が役に立つ）

2 明確な目標設定能力が不充分――より良き成果を追求することに努力せず現在の活動に満足！

3 ~~コンピュータ~~知識（この項は当人には言わない。2だけに集中）

（――は重要でないので削除）

えられるか〟どうか自問自答してみよう。もし覚えられそうになかったら、あまり重要でないものを削除する。今回の考課の中に入れなくても、次回で取り上げることはできる。

さてここで、考課での〝予期せぬ評価《オドロキ》〟について話しておこう。定期的にワン・オン・ワン・ミーティングを開き、必要に応じて指導しながら、その年度中、充分に管理・監督者としての責任を果たしていれば、考課の時点で何も驚くようなことは出てこないはずである。果たしてそうだろうか。いや、違う。ワークシートを使うと、時に、あなたをハッとさせるようなメッセージが浮かび上がってくることがある。そこで、あなたはどうするか。そのメッセージを伝達すべきかどうかを決めなければならない。しかし、考課の目的が部下の業績の改善になるものであるなら、伝達しなければならない。考課には相手を驚かせるようなことは含まれないほうがよい。しかし、もしそれをみつけたなら、辛くても自分で一度嚙み砕いてみてから、相手に持ち出そう。

章末に「一方では……他方では……」式の考課例を記載しておいた。前ページのワークシートと対比させながら作成してある。本章で論議したいくつかの事項に注意を向けていただくために注釈をつけておいた。

問題社員

マネジャーならちょっと反省すれば思いあたるはずだが、考課上で問題のある人が必ずいる。

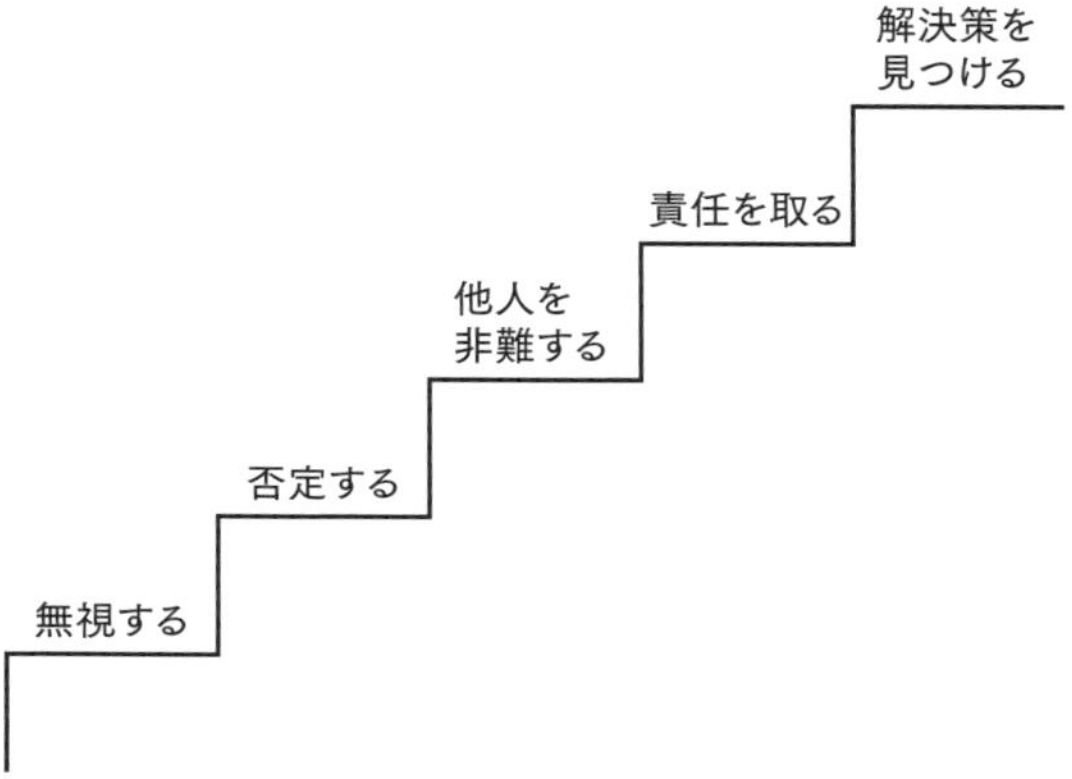

図13－1　問題解決の諸段階……他人を非難することから責任を取ることへの移行は、感情的になりやすい段階である。

良くならなければ、解雇しなければならないような部下がいる場合がある。こうした問題に対処するには、考課者と部下は、あらゆる種類の問題解決、とりわけ対立状況での解決において経験する次のような段階を経由することになる。これらについては図13－1を参照してほしい。〝激しくやりあう〟ような人事考課の最中とか、あるいはたぶん内容を伝えた後で、こういうことがきっと起こるに違いない。そして、それは基本的には、業績についての大きな問題に関する対立を解決することの演習にもなるのである。

業績の良くない人は自分の問題を〝無視する〟傾向が強い。そこで、マネジャーはその真実を示すことができる事実と具体例を持つことが肝要である。部下が消極的に無視するよりは問題を〝積極的に否定する〟ほうが、前者に比べて、一歩前進である。この場合も抵抗に打ち勝つには証拠がものをいう。部下が問題があると認めても、それは〝自分の〟問題ではないと主張するようになると、第三の段階に入る。彼は、代わりに、〝第三者を非難する〟。これは通常の防衛手段である。この自衛手段を使うと、状況を是正する責任と義務を避け続けることができるからだ。

これらの3つの段階は、通常ひとつの段階から次の段階へとかなり速く継続的に起こる。しかし、他人を非難する段階で行き詰まる。もし部下に問題があって、しかも当人が他人を非難し続ければ、解決する方法はない。彼は一番大きなステップ、つまり次の〝責任を負う〟段階に達しなければならない。問題があると主張するだけでなく、それが〝自分の〟問題であると言わなければならないのだ。これは実行を意味するので決定的である。「もしそれが私の問題なら、どうにかしなければならない。何かしなければならないとすれば、それはたぶん不愉快なことだろうし、かなり負担がかかることは間違いあるまい」と。もし責任を負うとなれば、〝解決策を発見する〟ことは比較的たやすい。なぜなら、他人の非難から責任を負うまでの移行は感情の段階であるが、責任を負うことから解決策を発見する段階へ移行するのは知的なものであり、しかもそれは比較的容易だからである。

解決方法を発見することは考課者と部下の共同の仕事であるけれども、部下をすべての段階を通過させて責任引受けにまで移行させるのは考課者の仕事である。管理・監督者は事態がどんな段階にあるか追跡しなければならない。部下が相変わらず否定したり、他人を非難し続けていたりするのに監督者が解決方法を発見しようとしてもなんにもならない。今どういう段階にいるかがわかれば、部下と〝一緒に〟たやすく各段階を移行してゆけるのである。

最後の段階での起こる可能性のある結果としては3つある。ひとつは部下があなたの査定、あなたの改善案を受け入れて自分でそれをやる約束をすることである。第二は、査定には真向から異議を唱えるが、改善案は受け入れる場合である。第三は、査定に異議を唱え、改善案どおりにやると約束しないことである。管理・監督者としてのあなたは、その3つのうちどれが問題に対して〝呑める〟解決方法だと考えるべきだろうか。

私の考えでは行動を〝約束する〟ことが含まれる結果が出ればそれで充分である。複雑な問題では容易に全面的な一致を見ることなどはない。部下が事態を変えることを約束するなら、まじめに取り組んでいると考えるべきである。ここで重要なことばは〝呑める〟ということばである。マネジャーにとっても部下にとっても、問題とその解決案に同意することが〝好ましい〟のは確かである。なぜなら、部下が熱心に修正方向に向かって努力すると感じ取れるからである。そこである時点まで、あなたは部下とあなたが同意するよう努力を試みるべきである。しかし、それができないなら、事態を変えようという約束を受け入れて先へ進むがよい。仕事上の必要と気持ちの安らぎとを混同すべきでない。事態を動かすのに、部下はあなたの側に立つ必要はない。あなたとしては、決められた行動のコースを追いかけると部下に約束させる必要があるだけだ。人が自分の好まない道を歩くことを期待するのはあまりよいものではない。しかし、仕事でわれわれが求めるのは人の業績であって、心理的な安心感ではないのだ。

私はかつて、自分が下した考課を最初に伝えたとき、この2つの間に相違があることを学んだことがある。私はある部下に事態を私の見方で見るようにと一生懸命説得を試みた。彼は容易に私と同調しようとはしなかった。そして最後にこう言った。「グローブさん、私を説得しようとしても無理ですよ。それよりも、どうして私を説き伏せようと意地を張るんですか。私はすでにあなたの言うとおりにしますと答えているんですから」。私は黙ってしまった。困惑した。なぜだかわからなかった。ずいぶん時間が経ってからわかったのだが、私が言い張ったのは事業の運営にほとんど無関係のことで、単に自分の気分を良くするためだった。それだからこそ困惑したのである。

部下を他人非難の段階を通過させえないことがはっきりすれば、地位のパワーを与えられている管理・監督者としては、公式の役割を果たさなければならない。次のように言うわけだ。「これは、上司として指示するのである。きみが私のような見方ができないのはわかる。きみが正しいかあるいは私が正しいかどっちかだろう。しかし、私は権限を与えられているだけでなくて、われわれ2人が働く組織からきみに指示することを要請されている。だから私としてやってもらいたいのは……である」と。そして、あなたが命じたとおりの行動を取ると部下が約束することを求め、その後、約束に対する彼の〝実績〟をモニターする。

最近、私の部下のひとりが、表面的で分析も深みもないと思われるような1枚の考課を書いた。討論の後、部下は私のほうの査定に同意したが、その考課をもう一度書き直すのに時間を使うほど重要なことではないという。さらにかなりやりあったのちに、行き詰まってしまった。最後に、私は深く息を吸い込んでから、こう言った。「きみはそれに時間をかける価値はないという。しかし、私はそうして〝ほしい〟のだ」と。私はさらにつけ加えて、「われわれの間には基本的な食い違いがある。この考課システムの完全実施は、きみよりも私にとってもっと重要である。だから、私はあくまで主張しなければならないのだ」と。彼は私のほうをもう一度見てから、一瞬の間を置いて、ただひと言「わかりました」とだけ言った。彼は私がまったく間違っていると考え、重要とは思えないことに時間をかけさせたことに腹を立てたが、考課をやり直す約束をした。そして、事実、約束したことをよく実行した。彼の部下は徹底的に手直しされ気配りの行き届いた考課を受け取った。その考課が直接の上司であり同時に〝私の〟部下でもある彼の同意なくして書き直されたという事実は、当の彼の部下にとっては無関係のことである。

エースの考課の仕方

約20人のミドル・マネジャーと人事考課の原則をつくったのち、彼らにかつて受けた考課を新しい基準に従って分析してみるようにと頼んだ。その結果は私が期待したとおりではなかった。しかし、私はそれからあることを学んだ。

このグループは高業績達成者《アチーバー》たちの集まりだった。だから、彼らの考課はそのほとんどが非常に高かった。考課は例外なくよく書かれ、インテル社の平均をはるかにしのいでいた。しかし、内容的には、後向きの査定であり、部下が前年度中に行なったものの分析に偏りがちであった。主な目的は部下の将来の業績を改善することであったが、考課の大部分は部下が業績改善のためにあるいは高業績の持続のため何をすべきかを、少しもはっきりさせようとはしていなかった。高業績達成者《アチーバー》の場合、管理・監督者の努力は優秀だという判定の決定とその正当化に向けられ、もっと向上するにはどうするかということにはほとんど注意が払われていなかった。しかし、監督者は業績が悪い人に対してはその業績改善の方法に重点を置きがちである。苦心してつくった詳細な段階別の「改善活動計画」を示して、良い悪いの限界線上にある従業員が自ら向上して最低条件を満たすようにさせていたからである。

これを見てわれわれはこうした優先順位を逆転すべきだと考えた。われわれはスター的従業員の業績改善の試みにもっと時間を使うべきではないか。結局、こういう人たちは、どんな組織においても仕事を負担する割合が際立って大きいのである。いいかえれば、スターに集中するということはテコ作用の高い活動である。もし彼らが良くなれば、グループのアウトプットに対する影響もきわめて大きくなる。

優秀な従業員に話す場合にも、限界線上の従業員に話す場合にも、肝心な点を言い切ることはなかなかむずかしい問題である。しかし、ある人の業績が素晴らしい水準にあっても、なおかつ改善の余地は〝いつも〟あることを心に留めておくべきである。たとえ考課の事後でも、誰に対しても、たとえ相手がエースであっても、どうすれば向上できるかを、それが後知恵で出てきたとしてもためらわずに言うべきである。

その他の考え方と実際のやり方

部下にある種の〝自己考課〟を作成させてから上司が考課するというのは良いアイデアだろうか。この問題に私は次のように答えよう。自分自身の考課は明らかに本人にとって重要である。そして、本人は上司がこの1年の自分の仕事ぶりをどう見ているか知りたい。もし自分で考課をつくって上司に提出し、そして彼が単に用紙を換えてタイプし直し、すばらしい評点をくれて、それを返してくれたら、あなたはどう感じるだろうか。たぶんごまかされたように感じるだろう。自分が達成したことを上司に告げなければならないようなら、上司があなたのやっていることにあまり関心を払っていないのは明らかである。部下の業績を評価することは、リーダーとして当然なすべき、決まった活動である。もし管理・監督者がなんらかの方法で他人を黒子とし、言うべきセリフを教えてもらうことを認めるとすれば、そのリーダーシップと能力は偽りのものになり始めるだろう。したがって、管理・監督者として判定の廉直性《まっとうさ》はどんなことをしても守らなければならないものであり、もしも考課過程を健全かつ生き生きとしたものに保とうとするなら、管理・監督者は部下の業績に対する率直な判断を自分の責任でもって守り抜かなければならない。

部下に、上司としての〝自分の〟考課をさせてみることはどうだろうか。これは良い考えかもしれない。しかし、明確にしておかなければならないのは、あなたについての彼の査定はただアドバイザー的な立場での価値しかないが、彼の業績を評価することはあなたの仕事の一部だという点である。大事なことは、彼はあなたのリーダーではなく、あなたが彼のリーダーだということである。そしてどんな状況下にあっても、マネジャーは、考課をしている間、部下との立場が対等らしく見せかけてはならない。

文書化した考課を渡すのは、部下と1対1で話し合う前がいいのか、その最中がいいのか、後がいいのか。私はその3つの方法をすべてやってみた。それぞれの良い点、悪い点を述べよう。口頭での考課を先にし、後で文書にして部下に与えると、どうなるか。それを読んで、部下は先ほど「聞いていなかった」表現を発見して、かんかんに怒るかもしれない。話合いの〝最中に〟、文書にした考課を渡すのはどうだろうか。考課の写しを一部部下に渡し、最初の数節を読ませ、それから討論すると、あるマネジャーは言っていた。数節をまとめながら上司と部下が一緒に進めていく。私はこれにも問題があると思う。上司は3節目の文書に集中して討議をしたくても、部下が文書を全部読みたいと望んでいるとき、どうしたら読みたがるのをやめさせることができるだろうか。もうひとりのマネジャーは話合いを自分がコントロールするために、自分が考課を読んで聞かせるといっていた。しかし、ここでも、部下は次に読まれる内容を知りたがり、上司の本当の話には注意を払わないかもしれない。また、部下が討議の間に文書化した考課を与えられれば、彼はそれが何を言われているのか考える時間がなく、「答えるときにこう言うべきだった、ああ言うべきだった」などとぶつぶつつぶやきながら話合いを終わりがちである。心の触れ合う話合いにするには、部下が考課に対して反応する時間を与えるべきである。

私の経験では、対面して話合いをする若干〝前に〟、文書による考課を部下に与えるのが最善である。ひとりでそれをくまなく読んで消化する。彼は反応したり、過剰反応した後で「メッセージ」(上司が伝えていること)をもう一度見る。2人が一緒になるときには、彼は感情的にも理性的にも心の準備ができている。

考課を作成し伝達することはマネジャーとして最も困難な仕事のひとつである。それを最善の方法で行なうことを学ぶには、あなた自身が受けた数々の考課を批判的に考えてみなければならない。

運が良ければ、良き考課の伝統が上司から部下へと受け継がれ、社内にピシッと統合化された考課制度が維持されていくだろう。それはそれとして、上司は部下のマネジャーが良い考課の仕事をするように絶えず促してやることが必要である。毎年、私は100件ぐらいの考課を読む。いずれも部下が書いたものをインテル社内から任意に選んだものである。そして、それにコメントを述べ、書き直しのためさしもどすとか、褒めことばを添えて返してあげる。私はそういう行為をできるだけ、仰々しく目立つようにしてやる。というのは、インテル社従業員一人ひとりに対し、このシステムが持つ重要な意義を繰り返し強調したいからである。われわれが部下に与えることのできる最も重要なタスク関連のフィードバックとしては、これ以下のものでは不適当だからなのである。

賛辞にも例証が必要である！

ジョンがこれまでに蓄積している財務関係の知識は、いろいろな仕事分野で本当に役に立っている。ジョンは「購買」グループが財務問題を解決するのを自発的に援助した。こうした努力は任務として要求されている以上のものである。

ジョンは、もうひとつ上のランクに昇進を望んでいる。今回はかなえられないが、究極的に昇進できることは本人の能力が示していると思う。だが、昇進の前に製造スペック・システムなどの複雑なプロジェクトを処理し、成果を示さなければならない。そのためには、問題の明確な分解、目標の確認、目標達成方法の確立ができなければならない。そして、このほとんどを自分でなし遂げねばならない。必要ならば私も援助するつもりであるが、ジョン自身がその主たる駆動力になることが必要である。この線に沿って独立したまとまりのある仕事のできることを示しさえすれば、昇進は実現することになろう。

業績向上の方法を示す

要約すると、ジョンは現在の仕事においては能力がある。また、財務から製造部門に移ったための困難さも私は理解できる。とくに目標設定とその達成方法を明確化する面で、私は援助を与えるつもりである。「資材支援部」におけるジョンの業績は「要求条件を満たす」という評価であるが、これからさらに伸びうるのは確かである。

評点

☐要求条件を満たしていない　☐要求条件を超えている　☐要求条件を満たしている

☐優

直属上司（第一次評定者）	署名	82年8月10日
承認（第二次評定）者	署名	82年8月15日
関連上司（マトリックス・マネジャー）	署名	82年8月10日
人事部長	署名	82年8月18日
従業員（当人）	署名	82年8月22日

2段階上の上司と人事担当者の署名を必要とする。確認・抑制と不均衡是正のため。

注：考課の作成は「資材部長委員会」の長と共同で行う。二重所属制度の実例。

従業員の署名は考課のコピーをもらったことを示す。必ずしも考課に同意するという意味ではない。

幹部用人事考課表

氏名　ジョン・ドー　　　　　**職名**　資材支援課長
対象期間　1982年2月～1982年8月

職務内容

生産計画策定プロセスおよび製造スペック・プロセス（保全と開発を含む）を管理する責任者。

アウトプットの尺度としては良い

本考課期間中の達成事項

生産計画策定プロセスを今年大幅に変更。用地の調整も良い。関連業務管理はすべてを能率良く実施。

評価（長所と改善を要する領域）

ジョンは2月初めに当資材支援部に転任。生産計画策定プロセスは、ジョンがこのグループに移ってきたときは、いくつかの困難に直面した。ジョンはただちに着手し、その非常なるスピードアップを行ない、前任者の仕事をきわめて効率良く引き継いだ。

製造スペックの分野で、ジョンの活動はこれまでのところきわめて不満足。問題点としては原因が2つあると思う。

内部尺度では…
…不足、活動対アウトプット

——ジョンは明瞭、簡潔、具体的な目標設定が下手。これを示す良い例は、優れた目標とキー・リザルトがなかなか設定できないこと。もうひとつの例は3月に実施した製造スペック・システムの評価のときの結論が不徹底だったこと。スペック・システムがどの方向に向かっているか、どうやってそこに行き着くかについて、まだ明確に表現された文書ができていない。具体的な目標がなければ、「行動しても」目標に到達しないという落とし穴にたやすく落ち込んでしまう——これは2番目の問題点に通じている。

注：
例証のある表現

——ジョンは特定のテーマについてミーティングを開けば、それで進歩していると思っているらしい。たとえば、製造スペックに関連した訓練を実施した際にも、その事実があった。ジョンはミーティングを開く前にもっといろいろ努力して、ミーティングで達成したいと思う具体的な結果をはっきり決めるようにすべきである。

14章　2つのむずかしい仕事

マネジャーが達成しなければならない仕事のうち、気持ちの上で負担のかかるむずかしいものがあと2つある。その2つとは、社員になる可能性のある人間の面接と、貴重な人材が退社しないように話合いをすることである。

面接

面接の目的は——

- ■優績者を選抜すること
- ■あなたがどういう人間か、会社はどういうところかについて教育すること
- ■お互いに一致する点は何かを見きわめること
- ■担当職務について納得させること

あなたが自由にできる手段は1、2時間の面接と志望者の照会先をチェックすることである。われわれは、密接な関係を持ち、一緒に仕事をしていながらも部下の過去の業績を査定することがいかに困難であるか知っている。それどころかここでは、われわれは誰かを前に座らせて、まったく新しい環境でどんな業績遂行活動をしそうかを1時間で発見しようとするわけだ。もし人事考課が困難だというなら、面接などはほとんど不可能に近いとすらいえる。しかし、実際のところわれわれマネジャーは、どんなにそれが困難であっても面接する以外に選択の余地がない。ただし、失敗の危険性が高いことは認識すべきだろう。

見込みがあるかどうか査定するためにわれわれが使用できるもうひとつのツールは、照会先に問合わせて過去の業績を調べることである。しかし、それも話し相手は完全に見知らぬ人の場合が多い。志望者のことを自由に話してくれるにしても、その話すこと、つまり、語ってくれる人の会社がいかに事業を運営し、どんな価値観に基づいて経営されているかということについて、こちらに若干でも知識がなければ、それほど意味がない。さらに、真っ赤なうそをつく問合わせ先もあれば、肝心な点をあえて話さない人もいる。したがって、照会先に聞いたとしても面接なしでは到底すまされず、面接でできるだけ聞き出さなければならない。

面接の実施

面接の時間の80パーセントは、志望者に話をさせるべきである。そして、彼が話す〝内容〟

は当方（面接者）の主要な関心事についてでなければならない。ここで積極的に聴く側になるように配慮することによってその場を相当コントロールできる。たった1時間そこそこしか聞けないことを忘れてはならない。質問をすると、おしゃべりだったり神経質な人はこちらの興味がなくなった後も答えをくどくどと繰り返すかもしれない。そうすると面接者は我慢の限界まで座ったままで聞かされることになる。こういう場合、そのままにせず、相手の話をさえぎり、中断すべきである。そうしないと、われわれの唯一の資産、つまり、できるだけ多くの情報を得て、できるだけ洞察を得るための面接時間の浪費になる。したがって、脱線したら、ただちに軌道にもどさなければならない。ちょっと断わってから、「話題は変わりますが、これこれしかじかのことについて話を進めたいのですが」と言えばよい。面接はあなたがコントロールするものであって、それができなければ、非難しなければならないのは自分だけになる。

面接で、あなたにとっても志望者にとっても馴染み深い主題に向かって討議するようにすれば、最大限に洞察力が発揮できる。志望者は自分について話し、経験を語り、これまで何をなぜやってきたか、やり直すとすればどのように違えてやりたいか、などを説明すべきである。しかしこれは、あなたが知っていることばで行なわれなければならない。あなたがその意味を評価できるものであるべきだ。いいかえれば、使われたことばが両者にとって同じ意味を持つ必要がある。

面接では、どんな話題を持ち出すべきか。あるマネジャーのグループがベストと思う質問を用意してくれた。それを次にあげておく。

――会社よりもさらに上司、とくに直属上司よりもさらに上のレベルの人が重要だとみなしたいくつかのプロジェクトについて話してください。

――自分の弱点は何か。それをどう除去しようと努力しているか。

――わが社があなたをなぜ採用すべきかについて、こちらを説得してみてほしい。

――現在の立場で直面している問題はどんなものか。その問題をどのように解決しようとしているか。問題が起こるのを防ぐにはどうすればよかったと思うか。

――なぜこの新しい仕事をこなせるといえるのか。

――あなたの一番重要な達成事項は何か。なぜそれがあなたにとって重要か。

――何があなたにとって一番大きな失敗であったか。それから何を学んだか。

――エンジニアをマーケティングの仕事にとろうとするのは、なぜだと思うか（これは状況によって質問内容を変える）。

――あなたの大学生活で重要だったコース、あるいはプロジェクトは何であったか。なぜそれは重要だったのか。

ここで入手すべき情報を分類すると明らかに4つのカテゴリに分けられる。第一にあなたは志望者の〝技術的〟知識に関して理解しようとしている点。つまり工学的または科学的知識ではなく、希望している仕事の達成について、すなわち技能《スキル》水準について相手が何を知っているかである。経理担当者にとって技術的スキルとは会計業務を知っていることである。税理士にとっては、税法である。保険統計数理士にとっては、統計がわかり、保険数理表が使いこなせることである。

第二に、過去の仕事で、どのような技能《スキル》と技術知識を〝使って〟仕事を達成したかである。いいかえれば、志望者が単に知っているだけでなく、知っていることを使って何を〝してきた〟かである。

第三に、知っていたこととしたこと、つまり能力と実績との間にいかなる〝差異〟があったか、その理由を探すことである。

そして最後に、一連の〝仕事をする上での価値観〟、つまり、仕事の面で当人を導いているものをつかむことである。

先の質問がいかに4つの分類に入るかを考えてみよう。

■技術／技能《スキル》

いくつかのプロジェクトを述べさせる

弱点は何か

■知識を使って何をしたか

過去の達成事項

過去の失敗事項

■差異

失敗から何を学んだか

今の立場で対処している問題

■仕事上の価値観

なぜ新しい仕事をこなせると思うのか

なぜわが社はあなたを採用すべきか

なぜエンジニアがマーケティング職につくのか

最も重要な大学でのコース／プロジェクトは何か

面接の最終目的は、志望者が会社の環境の中でいかに行動し業績をあげられるか判断することである。ここが、考課に関して強調した原則、つまり「可能性の罠」にはまるなということとは相容れないところである。人を採用しようとするときには、その貢献できる可能性を判断しなければならない。あなたが使える1時間かそこらでもって、以前の雇用環境と新しい雇用環境とを相互に見比べ、当人の過去の実績の説明に基づき、新しい環境では志望者は将来どのような業績を達成するかを予想しなければならない。マネジャーとしてこの仕事は非常に間違いやすく、リスクの高いものだが、不幸にも避けては通れないものである。

面接者は、志望者の自己査定に頼りたい気持ちを否定することはできない。だが、直接的な質問によってずばり直接的な回答を得るというのも悪い方法ではない。たとえば、「技術面でいえば、どのくらいのレベルですか」と尋ねれば、面接を受ける人は一瞬びっくりするが、せき払いしておずおずと「そのう、かなり良いとは思いますが……」と、答える。このことばを聞きながら、あなたはおそらく、彼が実際にはどの程度の能力があるのかかなりまともに識別できるであろう。ずけずけと聞くことに気を病むことはない。直接的な質問は直接的な回答をもたらす。率直な答えが出ないようなときは、それが志望者を洞察する別の手がかりを示すことになる。

志望者に一定の仮定の状況を取り扱わせてみれば、いろいろなことがわかる。私はインテル社の原価計算員の職を求めてきた人を面接したことがある。彼はハーバードのＭＢＡ（経営学修士）を取得していた。そして食品サービス業界のある会社から応募してきたのである。半導体事業についてはまったく何も知らなかった。そして私のほうは財務についてまったく何も知らなかった。そこでわれわれは、仕事をする場合、どんな技術能力を使うのかを詳しく話し合うことができなかった。私は半導体の生産を工程別に説明することにした。具体的な質問があれば答えようと言ってから、彼にウェハーの最終原価はいくらぐらいとなると思うかと質問した。彼はいくつか質問し、しばらく考えていた。それから彼なりの基本的な半導体の原価計算原則を使う考え方を述べ、それを計算しているうちにいくつかの実際原則を発見し、最終的に正しい答えを導き出した。彼は採用された。なぜなら、この演習によって（それが正しい回答であったので）彼の問題解決能力が一級のものであるとわかったからである。

面接のときに使えるアプローチがもうひとつある。志望者は〝面接者に〟質問することにより、自分の能力、スキル、価値観などをかなり相手に告げることができる。だから、志望者に、面接者や会社や仕事について何が知りたいかと質問するといい。相手が尋ねる質問の内容から、当人がすでに会社について何を知っており、何をもっと知りたいか、そしてこの面接にどのくらいよく準備してきたかがわかる。だが、いくら準備したとしても、これで完璧ということはない。こんなこともあった。かつて、あるマネジャー志望者がわが社の年次報告書のコピーを手にして、私のオフィスに来た。それを事前に綿密に読み、鋭い質問個所をマークしていた。事実、質問の多くに私は答えられなかった。私は強い感銘を受けた。われわれは採用した。だが彼は仕事ではひどい失敗をした。前にも述べたように、面接は高いリスクをはらんだものなのである……。

照会先について最後にひと言述べておきたい。われわれが照会先と話すときは、志望者から直接得ようとするのと同じ情報を求めているのである。照会先を個人的に知っていれば、「本当の」情報を得る良いチャンスがあるが、そうでない場合は、ある種の個人的なつながりをつくるために、少々時間をかけて電話で話し合うようにする。なんらかの共通の経験あるいは友人がいることを明らかにできれば、照会先はおそらくもっと率直に話してくれるようになるに違いない。私の経験では、30分の会話の最後の10分間は、つながりができたおかげで、最初の

10分間よりもずっと価値あるものになる。

できれば、照会先に問合わせをした後でもう一度志望者と話すほうがよい。というのは、新しい見方ができる可能性があるからで、こうした追加面接は、ポイントを絞ったものになろう。

面接の「トリック」(意表を突く手法)についてはどうだろうか。私がこれまで聞いたトリックの中で最高と思われるのをひとつ紹介すると、それは海軍の原子力潜水艦計画に参加しようとした人から聞いたものである。リックオーバー提督が各志望者の個人面接を行なったときに、志望者を3本足の椅子に座らせるというようなテクニックを使った。椅子がひっくり返れば、志望者も床に転がり落ち無様に手足を投げ出すことになる。志望者の困った表情から、性格の強さを測るトリックになると提督は考えたのである。しかし、面接はもっと真正直なものであるべきだと私は思う。志望者は雇われる可能性がある人だ。面接の後、強い第一印象を心に刻んでその場を去っていくだろう。もし間違った印象を受けて雇われた場合、その印象を改めるには時間がかかる。したがって、面接者には自分自身と自分の環境をあるがままに見せるべきである。

面接に成功する保証はあるか。数年前、私はインテル社の高い地位への候補者としてある人を面接した。私は細心の注意を払ってできるかぎり徹底した面接を行なった。そして、その人のスキル、過去の実績、価値観などのよってきたるところについて非常に良い感触を得たと思い、彼を採用した。ところが、彼は初日からまったくだめだった。以来、私は謙虚になって、面接の内容をノートに取り、相手の照会先と会話を交わすことにした。今日にいたるまで、私はその候補者の相当な欠点をなぜ見抜けなかったのか、皆目わからない。注意深く行なった面接でも何も保証するものはないのだ。それは単に面接者の運の良さを少し強めるだけであるということを最後に言っておきたい。

「私、辞めます」

これは私がマネジャーとして一番耳にしたくないことばである。ひとりの部下が、非常に高く評価されて尊敬されているのに、辞める決心をする。私が話しているのは、退職の動機がよその会社では、より良い給料とかより良い役得を得られるからという人ではなく、献身的で忠実であるのに、自分の仕事ぶりが認められていないと思い込んでいる人のことである。あなたも会社も彼を失いたくない。そして彼が辞める決心をしたのはあなたに不名誉な結果をもたらす。努力してもそれが認められていないと感じるようなら、あなたはマネジャーとしての仕事をしていないことになり、マネジャーとしては失敗しているわけだ。

彼が口火を切るのは、たいていあなたが駆けずり回っているときである。たとえば、重要だと考えている会議に出席する途中、おそるおそるあなたを呼び止めてひそひそつぶやく。「ちょっとお時間がありますか……」。彼はそこで一段と声を落とし、会社を辞めることに決めたと申し出る。あなたは目を丸くして彼を見つめる。〝この申し出に対する最初の反応が絶対にすべてその後を左右する〟。普通の人間なら、おそらく会議の中に逃げ込みたいと思うだろう。

あなた自身もぶつぶつ言いながら、その問題は後で話し合おうなどと言う。しかし、そのような場合、たいてい当人はあなたにとって重要ではないのだと思って辞めていく。聞いた瞬間にその状況を処理しないかぎり、あなたは、どうせ自分など大したことないんだという彼の感情を認めたことになり、退職は避けがたくなる。

その際今やっていることをすべて即刻中止するべきである。椅子を勧め、〝なぜ〟辞めるのか理由を尋ねる。そして自由に話させる。一切議論をしてはならない。彼は一晩どころか何晩も眠らずにどう言おうかリハーサルしてきたに違いない。辞めたい理由のすべてを（まともな理由ではないかもしれないので）話し終えたら、さらに質問する。〝彼に〟話をさせる。というのは、用意してきたポイントを述べ終えたら、本当の問題点がわかってくるかもしれないからである。議論すべきではない。説教するのもだめ。こちらもパニック状態に落ち込まぬこと。これはほんの小競り合いの始まりであって、まだ本格的な戦争ではない。ここで戦争すれば勝てない。負けるだけ！　彼があなたにとって重要なのだということも、〝あなたの行動〟で伝え、そして、本当に彼を悩ませているものを探り出さなければならない。この時点で決心を変えさせようとしてはいけない。時間を稼ぐのだ。彼が言いたいことをすべて言った後、次のラウンドまでに自分はこれだけ時間をかけて準備をするのが必要なことを納得してもらう。しかし、あなた自身が約束したことはすべて、最後までやり通さなければならないことを認識しておくべきである。

あなたの次に打つべき手は何か。これは大きな問題なので、あなたは上司と会い、助言を求めるだろう。上司もまた重要会議に出席の途中であるに違いない。そして、あなた同様に、問題の解決を引き延ばそうとするだろう。だからといって、関心がないからではあるまい。おそらく、状況が彼よりもあなた自身に強い影響を及ぼしているからである。いずれにしても、辞める決心をしているのは〝あなたの〟部下である。それを上司の問題にし、あなたの問題解決に上司を参加させるかどうかは、あなたのやり方次第である。

次の場面でどうなるかに関してはおそらく、一マネジャーとしてではなく会社の一員としての自覚が重要な役割を演ずることになろう。あなたの部下は会社にとって貴重な従業員である。したがって、彼を会社に留まらせるよう、あらゆる方法を試みなければならない。たとえば、彼を他部門へ異動させることも含めてである。それが解決策だと思われるなら、万事が完全に収拾されるまで、あなたはこの問題解決のプロジェクト・マネジャーとして行動すべきである。その場合、自分の部下としてはいなくなる従業員のためになぜこうまでしなければならないのかと、自問するかもしれない。しかし、これに関する基本原則がある。会社のために従業員を確保しておくことはマネジャーの義務なのである。それに加えて、「汝がしてほしいように他人に施せ」という黄金律が、こうした状況においては、一片の素晴らしき理想以上のものになるかもしれない。最後には同僚のマネジャーの部下として彼を託すことまでして、会社に対して貴重な貢献をするひとりの人間を今日救ったのである。明日はそのマネジャーがあなたに同じことをしてくれるかもしれないのだ。すべてのマネジャーがこのようにやっていけば、やがてみなに幸いすることになろう。

さて、あなたは自分としての解決策を持って部下と会うことになる。それはなぜ辞めるのかという本当の理由に対応するものであり、かつ会社としてもためになる解決案を持ってである。そのときまでに、部下のほうは自分がいかに会社にとって重要なのか理解していよう。だが、彼は新しく申し出てくれた仕事をもっと早く与えてくれればよかったと言うかもしれない。自分が〝言い出した〟からこそ、あなたはそうしたのだ、とさらに言うこともありうる。「ぼくが会社に留まるかぎり、あなたはぼくのことを永遠にゆすり屋だと思うでしょう」と、そんな気持ちまで言うかもしれない。

そこであなたは、新しい提案を彼が気持ちよく受け入れるようにしてやらなければならない。たとえば、このように言ってもいいだろう。「きみはわれわれをおどして、やるつもりのないことをやらせたのではない。きみが辞めようとしたとき、われわれはほんとうに驚き、誤りに気づいたのだ。われわれは、こういうことが起きないようにやらなければならなかったことを、今やっているだけだ」と。

すると、部下は、もうよそに仕事の口が決まっていて、今さら取りやめることはできない、と言うかもしれない。今度はそれを取り消させなければならない。あなたは彼が〝2つの〟約束をしてしまっていると言ってやるのだ。つまり、ひとつは漠然としか知らない、これからの雇用主に対し、もうひとつは彼の現在の雇用主であるあなたに対して。そして、毎日一緒に働いてきた人々に対する約束のほうが、最近たまたま知り合った人に対する約束よりはるかに強いのだということを気づかせる。

前にも述べたが、部下にとっても上司にとっても、こういう問題は全体としてとにかく容易ではない。しかし、あなたは最善を尽くさなければならない。そこには会社の利益がかかわっており、この問題はひとりの価値ある従業員を残留させるよりもっと重要なことだからである。この部下は、それ相応の資質を持っているからこそ価値があり、重要な存在となっている。他の従業員も彼を尊敬しているし、同じような人間だとすれば、彼のことを自分のことだと思っているはずだ。だから、彼のように優秀な高業績達成者なら、彼と同じ道をたどる可能性が大きい。彼らの士気と会社に対する忠誠心は、この部下の運命の成り行きいかんにかかっているのである。

15章　タスク関連フィードバックとしての報酬

お金はマズローのモチベーション階層のすべての段階において意味がある。前に述べたように、人間は生理的欲求と、安全／安定への欲求の一部分である食料や家屋や保険証書を買うために、お金が必要である。欲求段階を上昇するにつれて、金はもっと別の意味を持ってくる——競争環境におけるその人の価値の尺度となる。11章で、私はひとりの人にとってお金が果たす役割を決めるためにやってみる簡単なテストについて説明した。昇給の〝絶対額〟が重要ならば、その人はおそらく生理的欲求と安全／安定への欲求が動機づけになっているのだろう。もし〝相対的な〟昇給額——他の人と比較して——が重要な問題なら、その人は自己実現によって動機づけられている傾向がある。なぜならば、お金はここではひとつの尺度であって、必要不可欠なものではないからである。

報酬が高い水準にあれば、金の増加分は、それを得る人にとっては、物質面での効用が徐々に少なくなる。私の経験からすると、ミドル・マネジャーは、通常は充分もらっているので、金額そのものに決定的ともいえる物質的な意味を持たせることはない。しかし、物質的な意味が全然ないというほどに充分とはいえない。もちろん、ミドル・マネジャーの欲求は、個人的な条件、つまり、子供の数とか、共かせぎをしているかどうかなどというその他の条件によって大きな相違がある。上司としてあなたは、部下の金銭欲求の様々な面に鋭敏になり、共感できなければならない。その際、自分の置かれた条件を投影して考えないよう、とくに注意する必要がある。

マネジャーとしてのわれわれの関心は部下が高い水準の業績を達成することである。したがって、〝タスク関連フィードバック〟を与える方法としてお金を分配し、割り当て、利用する。このためには給料は明らかに業績と結びつくべきではあるが、われわれもすでに検討してきたように、業績の正確な査定は非常に困難である。ミドル・マネジャーの仕事は出来高給ではないので、その仕事は単純なアウトプットだけでは判断できない。しかも、彼の業績はチームの業績とからみ合っているので、ミドル・マネジャー個人の業績に直接結びつく報酬体系を設計することは困難である。

しかし、妥協案はつくれる。われわれはミドル・マネジャーの給与の〝一部分〟について業績を基礎に設定できる。これを〝業績ボーナス〟と呼ぶことにしよう。マネジャーの全給与の中で示されるボーナスの比率は、報酬総額とともに上昇すべきである。そして、高い金額を支給されている上級マネジャー、つまり絶対金額が比較的重要でない人にとっては、業績ボーナスは50パーセント程度にまで引き上げるべきである。ミドル・マネジャーの場合は、業績ボーナスを全給与の10パ!セントから25パーセントの範囲で支給するべきだろう。ミドル・マネジャーとしての典型的な給与レベルにある場合、大幅な変動があると、個人的には困ることもあるだろうが、少なくともタスク関連のフィードバックを味あわせてやることができる。

良い業績ボーナス制度を設定するためには、様々な問題を処理しなければならない。その業績がチームに結びついているかどうか、あるいはほとんどが個人の仕事に関係しているのかどうかを考える必要がある。もしそれが前者であるならば、チームを構成しているのは誰か。プロジェクト・チームなのか、事業部か、会社全体か。また、業績ボーナス支給の対象期間のことも考えなければならない。期間が長いため、原因と結果が相殺《オフセット》されることもあるが、なぜボーナスが与えられたのか部下が思い出せるように、仕事が行なわれてからなるべく早く支給することが必要である。さらに、ボーナスが厳密に計算可能なもの（財務実績など）に基づくべきか、測定できる目標の達成か、それとも、美人コンテストに引き出されたときのように、いくつかの主観的要素を基準にすべきかどうかもよく考えておかなければならない。最後に、いうまでもないことだが、会社が破産しそうになっても、気前よくたっぷりと支払いするような体系を考え出してはならない。

こういったことすべてを考慮に入れると、いくつかの複雑な取決めができ上がるだろう。たとえば、マネジャーの業績ボーナスは3つの要素に基づく体系になるかもしれない。第一は彼個人の業績だけを含むもので、上司が判断する。第二は彼の直属チームの業績目標、おそらく彼の部署のものが対象になる。第三の要素は会社全体の財務実績に結びつくものとなろう。たとえば、マネジャーの給料の20パーセントを取り、それを3つの部分に分けたとすれば、どのひとつも全給料に与える影響は小さいが、その重要さにはやはり目を向けさせることになろう。

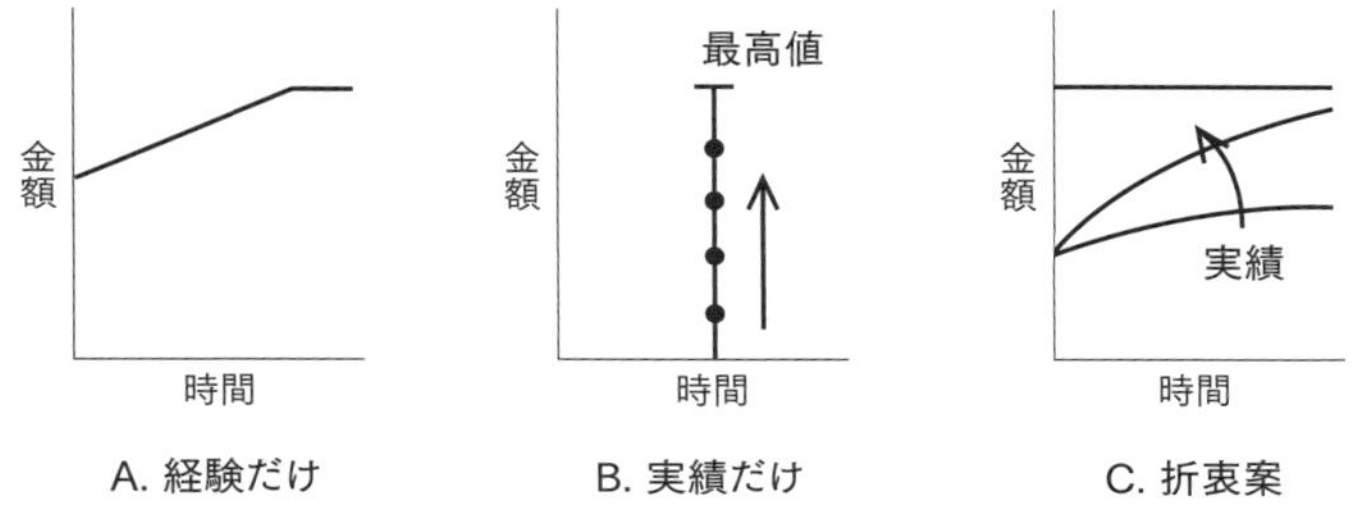

図15－1　給与管理には本来2つの形式がある。ほとんどの会社は折衷案をとっている。

どの方法を選んでボーナスを決めるにしても、あなたが正確に希望するものにはならないだろうが、どれも業績にスポットライトをあて、タスク関連フィードバックを伝えてくれることには間違いない。

次に、基本給の管理《アドミニストレーション》について考えてみよう。抽象的には、それを管理する方法は2つある。ひとつの極端な場合としては、経験のみによって金額を決める。もうひとつは、メリットだけによって決める。経験のみによって決める方法では、従業員の給料は特定の職位に費やした時間とともに上昇する。ここでの要点は、どの仕事にも最高値があるということである。いくら長くその仕事をしていても、給料は、図15－1でおわかりのように、最後には平らになる。メリットだけによって決める方法では、給料は仕事に費やす期間とは無関係である。理論的にいえば、「あなたが大学を卒業して1年目であろうと、その仕事について20年経っていようと、私はかまわない。この仕事をどう達成するかだけに関心があるのだ」ということだ。しかし、この場合ももちろん、その一定の職務には最高値が決まっている。われわれは社会規範のために、いくつかの不適切な報酬の支払い方をさせられている。たとえば、どの職務にも給料がどこかで平らになる一定値があるなどといったところで、われわれ経営者は定期昇給方式を認めるがゆえに、特定の個人に対してあまりにも高給を支払うことなどになる。

給与管理において、純粋に経験だけによる企業は多い。日本の大企業では、雇用されてから最初の10年間くらいは業績に基づく差異を置かない傾向がある――専門職としては、それは生涯で最も生産性が上がる年数であろう。同じような組合や多くの官庁の仕事では、純粋な経験だけによる給料体系のほうに傾いている。これが公正かどうかは別として、こうした方式をとる場合、経営側の考え方としては業績にあまり重きを置かないことを説いていることになる。学校の教師を考えてみよう。良い教師でも悪い教師でも、勤続年数が同じならば給料も同じである。教師への評価が、たとえそれが形だけだとしても給料には結びついていない。一方ではメリット方式によって生徒を合格・不合格にするシステムを取っていながら、先生方の給与支払方式にはその萌芽《ほうが》すらない。

一方、メリットだけによる給料管理はその純粋な形態としては実際的でない。公正な給料を支払おうとすれば、個人の経験を無視するわけにはいかない。かくて、多くの会社は2つの極端な方法の中間、つまり、図15－1において一定の〝曲線群〟をなす折衷案をとっている。ここでの曲線がなす形は経験だけによる方法を示す曲線と近似している。しかし、人々が同じ給料水準で出発しながら、個人の業績次第で昇給のスピードが違い、異なった給料水準に達することがわかる。

3つの体系の中で、経験だけによる方法は明らかに管理が容易である。もし部下が昇給額に不満なら、彼が位置すべき職務の必要時間量Xとそこで得るべき金額Yを示す給与台帳を示しさえすればよい。一定のメリット基準を含む方式や折衷案体系を管理しようとする経営管理者は有限な資源――お金――の割当てに対処しなければならない。そしてこれには思考と努力が必要である。もしそのような体系を使いたいならばマネジャーの多くが悩まされるだろうが、いかなるメリット基準システムも各個人を競争させて比較する評価方法が必要だという原則を受け入れなければならない。

メリット・ベースによる報酬は、単純に誰かが一番になれば、誰かはビリにならなければならないということを理解しなければ、うまくいかない。アメリカ人としてわれわれは、スポーツ行事では競争させての順位づけを問題なく受け入れている。徒競走でビリを走っていても、誰かがビリにならなければならないというシステムを快く受け入れている。しかし、残念ながら、仕事上の順位づけは、激しい論争を起こしかねない問題であり、受け入れにくく、管理しにくい。しかし、給料を業績達成奨励方法として使うつもりなら、それは絶対に必要なことなのである。

個人の職務における実質的な変化として規定できる昇進というものは、企業の健全性にとって非常に重要であり、慎重に考慮しなければならない。明らかに、関係者個人についていえば、昇進は大きな昇給をもたらす。すでにおわかりのように、昇進は組織内の誰の目にもはっきり

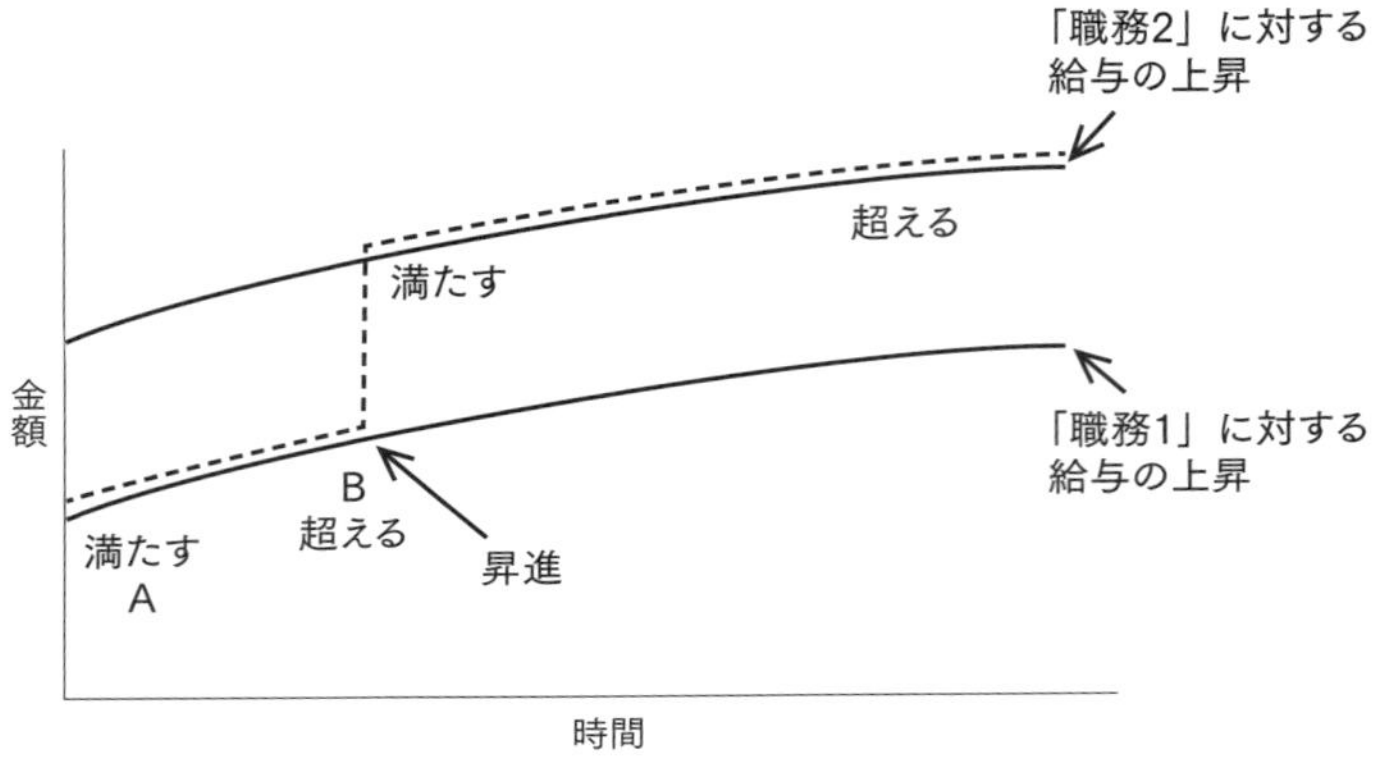

図15－2　高業績達成者は、そのキャリアを通じて“要求条件を満たす”と“要求条件を超える”の評価の間を行ったり来たりする。

わかるものであり、ある価値体系を組織の全員に伝達するときに実に重要な役割を果たしている。昇進は業績に基づいて行なわれなければならない。なぜなら、それは、業績という考えに光をあて、永続的に維持していくただひとつの方法だからである。

昇進を考慮する場合には、われわれはピーターの法則を考えなければならない。つまり、優れた仕事をした人は昇進させられるが……彼は無能のレベルに達するまで昇進を続け、そのレベルに留まる。優れた風刺漫画のように、これは、メリット・ベースの昇進システムにおいて事実上起こっていることの少なくともいくつかをとらえて示している。

ある人の昇進経路を追跡した図15－2を見ていただきたい。Aという点では「職務1」の要求が非常にきびしいので、この人は平均的にしか仕事が遂行できない。業績査定の専門用語でいうなら、職務上の「要求条件を満たしている」という。時間が経過すると、彼はもっとトレーニングを受け、やる気を出し、平均水準以上に、業績査定用語でいえば職務で「要求条件を超える」点まで、業績を向上させる。この時点でわれわれはこの人を昇進対象者として考慮する。そして事実、「職務2」に昇進させられ、初めはまた「要求条件を満たす」だけのレベルで仕事をする。もっと経験を積めば、ふたたび、その仕事の「要求条件を超える」ことになる。結果として、彼はふたたび昇進させられ、このサイクルが繰り返される。このように高業績達成者はその職歴の中で「要求条件を満たす」のと「要求条件を超える」の評価の間を行ったり来たりする。そして最後には「要求条件を満たす」段階に落ち着き、もはや昇進されなくなる。これは、おそらくピーターの法則がいかに働くかの良い説明例となろう。

それでは、これに対する代替案があるか。私は、ないと答える。もし、ある人をBという点で取り上げ、「職務1」の「要求条件を超えた」にもかかわらず、ずっとその仕事を与え、大きな挑戦をさせようとしないなら、われわれは会社の人的資源をフルに活用したことにならない。時には、彼は萎縮し、業績は「要求条件を満たす」水準にもどり、そこに停滞することになろう。

このように、基本的には2つのタイプの職務遂行要件を「満たす」遂行者がいることがわかるだろう。ひとつはそれ以上はやる気を持たず、もっと上の挑戦に向かおうとしないタイプ。これは競争しない人間。もうひとつの「満たす」遂行者は絶えず競争する人。彼は「要求条件を超える」水準に達するたびに、昇進の候補者になる。昇進を受けると、ふたたび「満たす」

遂行者になる。これがピーター博士（訳注：『ピーターの法則』のローレンス・ピーター）の描いた人物である。しかし、われわれは「無能」のレベルに達するまで昇進を続けさせる以外に実は方法がないのである。少なくともこの方法でわれわれは部下をより高い業績に向かって動かしている。そして彼らは2対1の割合で「満たす」レベルに達していき、さらに挑戦的な、困難な仕事のレベルにまで次第に向かうようになる。

人により自分の能力以上の職位に昇進し、その仕事をかなり長い間平均以下にしかできないことがある。解決方法は〝リサイクル〟することである。昇進させられる前によくできた仕事にもどせばよい。不幸にも、これはわれわれの社会では非常に困難なことである。人々はそれを個人としての失敗と見がちである。事実は、その人がもっと責任ある仕事のできる準備ができたと誤って判断した経営者の失敗なのである。自分の能力以上に昇進させられた人は、普通、もう一度後退して昔の仕事をするように勧められることはなく、会社を辞めざるをえなくなる。「辞めさせたほうが本人のためになる」という表現で、それは正当化される。そのような条件で人を退職させることは絶対に間違っていると私は思う。代わりに、経営側は自分自身の判断の誤りを直視して、その人ができるような仕事にもどすような手だてを、正直に慎重に考えるべきである。また、その従業員はおそらく気まずい思いをしているだろうから、経営側はそんな気持ちをやわらげる努力もすべきである。リサイクリングがオープンな形で行なわれれば、気まずい思いをするのはほんの一時的なことで、結果としては社内全体の受け止め方も「別に大したことじゃないじゃないか」という意外にほぐれた空気になるだろう。これまでの経験から彼ならよくできると〝わかっている〟仕事にもどるだけである。私の経験では、そのような人は、ふたたび自信を取りもどすと、後の機会においては昇進対象者になる——そして2回目には成功する可能性が高いのである。

要するに、われわれマネジャーは正直な考課と正直なメリット・ベースによる報酬を、部下に責任を持って与えなければならない。それができれば、最終的に、全組織を通じて、それ自体が価値のある実績となるであろう。

16章 なぜ教育訓練が上司の仕事なのか

最近のこと、妻と私は外で食事をすることにした。電話で予約を受けた女性は、どうもぎこちなく混乱した感じだったが、実はまだその店に入ったばかりなので、仕事のやり方がすべては飲み込めていないと自分から話してくれた。しかし、たとえどうであれ、予約はできた。そこで食事をするために店に出かけると、そのレストランは酒類販売許可が取り消されてしまったので、利用者はもしも酒が飲みたければ、自分でワインを持ち込まなければならないことがわかった。接客主任がもみ手しながらやってきて、「予約をなさったときに、電話でその事を申し上げませんでしたか」と尋ねた。ワインなしでのディナーをする間中、座席に案内した他のすべての客に、彼が同じことを繰り返し尋ねているのを耳にした。本当のところはよくわからないが、たぶん接客主任が予約受付係の女性に対して、そうした状況を予約客に電話で話しておくようにとの指示をしていなかったと推測しても間違いなさそうである。そのためにこの主任は、間の抜けたお詫びを何度も何度も繰り返し、客のほうもワイン抜きの味気ない食事をしなければならなかったが、それというのもすべて、ひとりの従業員が適切に訓練を受けていなかったことに起因する。

たったひとりの従業員に対して充分な訓練を施しておかなかったことからくる報いは、もっと深刻な結末となることがある。インテル社での一例をあげると、シリコン組立工場の中の「イオン・インプランター」と称する高度な生産機械のひとつが、若干おかしくなってしまったことがある。この機械のオペレーターは、ちょうど例のレストランの女性の場合と同じように、まだその職についてから日が浅かった。その機械の操作に必要な基礎的技能については訓練を受けたのだが、機械の不調になった際の兆候を感知するところまでは教わっていなかった。そこで彼女は機械を操作し続け、ほぼ1日分の、ほとんど最終処理を終えたシリコン・ウェハーを、誤った機械条件の中に入れ続けてしまったのである。こうした状況が発見されるまでに、その機械を経由した材料は、金額にすると100万ドル以上にも上ってしまったが、これは全部スクラップとして廃棄せざるをえなかった。しかも、この損失分を新材料でつくり直すのに2週間以上もかかったので、顧客への配送にもずれをきたし、問題をますます面倒なものにこじらせてしまった。

このような状況は、実は企業の日常生活の中では、あまりにもしばしば起こっているのだ。訓練が不充分な従業員は、その意図は決して悪意のものではなかったにもかかわらず、非能率をもたらし、余分な経費をかけさせ、顧客の不満足を招き、しかも時としては危険な状況ですらつくり出してしまうのである。こうした問題に遭遇したマネジャーが、訓練の重要性をすぐに認識したことは論をまたない。

すでにスケジュールが満杯になっているマネジャーにとって、きわめて面倒な問題は、誰が訓練をすべきかという点である。たいていのマネジャーは、従業員の訓練は、誰かよその、たとえば教育訓練の専門家に任せるべき仕事だと感じているように思われる。しかしながら、私としては、マネジャー自身が部下の訓練をすべきだと強く言いたい。

それはなぜかという説明をしよう。その手始めとして、そもそもマネジャーとは何を生み出すべきかという、最も基本的な原点だと信ずるところから話を起こそう。私の見解では、マネジャーのアウトプットは自分の率いる組織のアウトプットそのものであり、それ以上のものでも、それ以下のものでもない。したがってマネジャー自身の生産性は、部下のチームのアウトプットをより多く引き出すことにかかっている。

マネジャーが通常、部下の個人個人のパフォーマンス・レベルを引き上げるにあたっては、2つの方法がある。ひとつは動機づけ、すなわち各部下がそれぞれの職務をやろうとする意欲を増大することであり、もうひとつは各人の処理能力を増加させることであるが、この後者のところに教育訓練がかかわってくるのだ。一般的に受け入れられている考え方として、従業員の動機づけは他の誰にも権限委譲ができない、すべてのマネジャーにとって主要なタスクであるとされている。では、アウトプットを増大させるためにマネジャーの手の内にあるもうひとつの主要な手段に関しても、なぜ同じであってはいけないのか。

訓練とは、端的にいうならば、マネジャーとして遂行できる最高のテコ作用を持つ活動のひとつである。自分の部署の人々に4回連続の講義をする可能性があるとかりに考えるとしよう。その各コース1時間あたりに、3時間の準備が必要だと計算するならば、全部で12時間の仕事になる。その講義に、かりに10人の勉強する参加者がいたとしよう。来年それらの人々は、会社のために全部で2万時間働くことになる。訓練の努力を怠らないことによって部下の業績を1パーセント改善しうるならば、あなたは12時間という時間を消費するだけで、200時間に相当する利得を得ることになる。

もちろん、この考え方の前提となるのは、参加者たちがそれぞれの職務を遂行するのに必要なことを正確に学ぶように、きちんと訓練されることである。しかし、必ずしもいつもそのようになるとはかぎらないし、とくに外部の人間によって教えてもらう「カンヅメ・コース」についてはそうである。訓練がその効果を発揮するには、それが組織の中で実際に事柄がどう行なわれているかに密接に結びついていなければならない。

最近、何人かの外部のコンサルタントに、インテル社でキャリア開発のコースを委託したことがある。彼らのアプローチは非常に細部まで行き届いたものであるとともに、アカデミックなものでもあり、わが社で実際に行なわれているものとは大きく異なったものであった。数年先を展望してのキャリア計画を説くと同時に、そうした計画に基づいて綿密に相互調整を行なう職務巡回制の導入を提唱したものだが、わが社における伝統的なやり方は、むしろ自由市場方式のようなものである。社内に新しい職務機会があれば、それを従業員に告知し、従業員自身の発意で望ましいと思われる空きに対して応募してもらうというやり方なのだ。コースで教わったことと、実際に社で行なっていることとのギャップが不満の原因となって、参加者はいささかまごつき、また、がっかりした。

訓練がその効果を生むためには、そのプログラムを絶えず首尾一貫させ、信頼できる存在として維持しなければならない。問題が発生するたびに、その解決のために急遽呼び出されて事態改善の一環として行なうようなやっつけの訓練ではなくて、系統的かつ予定があらかじめ立てられていて、従業員としてもあてにしうるものでなければいけない。これを換言するならば、トレーニングというのはひとつの継続したプロセスであって、単なる偶発的な出来事であってはならないということである。

このように、訓練を動機づけとともに部下の業績向上の方法として受け止め、また教える中身は実際に行なっていることに密接に結びついたものとし、さらに訓練は1回かぎりの出来事ではなくて、ひとつの継続したプロセスであるということを認識するならば、訓練をするのは「誰か」ということはおのずから明らかとなる。それは「あなたがたマネジャー」なのであるということがわかろう。自分自身が直属の部下を教えるだけでなく、場合によっては、さらにその下の階層の人々をも教える必要があろう。そして、みなさんの部下も同じようなことを下に対して行なうべきであり、さらにその下にいる管理者や監督者も、上にならって同じようにしなければならないのである。

あなただけが部下に対して教師の役割を果たしうるというのにはもうひとつの理由がある。訓練とは、適切な役割モデルを示す人によって行なわれなければならない。当人以外の代理人は、いかに一定の主題に精通していたにしても、その役割を担うことはできない。教室の前で立って教える人は、その教えているテーマに関しては充分信頼しうる、現実の権威者でなければばならない。

われわれインテルの人間は、下は第一線監督者から上は最高経営責任者にいたるまで、すべての人間にとって訓練を実施することは有意義な活動だと信じている。わが社の従業員の時間の約2パーセントから4パーセントは教室での学習に費やされ、そこでの実際の指導の大半は、わが社の経営管理スタッフが自らの手で行なっている。

インテルには、50以上の異なったコースをリストアップしている「社内大学カタログ」というものがある。それぞれのコースには、電話の正しいマナーから、きわめて複雑な生産コースまで網羅されている。たとえば、イオン・インプランターを正しく操作することを学ぶには、約200時間にも及ぶOJTが必要だが、これは民間人がパイロットの免許を取るのに必要な訓練時間のほぼ5倍にも相当する。マネジャーの訓練としては、「戦略計画の策定」などというテーマや、インテルでは大好評である「問題解決の手法のひとつとしての建設的対決法」などというものまで教えている。

私自身のレパートリーの中には、人事考課の準備と実施とか、生産的な会合の運営法とか、3時間にわたるインテルの紹介のコースなどがあるが、この紹介コースではわが社の歴史、目的、組織、経営管理のやり方などの話をする。これまで何年にもわたり、のべ約5000人の専門職従業員にこの紹介コースを施してきた。その他、他の経営管理コースにも、ピンチヒッターとして時折声がかかることもある（残念ながら技術的な中身に関することを教えるには、私の知識はあまりにも老朽化しているので、お座敷がかからない）。

インテルでは2つの異なった訓練の仕事を明瞭に分けている。第一のタスクは、われわれの組織に入ってきた新しいメンバーに対して、それぞれの職務遂行に必要な技能を教え込むことである。第二のタスクは、われわれの組織に属している人々に対して、新しい知識や原則や技能を注入することである。

新規従業員訓練と新技能訓練を区別することは、それぞれのタスクの中身や大きさがそれぞれ違うので、重要な点である。新規従業員訓練という仕事の規模は、会社の中に新しく入って来る人々の人数によって決まる。たとえば、年率で10パーセントの転退職率があり、毎年10パーセント伸びている部門では、毎年それぞれの仕事の基本をスタッフの20パーセントに相当する人々に教え込まなければならない。従業員の2割を教えるということは、実に大変な業務になる。

全部門の人間に新しい原理原則や技術技能を教えることとは、さらにそれよりも大きな仕事となる。かりに1年間で全スタッフを訓練するとなると、新人の2割を毎年訓練することの5倍もの課題となるのである。最近、ミドル・マネジメント・スタッフに新しく1日コースを実施する際のコストを調べてみた。学ぶ側の時間コストだけでも、優に100万ドル以上になる。となると、明らかにこうした仕事は軽々に扱うべきでないことがわかる。

さてそこで、訓練の重要さについては充分理解したとして、具体的には何をなすべきなのであろうか。

まず手始めに、自分の部下や自分があずかっている部門のメンバーに対して、これは教えておかなければならないと感じる事柄のリストをつくる。このリストの中身や範囲に関しては制約を設けてはならない。訓練項目としては単純に思えるようなこと（レストランでの電話応対の訓練）から、自分の部署や工場や会社の目的や価値体系などといったような、より高度でより一般的な内容のものまで含めるべきである。また自分の部下に対して、どういうことが必要だと感じているかを尋ねるのもよい。上司としては考えてもみなかったようなニーズを部下が話してくれるので、驚かされることが多いはずである。

これがすんだならば、そのリストの中の項目を実際に訓練するのに役立つような教材や、経営管理者の中で教えうる人の〝在庫調べ〟をする。その上で、これらの訓練希望項目に対して優先順位をつける。

これまでこの手のことをとくにやってない場合には、最初はあまり大がかりではないことから始めるのがよい。たとえば最も緊急性の高いテーマの短期コース（講義を3つか4つ程度にすればすむもの）の開発から始めるといいだろう。自分が何年にもわたってこなしてきたような技能、すなわち眠りながらでもできるようなことでも、いざそれを説明するとなると、実際に行なうことよりもはるかに困難であることがわかろう。また、事柄を説明しようと試みるときにおいても、もっともっとその事柄の背景まで立ち入りたいという誘惑に駆られ、その結果、コースのもともとの目的がぼけ始めてしまうことすらある。コースを準備するにあたって直面する様々なむずかしい課題の深みにはまらないようにするには、コースづくりのスケジュールを定め、また締切りを定め、その枠内で努力するのがよい。コース全体のアウトラインをつくり、最初の講義案だけをつくり上げて「実行に移す」ことだ。

最初の講義を行なったら、第二のレクチャーの開発に取り組むようにしなければならない。初めてコースを教えることは一種の捨て金として考えるべきなのだ。どんなに努力したにしても、なんらかの形でうまくいかない部分が必ず入り込むのだから、そう素晴らしいものにはならないはずである。だから、最初の出来栄えについてくよくよするよりも、最初の試みは満足にはできないのがあたり前として受け止め、2回以降の、より納得のいくやり方へのひとつの道筋であると考えたほうがよい。最初の試みがマイナスの結果を生まないようにするためには、部下の中でも比較的知識があって混乱しないような人々を教える対象にすれば、それらの人たちとの相互のやりとりと批評によって、コースをより完全なものに磨き上げる助けとなる。

さて、第二の試みをする機会が発生しそうになったならば、そこでひとつの質問を自らに投げかけてみよう。それは、自分の組織内のすべてのメンバーに対して自分自身で教えられるかという問いかけである。1回か2回のコースで全員をカバーできるのか、それとも10回や20回ものコースが必要となるのか。もしも自分の担当する部署が大きいために、違った対象に対してひとつのコースを何回も繰り返さなければならないようなら、自分の最初の一連の講義を代わってこなせるような何人かのインストラクターを養成しておかなければならない。

コースを終了した後に、必ずクラスの中の従業員から匿名による批評をしてもらうこと。数字による評価ができるような様式で感想を取ることも重要だが、自由に記述できるような質問も入れておかなければならない。寄せられた回答をよく研究し、考えなければならないが、クラスの全員を満足させることなどは到底できない相談であることも理解しておこう。たとえば、そこに寄せられる典型的なフィードバックとしては、コースが詳しすぎるとか、上滑りにすぎるとか、ちょうど良いとか、うまくバランスが取れているなど、いろいろな意見が出てくるだろう。そこでの究極の目的は、そもそも訓練をしようと思い立った当初の狙いを達成しているかどうかでもって、自分の満足感を測るべきである。

もしもみなさんにとって、何かを教えることが初めての体験だとすると、次のようないくつかの興味深い事柄がわかるだろう。

■訓練というのは、実にハードワークである。講義を準備して、訓練の場で投げかけられそうだと思うすべての質問に答える用意をすることは、とてもむずかしい。みなさんがひとつの仕事を長期間やってきており、さらにその前にも部下が今やっている仕事をずっと詳しくこなしてきたにしても、いかに自分が知らないことが多いかについて驚かされるはずである。その際、決してがっかりしないこと。これがあたり前の現象なのだから。ひとつのタスクを単に行なうだけではなくて、それを教えるには、さらに深い知識が必要となる。そんなことはないと思うなら、誰かに電話でマニュアル車の運転の仕方を説明してみるとよい。

■そのコースを教えることを通じて、最も多く学びえたのはいったい誰か。それはあなた自身なのである。自分自身の仕事を理解することが、コース開発の面倒な点ではあるが、そうした努力をすることが実に意味のあることがわかろう。

■訓練のプロセスがうまくいっているときほど気持ちの良いものはない。しかし部下が自分が教えたことをきちんとこなしているのを見たときの嬉しい気持ちは、それにはるかに勝るものである。こうした喜びや心地よさを大事にしておくことによって、第二のコース開発に立ち向かう際の力が出てくるのだ。

最後にもうひとつ――これからの行動指針チェック・リスト

ここまでどうも、ごくろうさまでした。この本をわざわざお購《もと》めになった上に、たぶん8時間ぐらいの時間をこの本を読むのに投じていただいたはず。ダイエットの本みたいに思うかもしれませんが、ひとつ、これから具体的な課題を出しますから、全部ではなくてもよいですから、少なくともいくつか選んで真面目に実施してみてください。

次の課題で少なくとも100点以上行くならば、明らかにベターなマネジャーになる可能性がありますから、大いに頑張ってください。

〈生産関係〉

■工程、組立て、試験生産というように自分の仕事の業務内容をはっきりさせる。　10点

■現在取りかかっているプロジェクトの中で制約的《リミッティング》ステップとなっている困難な点を見つけ、それを中心にした仕事の流れを描く。　10点

■自分の仕事の中で受入れ検査、仕掛り検査、最終検査を行なうのに適切な場を規定し、かつ、これらの検査が処理段階をモニターするものなのか、遮断式のものなのかを決める。また、基準を緩めて可変的（弾力的）検査方式に移れる条件を明らかにする。 10点

■グループのアウトプットを測るための6つの新しいインディケーターを見出す。ただし、それらはアウトプットを量的にも質的にも測定できるものであること。 10点

■仕事の場でこのインディケーターを定例的に使ってチェックする習慣をつける。また、スタッフ・ミーティングでもこの検討を定期的に行なう。 20点

■いま一番力を入れている最重要の戦略（行動計画）は何か。それを必要とした環境からの要請と、現在の状況や、事態の動きはどうか。もしこの戦略を成功裡に実施できたなら、あなたや会社にとって満足すべき状態が結果として現われてくると思うか。 20点

〈**テコ作用**〉

■一番退屈で時間のかかる仕事の簡素化を実施する。全関連作業手順の少なくとも3割を省略する。 10点

■自分のアウトプットを明確化する。つまり自分が管理し、また影響力を及ぼしている組織のアウトプットの構成要素は何か。重要度順にリスト・アップする。 10点

■情報や知識を収集する方法を分析する。〝見出し〟〝新聞記事〟〝報道週刊誌〟のバランスはどうか。重複しているか。 10点

■〝旅〟に出てみる。その後、旅の途中で出会った人々との交流や取引を列挙する。 10点

■一カ月に一度は〝口実〟を見つけて旅に出るようにする。 10点

■部下に次に任せようとしている仕事はどのようにしてモニターするつもりかを書き出す。何をいかにして見ているか、また、どの程度の頻度か。 10点

■ゆとりが生じたときにこなせるプロジェクトの一覧表をつくり出す。 10点

■部下の一人ひとりとワン・オン・ワン・ミーティングをスケジュールを決めて行なう。(ワン・オン・ワン・ミーティングとはどういうものであるかを事前に説明し、準備させる) 20点

■カレンダーで先週のところを見る。活動を、重要性（テコ作用）の低いもの、中程度のもの、最重要のものに分類する。最重要に入るものをもっと多くするための行動計画を作成する。（どの活動を減らすことにするか）　10点

■次週の時間面での困難さを予測してみる。どのくらいの時間がミーティングに取られると思うか。どれがプロセス中心ミーティングで、どれが使命中心のミーティングか。もしも後者が自分の時間の25パーセント以上を占めているなら、それを減らすにはどうしたらよいか。　10点

■向こう3カ月間、組織にとって最も重要な目標は何かを明確化する。キー・リザルトが出るようにそれを推進する。　20点

■前記の事柄を部下とも充分討議した後に同様にやらせる。　20点

■自分の責任範囲だが未処理になっている決定がいくつあるかをリスト・アップする。そのうち3つを選び、6つの質問法を用いて意思決定の仕方の筋道を立てる。　10点

〈業績達成〉

■マズローの欲求段階説に従って自分の動機の状態を評価してみる。ついで部下のやる気についても同様に行なう。 10点

■部下に競争のルールを説明し導入する。つまり業績達成基準を示すための一連のインディケーターを決める。 20点

■部下に、タスク関連のフィードバックを与える場合、どういうやり方があるか、その様々なやり方をリスト・アップする。そのフィードバックを基にどのくらい進歩したかをどれだけうまく把握できるか。 10点

■部下一人ひとりのタスク習熟度を低い、中位、高いに分類する。それぞれにふさわしいマネジメント・スタイルを評価する。今、自分の用いているマネジメント・スタイルをあるべきスタイルと比較する。 10点

■一番最近に上司から受け取った考課と、部下に与えたタスク関連のフィードバックとしての一番新しい考課を評価する。それは業績を向上するのにどのくらい役立ったか。それを行なうときのコミュニケーションのやり方は、どんな状態のものであったか。 20点

■こうした考課を理想的な形でやり直してみる。

10点

■ 著者

アンドリュー・S・グローブ（Andrew S. Grove）

1936年ハンガリーのブタペスト生まれ。1956年にハンガリーからアメリカに移住。ニューヨーク州立大学を主席で卒業（化学工学）し、カリフォルニア大学で博士号取得。インテル社の創設に参画し、第1号の社員となる。79年社長に就任。97年にはタイム誌の今年の人に選ばれた。98年にはインテルのCEOを辞任し、2004年には会長から退いた。スタンフォード大学経営大学院で24年にわたって指導した。2016年3月に死去。

■ 序文執筆者

ベン・ホロウィッツ（Ben Horowitz）

シリコンバレー拠点のベンチャーキャピタル、アンドリーセン・ホロウィッツの共同創業者兼ゼネラルパートナー。投資先には、エア・ビー・アンド・ビー、ギットハブ、フェイスブック、ピンタレスト、ツイッターなどがある。それ以前はオプスウェア（元ラウドクラウド）の共同創業者兼CEOとして、2007年に同社を16億ドルでヒューレット・パッカードに売却した。ブログは1000万人近い人々に読まれている。著書に『HARD THINGS』（日経BP社）がある。
ツイッターアカウントは @bhorowitz、ブログは http://www.bhorowitz.com/

■ 訳者

小林 薫（こばやし・かおる）

1931年東京生まれ。国際経営評論家、産業能率大学名誉教授（国際企業経営論）。東京大学法学部卒業。米国マンハッタン大学経営学部フルブライト留学。世界のビジネス・マネジメントの動向を構造的にとらえ、ベストセラー『時間の管理学』から始まった著作活動も多彩で、「1分間マネジャー」シリーズ、P・F・ドラッカー『善への誘惑』など海外の優れたビジネス書を数多く翻訳し、日本に紹介してきたことでも知られる。

HIGH《ハイ》 OUTPUT《アウトプット》 MANAGEMENT《マネジメント》

2017年1月16日　第1版第1刷発行
2025年6月17日　第1版第19刷発行

著　者　アンドリュー・S・グローブ
訳　者　小林 薫
序　文　ベン・ホロウィッツ
発行者　中川 ヒロミ
発　行　株式会社日経BP
発　売　株式会社日経BPマーケティング
〒105-8308　東京都港区虎ノ門4-3-12
装　幀　小口 翔平(tobufune)
編　集　中川 ヒロミ
制　作　アーティザンカンパニー株式会社
印刷・製本　中央精版印刷株式会社

本書は1984年に発行された『ハイ・アウトプット・マネジメント』(早川書房)に加筆・修正して1996年に発行された『インテル経営の秘密』(早川書房)の原書を基に、2015年に米国で出版されたペーパーバック版を翻訳したものです。

ISBN978-4-8222-5501-5
2017 Printed in Japan

本書籍に関するお問い合わせ、ご連絡は下記にて承ります。
https://nkbp.jp/booksQA